"湖北省楚天中小学卓越班主任培养计划" 学

总主编：王金涛

做个
ZUOGE
HUIJIANGGUSHI DE
BANZHUREN

会讲故事的

班主任

主编◎钟 杰

中国出版集团

世界图书出版公司

广州·上海·西安·北京

图书在版编目（ＣＩＰ）数据

做个会讲故事的班主任 / 钟杰主编. — 广州：世界
图书出版广东有限公司, 2025.1重印
　　ISBN　978-7-5192-0609-3

　　Ⅰ.①做… Ⅱ.①钟… Ⅲ.①中小学－班主任工作
Ⅳ.①G635.16

中国版本图书馆 CIP 数据核字（2016）第 011223 号

做个会讲故事的班主任

责任编辑	钟加萍
封面设计	高艳秋
出版发行	世界图书出版广东有限公司
地　　址	广州市新港西路大江冲25号
印　　刷	悦读天下（山东）印务有限公司
规　　格	880mm × 1230mm　1/32
印　　张	10.625
字　　数	250 千字
版　　次	2016 年 1 月第 1 版　　2025 年 1 月第 3 次印刷
ISBN	978-7-5192-0609-3/G · 2010
定　　价	68.00 元

序 言

　　适逢《做个会讲故事的班主任》一书要出版，卓越班组委会邀请我为此书写序。此书是我一手征稿、遴选、编辑的，虽然不是我"亲生"的，但我视如己出，自然是欢欣愉悦地接下了这个任务！

　　怎么来写这个序？虽然我已出版多本教育专著，对于写序已经是信手拈来的事，但为这本书写序，我还真是非常的谨慎，前后思考了很多天。一直在思考一个问题：身为一线班主任，究竟要做一个什么样的老师？答案当然很多，但我最认可的还是首先"做个有故事的班主任"，然后"做个会讲故事的班主任"！

　　一个老师，只会教书，是教育的悲哀！只会管理，是教育的悲剧！正如苏霍姆林斯基所说：教育首先是人学！所以，教育者首先要关注学生的感受，要体察学生的需要，推动学生的发展，从而让学生获得追求幸福生活的能力。而这一切，都需要教育者投入真心，注入真情，运用专业知识，使用专业技能去完成。完成的过程，便是产生精彩纷呈的故事的过程。

　　回到话题本身，什么样的班主任，才是有故事的班主任呢？

　　首先，班主任本身要有故事。作为教育者，首先要是一个真实的、健康的、丰富的人，所以这个人本身就应该是一个拥有精彩故事的人。比如本书中的作者之一邹正明老师，他本身就是一本精彩的故事集。他跟学生打成一片，与学生称兄道弟，与学生一起活动一起娱乐，他的率真、他的真情、他的举手投足，无不向学生展示着精彩故事的美好细节，在轻松愉快中达成了育人的目的。他的《"拷问"影帝》《用扑克牌预约精彩》运笔诙谐，寓教于乐，让读者感受到孩子们在快乐中成长，而邹老师也在快乐中顺理成章地找到了职业的幸福感。

其次，班主任要会讲故事。任何一个人，不论他的年龄几何，学问怎样，都喜欢听别人讲故事，因为没有人能抗拒有趣有味有料的东西。把这些东西在恰当的时机里讲出来，既能满足孩子的听觉需要，也能激发孩子们的成长欲望，何乐而不为呢？开学第一天，我强调了一项常规：离开教室时，一定要把椅子塞进桌子下面，以方便里面的同学进出，同时也方便做卫生的同学打扫。大多数孩子按要求做了，可还是有少数的孩子置若罔闻。我没有责备，只是给他们讲了一个故事，如下：

平庸的恶

昨天特别强调了一项常规：离开教室的时候，一定要顺手将椅子塞进桌子下面，尤其是外面的同学，一定要把椅子塞进去，里面的同学进出才方便。我还说了，什么叫为善？这就是！给别人提供方便，不仅是善念，更是善行！

等孩子走完了，我去教室看，绝大多数孩子按要求做了，但也有七八个孩子桌椅散乱，尤其是靠窗的位置。我用手机拍了照，任桌椅散乱，然后走人（我故意的）。

这样的状况当然是给今天做卫生的同学带来了极大的不方便（这个假期，每个教室里都铺了地胶，桌椅挪动不如以前方便了），自然是吐槽不断。

于是我在电子板上了打了个短语——平庸的恶，问孩子们，见过这个短语吗？孩子们均说从未听过的。我说，深圳有位爱心大使，他叫丛飞，他用他的演唱收入所得支助了很多贫困学生，后来生病去世。他的爱人继续他的事业。可惜，苍天无眼，丛飞的爱人也死了，请问，你们知道丛飞的爱人是怎么死的吗？

孩子们均惊奇地摇头。

我缓缓地说，一辆车急速行驶在高速公路上，而丛飞的爱人就坐在这辆车上，这时，一块石头从远处砸过来，砸破了玻璃，砸在了丛飞爱人的头上，丛飞的爱人脑子被砸坏，抢救无效死亡。

还有，我的两个同学，他们是夫妻。一天早晨夫妻俩骑着摩托车去上班，不小心骑到一个碗口大的鹅卵石上，我的女同学摔伤昏迷了三个月，男同学脑浆都摔了出来，抢救无效死亡。等我的女同学三个月后醒过来，得知丈夫已经死亡，无法接受这个事实，悲伤过度造成神志错乱，后来虽经医治有所好转，但时隔四年，仍没有从伤痛之中走出来。

孩子们听得发出了叹气的声音。

我继续说，这个碗口大的鹅卵石不过就是某人随手扔在路上的。我坚决相信，扔鹅卵石的人，压根就没想过要去害死人。还有，那个扔石头砸死丛飞爱人的人，也压根没想到自己这一砸就造成了悲剧。

这个世界上，有太多的恶，其实就是那些善良无知的人干出来的！这些人从来不想想自己的所做会给别人带来什么样的麻烦和灾难，只图自己随心随意。这样的恶，就叫"平庸的恶"，生活之中，比比皆是。

孩子们，你们要不要对号入座？

一个故事就好比一根拨灯棍，眼看着灯要灭了，用这根棍子一拨，孩子的心灯就亮堂了许多，慢慢地拨，慢慢地拨，孩子的心灯是不是就亮了呢？

第三，班主任要会写故事。可能有些老师会说，这个要求实在是太高了，我天天都有故事发生，但我就是不会写，你要是强迫我写，这可能就变成了一个事故。其实，写故事没有想象的那么难。只要你认真做好每件事，用心待好每个孩子，尽可能把平时的事做得精彩一点，然后，敲击键盘，把那些有趣的，令人感动的，或者是别具一格的，让人耳目一新的事实实在在写出来，就是故事！故事不是去写才精彩，而是要做才精彩，做精彩了，才能写得精彩。本书中的吕俊群老师，她可真是一位特别有故事，特别能写故事的高手。我认真阅读过她的教育叙事帖子，如果硬要说她写故事写得精彩，还不如说她把平时繁琐无味的事情做得精彩。此书中，我采用了她 21 篇故事，在整本书中占的分量很大，并非我对她青睐有加，而是她写故事的诚意以及故事的精彩程度打动了我。她写出来的教育故事，真实、生动、精彩、鲜活，很接地气，很有吸引力，而且也能看出她拥有教育的智慧以及真诚的教育反思意识。我们的教育，有了这样的班主任，还怕搞不好吗？

第四，班主任要相信每个孩子本身就是故事。这句话或许有些矫情，但道理就是这样：孩子是人，不是物。苏霍姆林斯基说，没有一个孩子是抽象的。是的，孩子是多元多面的，是多彩多姿的，是富有生命活力的真正的人。所以在他们的身上时刻都在发生着各种各样的故事，他们就好比一本本精彩而又神秘的故事书，需要老师耐心、认真地阅读，才能读出其中的真味，否则，我们看到的便是表面，永远都无法走进故事的背后看到生命的真相！你看不到生命的真相，你还奢谈什么教育？

为了孩子的成长，你愿意做一个有故事而且会讲故事的班主任吗？我真诚地希望每个老师都能给予一个肯定的回答！谨以此文与所有的读者朋友共勉！

　　是为序。

钟　杰

2015 年 9 月 5 日于深圳

目 录

第一辑 最美的教育就是学会快乐

第二辑·人和人的博弈最终是人品的博弈

第三辑·砥砺心志才能让孩子走得更远

第六辑·老班是每个孩子的贴心棉袄

第一辑

最美的教育就是学会快乐

1. 拷问"影帝"

大冶市第一中学　邹正明

周六，三节语文晚自习，对于正在为梦想奋力拼搏的高二学生来说，这个晚上本与其他任何晚上一样，波澜不惊。

第二节晚自习"奇文共赏"环节，我和同学们分享了新凯的一篇随笔《寂寞的寝室》，该文描写的是作者室友逸夫上学期寝室生活的片段。新凯真是一个细心的孩子，捕捉典型生活镜头，活灵活现，妙趣横生。好文章就是好剧本，鲜活的画面呼之欲出，我当即给该文一个"奥斯卡最佳原创剧本"的封号。在大家热烈的掌声中，新凯一脸的兴奋与激动。

而我们的"奥斯卡最佳男主角"逸夫同学呢，却因为参加生物竞赛培训而缺席，这多少有些让人扫兴，要不然我会请他发表"获奖感言"呢。不过，我灵机一动，计上心来，和大伙儿商量，等他第三节课回教室时，给他点"颜色"看看，此前绝不能透露半点风声，大家会意地点点头。

第二节课后，逸夫推门进来的时候，同学们都齐刷刷望向他，忍不住地坏笑，他不知道大家葫芦里卖的什么药，小声问周围的同学，同学们都摇摇头。一场大戏就要拉开帷幕了。

上课铃响后，逸夫被我请上了讲台。一场有"预谋"的"拷问"拉锯战开锣了。

"你好，逸夫，上次'复旦投毒案'讨论会，你是'九九归一'小组的代言人，为小组胜出立下了汗马功劳，请你谈谈心得。"

呵呵，等着看热闹的各位看官，心急吃不了热豆腐，咱还是虚晃一枪，悠着点吧。

"首先是倍感荣幸，也会有点小紧张，但是站在属于大家的舞台上就要尽力绽放光芒。"逸夫惯有的字正腔圆、气定神闲。

"好样的，真有大将风度。那你认为咱们班哪些同学'学习用功、娴静少言、思想成熟、有大师风范'？"

"朝阳、奕冰。他们学习持之以恒，遇事处变不惊，我认为是。"小伙子不肯将自己对号入座。

是啊，以"大师"自居的人就不是大师了。

"其实，班上有大师风范的同学还很多，只不过还没有显山露水。"我说，"那么前不久辞世的香港慈善家邵逸夫算不算大师呢？"

"邵逸夫作为影视大亨，热心公益，捐资助学，在我心中他是响当当的大师。"

"你看，你和大师同名，我们来做一个'真心话大冒险'的游戏，关于你上学期的寝室生活，要求实话实说，没问题吧？"

"没问题。"逸夫回答得铿锵有力。

大家眼看他即将上钩，掩嘴胡卢而笑。

"晚上，在寝室里，你一般是怎样洗脚的？"我开始发问了。

逸夫没缓过神来，一愣，急忙回答："用水，用热水。"

有个调皮鬼在下面起哄："用浓硫酸。"够坏的吧。

"哦，我知道你不仅用热水，还会用桶，我们是想知道你边站在桶里洗脚边干什么？"面对这条不肯上钩的狡猾的"鱼"，我只好单刀直入。

"哦，洗袜子。"总算"招供"了。

我们长舒了一口气："这还差不多。"

"这个无伤大雅的细节，充分说明了逸夫同学是节约时间的达人，他的统筹方法一定学得好。"

大家都笑着点点头。

"你在寝室的口头禅是什么？""拷问"继续。

"我会对得起明天的自己。"

"切。"早知"剧情"的同学们对这答案肯定不满意。不过看在他一脸正气传递正能量的份上，权且放他一马。

"那么，我也来八卦一下。"我顿了顿，神秘兮兮地问，"老实交代，你心目中的'女神'是谁？"我故意把"女神"一词说得很重，够狠的吧，同学们的目光又齐刷刷地聚焦在逸夫脸上，张大嘴巴，就看他老实不老实。

"我妈。"没想到，逸夫毫不犹豫，脱口而出。

此言既出，同学们有跺脚的，有拍桌子的，有惊叹的，继而教室里掌声雷动。

"不错，有一个人将我们带到这个世界上，把全部的爱都给了我们，她是我们心中永远的女神，在今天（3月8日）这个特别的日子里，让我们把热烈的掌声献给我们的妈妈。"

掌声又响起来了，我缓了一口气，暗自想，和这家伙"斗智斗勇"要"狠、快、准"，太小瞧他了。

"逸夫机智的回答，提醒我们不要忽略身边最可敬的人。你妈妈是你现实生活中的'女神'，那么你在虚拟世界的'女神'是谁？"我穷追不舍。

"初音未来（虚拟女性歌手）。""萝莉控"逸夫终于如实招供了。

教室里又一阵欢腾。

"最后一个问题，那你觉得我们为什么会知道你这么多故事呢？"我问。

"我觉得我对别人还是挺真诚的。"逸夫表情有点讪讪的，看来他多少有点怪罪"始作俑者"新凯兜出他这么多"糗事"，捅出了大篓子。

"那好，把这篇文章给你先看看，看完后再发表感言。"我将新凯的这篇文章递过去。

一会儿，逸夫走上讲台，目光迎向满含笑意望着他的新凯，又扫视全班说："我很感动，也很感谢新凯同学对我的关注与评价，我也不介意这样的描述。"

"你还要加上一句'一起在寝室生活过的兄弟们，我不会忘记你们的'。"我说。

一场对"影帝"的特别"拷问"就在大家一波又一波的笑声、掌声、欢呼声中结束了。

转眼，这件事过去一个月了，本以为它就像一段插曲儿，云淡风轻，一笑而过。始料不及的是，不少同学把这段插曲在随笔本上浓墨重彩绘声绘色地描述出来了，并写道"这是我最难忘的一课"。同时，班上也掀起了一股抒写妙趣横生的寝室生活、学习生活的热潮，同学关系更加亲密、和谐了。

于是，在这个"清明时节雨纷纷"的晚上，我坐在书房里，开始认真地用文字把这个故事还原，脸上又时不时地漾起微笑。放眼窗外，教学楼灯火通明，我不禁想，在单调乏味、机械重复的课堂上，如果有机会能让我们的每一个学生更简单地、更纯粹地、更无所顾忌地笑一笑，乐一乐，寓学于乐，何乐不为呢？

2."豆芽菜"整容记

黄冈市蕲春县实验中学　吕俊群

看着手上的期中成绩单，我惊呆了！

好出色！全年级十三个班，我班居然有十二人进入年级前五十名，真厉害！

然而，随着视线的下移，我的喜悦感慢慢下降，最后，只剩下满满的沮丧和失落。班上的中下游学生，成绩下滑极其严重，全班四十八人，竟然有二十六人成绩下降。这太可怕了！

看来，咱班出现了畸形成长的状态，整个班级就像一棵"豆芽菜"，已经患上了严重的"头重脚轻"症。"头"部肥大壮硕，"躯干"瘦弱纤细，孱弱的"脚"已支撑不起硕大的"头"了。

什么原因？该怎么办？

揣着两个大大的问号，我参加了为期一周的培训。几天下来，在老师们的点拨下，在与伙伴们的交流中，我开始慢慢有了一点头绪……

一回到学校，我便开始行动了——给"豆芽菜"整容。

手术一：瘦身

班上的优生，不仅成绩好，而且能力强。由于我原来采取的是自愿原则，所以，优生们大多占据着班上的各种要职，有人还身兼数职，既是班委会成员、科代表，又是值日生、小组长，简直是"集万千宠爱于一身"。所以，他们个个都像骄傲的王子或公主，权力大大，自信多多，成绩棒棒！

我想，他们已经建立起强大的自信心，现在给他们"瘦瘦身"，是不会有什么影响的。

那天中午，我找来了十二个小家伙，直接表明观点："你们已经成长起来了，成为咱班的领军人物。老师因为有你们而无比自豪，然而，这次考试咱班却失利了，其原因就是中下游的同学没有上来。所以，老师现在的工作重点是扶植起班上的第二梯队和第三梯队，让咱班后继有人。不过，仅靠我个人的力量是不够的，老师希望得到你们的支持。"

小家伙们一听，全都毫不犹豫地表示："坚决支持班头。"

"那好吧，你们每个人都身兼数职，我想请你们忍痛割爱，割舍出部分职务，最多保留两个职务，怎么样？"

"啊……"一时间，一片惊呼。呵呵，我就知道这些小家伙们舍不得。

"这就是我需要的支持。"我重申，然后又转了一下，"我也不忍心你们太辛苦嘛。"

"可是，可是……每个职务我都好喜欢呀。"有孩子这样表白，好有热情的小班干部。

"你们都很负责，都很优秀，老师知道的。"我笑着说，"给别人一点机会吧，让他们也锻炼锻炼，大家好，才是真的好！"

"那，好吧……"虽然有些不情愿，但是，他们最终还是"以大局为重"，开始自主"瘦身"了。

经过一番仔细地斟酌与掂量，他们终于割舍出一部分重要职务。

我心里由衷地感叹到：可爱的"头头"们，感谢你们的支持！

手术二：增肥

班上的"躯干"——中下等生队伍很庞大，占全班人数的四分之三，有实力的"潜力股"为数不少，真正的学困生其实一个也没有。但是，也许是老师的重视度不够，也许是同学们的认可度不够，也许是他们自信度不够，也许……总之，他们表现出的学习热情并不浓，对自己的要求也并不高。学习更多的是凭一时的兴趣，很少有坚持下去的动力。

那就让我来当一当他们学习热情的激发者吧，我要给他们"增增肥"，让他们感受到老师的关注与重视，让他们体会到同学们的认可与支持，让他们也浑身充满自信的味道。

很快，第二批学生来到办公室了。

与前一批孩子的叽叽喳喳、喜笑颜开不同，他们大都低眉顺眼、小心翼翼的，腰挺得不直，话说得不多。看着这一群神情凝重的孩子，我的心不由得一阵难过：同是十二三岁的孩子，同是我的学生，为什么表现却有天壤之别？他们不过是成绩差了一点点，凭什么抬不起头、直不起腰？

也许，最应该反思的是我，是我这个学生思想的引领者。

我必须要改变这种现状，我要让这些孩子也自信起来，阳光起来，抬起他们的头，挺起他们的胸。

"孩子们，大家的表情都这么凝重，是不是对这次考试不太满意？"

他们都无声却有力地点了点头。

"看来大家对自己有很高的要求嘛，真不错。"我微笑着肯定了他们，"只要有一颗追求上进的心，我们就可以做得更好！"

慢慢地，他们的脸上有了笑容，他们的眼睛有了神彩。

"刚刚来的那一批同学，他们已经成为了全年级的精英，老师要对他们放手了。现在，老师将更多地关注你们，因为我有一个新的梦想——将你们打造成班级的骄傲，你们愿意支持老师吗？"

"愿意！"回答的声音虽然不是特别响亮，却透着一股实实在在的厚重感。

"那好，现在老师要给你们'增增肥'了。老师要给你们加点压力，让你们成为班上的管理者。"当班干部，不仅能有效地锻炼学生的能力，也能有效地提高学生的自信心。所以，我让这一批孩子从管理班集体中找到自信，找到自我的价值，找到付出的快乐和收获的满足。

"这里有许多的职务，值日生、科代表、小组长、辅导员、领读员、咨询员……每人都可以选择两个职务。"

"老师，我想当值日生！"我的话音还未落，马上就有孩子抢着表态。

"我也想当值日生！"

看来想当值日生的人还蛮多的，都想成为管理者呢。

"老师，我想当思品科代表！"

"老师，我想当小组长！"

……

一时间，办公室开始喧闹起来，这些小家伙们全都喜形于色、眉飞色舞地表达着自己的意愿，先前的拘谨与小心全都一扫而光了。

自信的孩子，真可爱。

"好的，我都记下来了。不过，有言在先，值日生是需要大家投票选举的，你们有信心被选上吗？"我故意打压一下他们。

"我有信心！"好响亮的回答。

"好，去吧，期待你们的精彩表现。"

在欢声笑语中，我目送着他们离开了办公室。突然觉得，那些小家伙们的腰直起来了，胸也挺起来了。

有了好的开头，剩下的事就很简单了。第三批学生也来了，同样，我给他们鼓鼓劲之后，也让他们选择了自己有信心的职务。

最后，班上所有的职务都选光了，还有两个同学没事可做。我便"巧立名目"，让他们成为班上的记录员（钟杰老师教的高招），记录每天学生推荐名著的发言概要和我每天在班上强调的一些"重要精神"。

一场其乐融融的"手术"下来，"头头"们轻松瘦身，"躯干"们则快乐增肥，除少数学生只担任一个职务，大部分学生都担任了两个职务。全班都当"官"了。

孩子们，老师希望这次"整容手术"，能彻底改变"头重脚轻"的畸形现状，让咱班的发展均衡起来，从"头"到"脚"都能茁壮成长，由一棵根浅茎脆的"豆芽菜"，成长为一棵根深叶茂的参天大树！

3. 谁拿了琪琪的风扇

荆州市沙市区实验小学 田 燕

"老师，风扇不是轩轩拿的，我看见这个风扇是他早上在外面买的。"

"你亲眼看见的？"

"是呀，我亲眼看见他花十元钱买的。"

就在事情即将水落石出的时候，彤彤站起来大声说。案情立刻变得有些扑朔迷离。

轩轩已有过几次偷拿同学钱物的行为，但都没有占到便宜，同学们丢失的物品都被我从他口袋里找出来。今天这个玩具风扇颜色陈旧，扇壁上还有多处擦痕，明眼人一看就知道不是新的。轩轩说这个风扇是今早刚买的，这不明摆着在撒谎吗？况且轩轩回答不了风扇座上醒目的卡通人物是谁。这些疑点让我怀疑他的老毛病又犯了。可是他有证人呀，人家笃定风扇是他今早买的，而且这个证人还是个女生，平日里和轩轩没有什么往来，如果不是亲眼所见，她不会主动站起来为他作伪证呀。如果这个风扇真是轩轩买的，那琪琪的风扇哪里去了呢？看来事情另有隐情，一时难以"破案"。

安慰丢了风扇的琪琪后，我把风扇还给了轩轩，还不忘叮嘱他好好保管，以免丢失心爱之物后像琪琪一样伤心。我希望这样的冷处理，能让偷拿者放松警惕，我也有充足的时间理清思路，找到更多线索。

我暗地里找到了几个同学，让他们回忆运动会那天三人玩风扇的情景。当我把各种说法整合后发现：证人彤彤没有玩过风扇；轩轩和琪琪没有同时玩过风扇；琪琪玩风扇在先，轩轩玩风扇在后。

我叫来琪琪，让她仔细回忆丢风扇的时间，琪琪告诉我，她参加完运动员入场式后就找不到风扇了。当天有20名同学没有参加入场式，其中就有轩轩，也就是说轩轩有偷拿时间。轩轩和琪琪坐得很近，看到琪琪用风扇，他会觉得有趣想玩一玩，也就有了偷拿动机。加之先前种种疑点，我觉得轩轩嫌疑很大。

但是主观的认定、推理不能代替证据。我想要逼出说谎者只有挖出对方无法解释的事实。为了不冤枉孩子，放学后，我又到学校对面的商店了解情况，可以肯定，轩轩和彤彤都在说谎，但是经验告诉我，仅凭一个事实难以撬开他们的口。于是我又分别找到轩轩和彤彤，详细地询问了轩轩"买"风扇的细节，彤彤"看"轩轩买风扇的细节。当着他们的面落实每个细节，并记录下来。结果两份材料内容相去甚远：两人所说买风扇的商店不一样；轩轩说风扇有外包装，彤彤说风扇没有外包装；轩轩说风扇是挂在架子上的，彤彤说风扇是从盒子里拿出来的。

在这些无法自圆其说的矛盾面前，彤彤终于承认她作了伪证。她根本没有看到轩轩买风扇，一切都是她编造的。失去了证人，轩轩老实了，正如我之前推测的那样，轩轩看到琪琪的风扇甚是喜欢，趁琪琪参加入场仪式的时候，把板凳上的风扇拿走了。至于彤彤为什么主动给他作伪证，他也觉得奇怪。

　　处理班级失窃案件是一件非常棘手的事情，稍有不慎，就会伤害学生稚嫩的心灵！作为老师，一定要科学、严谨、艺术地处理类似事件。如果眼前有线索就顺藤摸瓜；如果眼前没有明显线索，最好冷处理，向嫌疑人和知情者作细致调查，找寻线索，进行推理、排查，才能让事实真相浮出水面。

　　这次事件中，轩轩同学家境富有，从小娇生惯养，养成了唯我独尊、侵犯别人权利并不当回事的毛病。而彤彤作为一个女生，相貌平平，才艺平平，在班级里很不起眼，她太需要得到同学和老师的关注，作伪证成了她赢得关注的捷径。

　　现实生活中，有许多心理和行为类似轩轩和彤彤的孩子，对他们的教育是个长期的过程，对待"彤彤"们，我们老师不仅要适时赞美他们，还要引导他们在班级事务中发挥自己的作用，以求得同学们的赏识，让"彤彤"们阳光成长。对待"轩轩"们，根子在家庭，老师一方面要指导家庭教育，另一方面要清醒地认识到，他们之中极少有人不知道这是犯错的，他们都是明知故犯，所以对他们进行说教，讲偷拿东西如何如何错误纯属浪费时间。这些孩子真正怕的，是实情和证据。只有查清事实，才能教育犯错者和其他同学。另外我们还要善于引导他们学会欣赏美好事物，积极和同学们分享美好事物，"独乐乐，不如众乐乐"。

4. 拜年短信

荆门市京山县京山小学 潘 丹

那天是除夕，我们一家人坐在电视机前，这是我们除夕的固定节目。老公总低着头看着手机，不停地按着。"拜年短信？""嗯。"他依旧低着头，手指也没停。"你呢？"他似乎突然回过神来，"没短信？""我把手机关机了，不想影响看电视。""哦。"他又开始点个不停了。其实，我一般很少在除夕收到短信，不想被他取笑就故意说关了。

不过他这一问倒把我的心勾起来了，会不会我也收到短信了？我赶紧拿出手机打开。"叮咚""叮咚"……呵，还真有，我忙翻开看，有几条是同事发的。当我点开一条时，署名很陌生，不是同事，也不是朋友，那就可能是家长，可这是谁呢？想了半天，哦，他儿子小豪是我之前带过的学生，现在留级了。真是没想到，这都过了半年了，他还记得给我发短信拜年。真是太意外了，当然也很欣慰。这让我想起了之前的一件事。

那是某天的早餐时间，张老师端着饭盒，走进了我的教室。那天我刚给孩子们发完早餐，自己正吃着。她来干什么？我与她没有很深的交情，再加上我们不是一个年级，平时根本没什么来往。

"小豪是不是你班的？"

哦，我班的吴志豪留级到她的班上了。"嗯。"我点了点头。

"他原来在班上表现怎么样？"

哦，原来是问这个，"不怎么样。"我回答。

"哎呀！"她像抓到了救命稻草，"他妈老说他在原班一直表现很好。"

难怪，这给老师的印象好像是现在的老师把她的孩子教坏了。"他现在在班上表现怎么样？"我转换了话题。

"不是打这个就是跟那个闹，没有一刻安宁的。我跟他妈说，他妈还不承认。"张老师边说边摆头。我对此可是深有感触，这孩子我带了三年，我很清楚。

"学习呢？能过70分吗？"她又问。

"很少，语文比数学强点儿。现在呢？"

"只能打70分，是班上最后一名，唉。"她又叹了口气。

"那他进步了不少嘛。"我说这话是真心的。他一直很少及格的，但张老师并不满意。

"他妈还说他原来表现很好，好像是我说瞎话一样，所以我专门来问问你。"她无奈地笑着说完就走了。

而我，却陷入了沉思。

小豪，可以说是我关注最多的孩子。刚上一年级，他很调皮，经常与其他同学打闹，学习也不用心，为此我没少为他操心。我多次找家长来，告诉方法，让家长在家配合我教育孩子，并让家长及时反馈信息便于我们及时调整，找到适合孩子的教育方式方法，但家长从来都是等我去找他，结果就可想而知了。后来我才明白，家长什么都只说一下，然后让孩子自己去做，至于孩子有没有落实，并没操心。难怪，不督促怎么能见效果？

从家访中我了解到，家里有两代人都围着孩子转，爷爷奶奶自然宠孩子些，所以他们说什么孩子根本不当回事。孩子倒是怕妈妈，可妈妈一看见孩子难受，自己又不忍心，总是喜欢说"我拿他没办法"。爸爸说话管用些，可总是三天两头不在家，而且对于孩子的错误总是拳脚相加。家里另外三个人又舍不得。这样好一阵歹一阵的，怎么能有效呢？但我没有放弃。每天为了督促他完成作业，我常常是学校最后一个回家的。虽然孩子表现不好，但我总是不停地想办法，并督促家长，希望给孩子创造一个好的环境，促使他改变，应该说孩子还是有进步的。他在我的课堂上经常举手，虽然正确的时候很少，但我仍然鼓励孩子多发言，只要他举手我就点他，而且这个孩子很善良，记得有段时间，他的爸爸在外做事把脚伤到了，孩子有次在班会上发言说希望爸爸早日康复。只是学习上与同学的差距太大，没办法他最后还是留级了。记得在留级前一个星期，家长还跟我说，孩子拖累了我，很不好意思。

为什么换了一个老师，家长就不跟老师说实话呢？难道是因为换了新老师不知底细？其实我觉得在很大程度上，是老师自己把家校联系这条路堵死了。哪个孩子没有问题？我们应该平静地跟家长沟通，孩子肯定是有毛病的，我们就更应该客观地分析问题，跟家长共同寻求适合孩子的办法帮助孩子。如果一味地找负责人，只会互相伤害，甚至出言不逊，最后闹得两败俱伤，得不偿失。所以千万不要在生气的时候找家长，千万不要在生气的时候进教室。我觉得刘老师说的很对，就在办公室，在教室外等一下，站一下，等心情平静了，再打电话，再进教室，"冲动是魔鬼"。我想，当你真诚地跟家长提出问题，并寻求解决办法时，就不会有冲突，不会有指责，不会有推诿，不会有谎言了。

　　老师也要放宽心。对于小豪来说，70 分已经是他的最好成绩了，这说明孩子进步了，家长应该是满意的，老师也应该为孩子的进步感到高兴，鼓励他争取更大的进步，不要觉得这是班上的最后一名就不认可。每个孩子都是不一样的，只要他努力了，即使是很小的进步也应该为他高兴，毫不吝啬地表扬他。这样孩子才会重拾自信，才会重新扬帆，才会远航。要用不同的眼光来看孩子，对于孩子来说，有收获有进步才是最重要的。

5. 学会给生活保鲜

武穴市实验中学　周元斌

如果你觉得平凡的生活枯燥、单调甚至对此产生厌倦，这时候就需要用新鲜的东西来点缀或者刺激一下，擦出耀眼的火花来点亮渐已暗淡的世界。你会惊喜地发现，生活还是那么美丽如初，平凡的生活依然充满诗意、蕴含甜蜜。

早自习，我的一个小小的创意，就让我收获了这份美好的感受。

早上6：30，我刚跨进教室，就发现大部分学生无精打采地坐在位置上，默默地等待老师，只有少数几个勤奋用功的孩子在小声地背读中考复习资料。我一边在心里感叹初三毕业班学习生活的苦与累，一边在脑海里思考该用什么方法来调动这帮孩子的学习积极性，同时也教会孩子怎样给平淡的生活保鲜，增添一份诗意，带来一份感动，甚至创造一份精彩。

在讲台上站了大约一两分钟后，一个主意跃入我的脑海：奖赏学生，尤其是奖赏读书态度专注认真、声音洪亮的学生。可是奖赏孩子们什么呢？语言奖赏（口头表扬）太乏力，对于即将初中毕业的学生来说，他们或许早已听腻了这些，口头表扬不会激发他们持久的学习热情；物质奖励太庸俗，会培养学生急功近利的心态，况且一般的物质奖励学生不会放在眼里，稍微贵重的物品会让老师羞涩的钱袋更羞涩。怎么办？我在三尺讲台上踟蹰了一会儿。

突然，我想起了幼儿园老师给孩子们戴大红花的事。小孩子们得到老师的夸奖后，心里美滋滋的，特别开心。初三的学生虽然早过了"心理断乳期"，不再顺从不再依赖，有自己的判断与主见，喜欢独立自主平等，追求新鲜刺激，但依然渴望被赏识、被尊重。老师的一句鼓励、一声赞赏、一个抚摸、一次握手或拥抱，哪怕是在试卷或书本上画一面红旗、一朵小花，也会让他们欢欣鼓舞。我曾注意到班上几个平常大大咧咧的男生看到地理老师在作业本上画出的小红旗时，脸上露出的笑容那么灿烂那么可爱。我还捕捉到这样一个有意思的镜头，六七个学习成绩特别优异的男女同学，在学习成绩难分伯仲的时候，竟然掏出地理作业本，比一比谁获得的小红旗多。我还发现我班政治课堂纪律特别好，学生的课堂笔记做得特别详细、特别认真，这都与政治老师的夸赞有关。他也喜欢在学生们的作业本上题词："我特别赞赏你的认真学习态度！""你工整的书写带给我愉悦的感受！""你的回答观点正确，条理清晰，我十分满意。"今天的早读，我也采用"奖励小红花"的表扬方法来鼓励学生用功读书。

主意已定，我拿起红色粉笔，在黑板上方写下一行大字"奖你一朵花"，然后转身用期待地眼神望着学生们，微笑着说："请大家认真背读世界历史，态度认真、声音洪亮的同学，老师将会记下他的名字，并且奖赏一朵特别美丽的花儿，把特别的爱献给特别的你们！"我是用最抒情的语调说出最后一句话的。

话刚一说完，我就发现大部分学生笑了起来，几个男孩竟然用书本轻拍了课桌几下以示积极响应，更有一两个调皮的孩子故意大声读起书来。我没有说什么，而是用期待的眼神望着下面的学生。不一会儿，原来沉寂的教室渐渐喧闹起来。

我一边在教室四周转动，一边寻找我要献花的"意中人"。

调皮鬼潇潇一边大声读书，一边用眼睛瞅瞅黑板。这个机灵鬼，肯定是想得到老师的表扬，一开始就积极地大声朗读，但他性子急，做事缺乏耐心与恒心，往往坚持不了多长时间就会停下来。今天我可要缓一缓再表扬他，慢慢地教会他做事要有耐心有毅力。

咦，学习课代表小伞怎么读着读着就站起来了？她哪里不舒服需要老师的帮助？我急忙来到她的身边，正准备询问，竟听到她读书的声音更响亮了，劲头更足了。原来她觉得坐着朗读不过瘾，索性站起来读个痛快。我赞许地点点头，快步走上讲台写下她的名字。班上其他几个学习积极分子看到了，也不甘落后站起身大声读书，我朝他们竖起了大拇指。

看，那对海拔较高的男生同桌，平素竞争特别激烈，今天怎么一个张口读书，一个沉思不语？难道他们的友谊破裂了？我课后要问问他们。再仔细一瞧，我恍然大悟，原来他们是在合作学习，一个在考，一个在答；问的人真诚热情，答的人细致认真。我为他们的合作之美赞叹，并在黑板上郑重地写下这对组合的名字：志达宇宙。

······

黑板上记载的名字越来越多，教室里的读书声越来越响亮。悦耳的书声从窗户里飘出，在校园的上空回响······

"铃······铃······"下早自习的铃声响了，我不得不打断学生的朗读。我微笑着对学生说："今天的早读，同学们的表现十分给力，老师十分开心。我提议大家给自己鼓掌。黑板上记下名字的同学表现更出色，老师由衷地为他们高兴。我想采撷百花园中的美丽芬芳，献给勤奋上进的人，那花里有老师的期待，那花里有老师的关怀，那花里有我们全班同学的情和爱。"

我拿起五彩粉笔，在黑板上画起形态各异的花朵："这朵玉兰花，献给冰清玉洁的小伞，希望她永葆纯洁善良。""这朵茉莉，奖给朴实厚道的彦昌，愿他天天开心。""梅花坚贞傲岸，她见证志达宇宙组合的友谊恒久。""菊花热烈奔放，她与热情似火的老班长相得益彰。"

……

我一口气在黑板上画了十几朵散发不同芳香的花儿，然后仿照央视《感动中国》的主持人那样，隆重地给获得奖赏的学生颁奖。我发现，获得奖赏的学生异常的兴奋，未获奖的学生脸上露出的也是祝福的喜悦。

我借此机会，继续动情地对这些即将初中毕业马上会走入新集体的孩子们说："学习需要竞争，生活需要激情。也许未来的生活并不那么一帆风顺，当我们无法改变目前糟糕的现实，在平凡的生活中看不到希望的时候，别人不为我们转身，我们就为自己转身，给自己一个快乐的理由，给生活寻找一个努力进取的保鲜方法，我想生活的阳光一定会更加温暖，我们面朝的大海，一定是春暖花开！"

教育离不开生活，生活即教育。学会生活，也是学生应该学习的一门学问，为人师者就应该用妙手给他们指点一些方法引导，学生去寻找生活的门道。

6. 珍惜眼前的幸福

武穴市实验中学　周元斌

突闻噩耗，我先是惊诧，手足不知所措，既而胸口隐隐作疼。

一向勤奋好学、惜时守时的学生桂谦（化名），早读时还没有到校。我猜想他家里一定出事了，否则他不会无缘无故地缺课。会不会是他爸爸病情加重了，他必须在家照顾？我想把问题了解清楚。于是我拿出手机，拨响了我同学的电话。同学小李是桂谦的叔叔，他肯定知道。谁知电话已停机，无法与他联系！我又急忙翻找小李妻子的电话，想与她取得联系，没想到她的电话也关机了。顿时，我焦急起来。

我从手机中翻出桂谦妈妈的电话号码，然后整理一下自己的情绪，按响了那个号码。几秒钟后，传来了桂谦妈妈的声音，低低地："周老师，我想替桂谦请两天假！"我小心地问道："是不是家里出了什么事？"电话那端传来哽咽的声音："桂谦爸爸昨晚走了。"我惊呆了，半晌无语，等回过神来，我安慰道："你要节哀，自己多保重！"

放下电话，我感觉自己的胸口有点堵得慌。我连忙来到走廊上，望着远处的青山，泪水差点夺眶而出。按理说，桂谦爸爸仅仅是一位我教过的学生的家长，为他的去世而流泪，我似乎有点矫情。但我是一个极重视友情的人，几次与桂谦爸爸促膝交谈，一年半时间的交往，让我们之间有了一些了解。我很佩服他的才干，更佩服他的胆识。前年他在武汉同济医院动手术时，我还专程去医院看望他；春节，我还特意去给他拜年，祝福他健康吉祥；开学不久，我还邀请同班的夏老师一起去看望他，祝愿他早日恢复健康。没料到，他还是没有战胜病魔，还是抛妻别子，撒手西归！不知他走的时候，是怎样的恋恋不舍！

　　我不敢想象桂谦爸爸离世时全家人悲痛的场面，但桂谦的悲恸，我是能理解的。因为我像他这么大的时候，同样也失去了患病的父亲。那时的我还不很懂事，父亲的病日益加重，我虽然有些觉察，但整天都欢欢喜喜的，只是偶尔看到忧愁的母亲，我才吐吐舌头，装作懂事稳重的样子。记得父亲去世那天，我还呆在中学的课堂上，表姑跑到学校告诉我父亲的噩耗时，我顿时觉得天昏地暗，然后一边哭一边跑回家。一进家门，看到堂屋停放着一口棺材，父亲的房门敞开着，他坐在一张椅子上，静静的，双眼紧闭。我跪倒在父亲的膝下，嚎啕大哭，边哭边摇动父亲的手臂，想把他哭回来。任凭我声嘶力竭，父亲还是坐在椅子上一动也不动。表姑与婶婶们劝慰我，叫我别哭，他们说："你哭，你爸会走得更不安心！"我这才止住哭声。现在想起过去的那段痛苦记忆，我的心又发疼起来。

　　愿去世的人们在天堂里能够安息！

　　我想到生命，在病魔面前，它竟是那么脆弱，不堪一击。它像一朵花，容易凋谢；它像一棵草，容易枯折；它更像一缕风一阵烟，转瞬即逝。桂谦的爸爸很坚强，在动手术之前，医生征询他的意见，是局部麻醉还是全身麻醉，他选择了局部麻醉，他怕醒不过来看不到他那两个可爱的儿子。在长达四个多小时的手术中，他一声不吭，让在场的专家和医生都很感动。手术后恢复的日子，他还在自家房屋前开垦了一片地，种菜养鸡，闲暇之余督促两个儿子勤奋用功。我的父亲也是一个刚强豪爽之人，患病的那段日子，正是家里最困难的日子，但他仍然拖着病弱的身体东奔西走，靠给人家修理钟表和钢笔谋取一点生活费来补贴家用。去世前，他一直咯血与咳嗽，有时咳嗽得十分厉害，面色发青，可他仍是默默忍受，不在四个儿女面前露出半丝痛苦。那时哥哥正读高三，我读初一，家里经济十分拮据，父亲舍不得花钱买药，总是咬牙往后拖。就是这样一位嗓门特大、身材魁梧的中年汉子，最后也倒在死神的怀抱里，呜呼！

逝者已矣，活着的人当珍惜眼前的幸福，珍惜与家人相陪相伴的幸福时光，珍惜眼前所拥有的一切，如一套不算宽大的住房，如一份虽收入不高但稳定的工作，如一副健康硬朗的身体，如活泼可爱的儿女，如和睦融洽的同事关系等等。拥有这些，就应该满足地生活，因为活着，比什么都好！

7. 当一回"和事佬"

恩施土家族苗族自治州鹤峰县五里中心学校　蒋宗海

九年级下学期的一天下午，下着大雨，上课铃响起，校园顿时安静下来，我正准备晚自习的教学内容。突然，办公室外传来激烈的争吵声："你进去向班主任说清楚，哪有你这样的学生，谁管得了！"是体育老师陈老师的声音。"进去就进去，我又没干什么大坏事，你当老师的还打人呢，体育委员我不干了！"是班上体育委员小涛的声音。陈老师和体育委员都喘着粗气来到我的面前，显得非常激动。

"怎么回事？"我望着体育委员问。

"他打人！体育委员我不干了！"

"没有原因吗？"

"他们一上课就喊着要看电影，我想他们快要中考了，要他们自己复习一下，哪知他们越喊越起劲。"陈老师解释道。

"陈老师，你先去教室上课，这事我来处理可以吧？"

"那麻烦您了。"陈老师顺势到教室去了。

"来，你先坐下。"

"我不坐，我站着。"

"老师有什么地方得罪你了吗？"

"没有，但我要站着。"

"那老师请你坐下，好不好？"

在我的坚持下，小涛很勉强地坐在了我的对面，我继续准备我的教学资料，并悄悄地观察他，看他有什么反应。他喘着气扭着头盯着门外，渐渐地，他气息平缓了许多，一会儿看我在做什么，一会儿又向窗外望。

"具体的过程是怎样的？"我抬头问他。

"以前下雨时体育室内课他一直都是让我们看电影，今天我们要他给我们放电影，他不同意，同学们都就大声喊，谁知道他今天发这么大的火，跑到我的座位边，就将我的桌子掀翻在地，我也被弄倒在地上了，又不止我一个人喊，凭什么？"

"我给你说说陈老师的故事,你听听后看有什么想法,好不好？"

小涛默不作声，一脸不在乎的样子。

"陈老师是前两年从高校毕业选择到我们这里支教的。"

"这个我知道。"

"他今年支教期满，也就是说，你们毕业时，他如果考不上公务员或者教师编制，他就随你们毕业了。"

"那他也不能这样。"

"是的。"我看了看小涛接着说，"去年秋季，陈老师的老母亲因为突发疾病，被送到了医院治疗，因为他要到学校上班，所以没有人照料他母亲，他的哥哥又不管，于是陈老师求他哥，要他回来照看他们的母亲，好说歹说他哥哥同意了，不过他哥提出必须得给他开工资。"

小涛呆呆地望着我，没有说话。

"经过一段时间的治疗，老母亲出院回家休养。她行动不便，导致今年4月份家中不幸失火。这场大火过后，陈老师除了伤痛，一无所有。学校老师凑了一点慰问金，但他坚决不要。现在陈老师的老母亲还寄住在亲戚家，如果这次陈老师考试通不过，他就得外出打工去了。和你们一样，现在也是陈老师人生中最关键的时候，你作为体育委员，本应该是体育老师最得力的助手，在老师最困难的时候，你却带头造他的反，如果你是老师，你会有什么想法呢？"

下课了，陈老师迅速来到办公室对小涛说："今天的事我太冲动了，小涛，作为老师我向你道歉，希望得到你和同学们的原谅。"

"陈老师，您的事班主任已经告诉我了，今天是我不对，作为班上的体育委员，应该协助您工作，不应该带头造您的反，我们应该体谅您，应该道歉的是我。"

"我真希望你们努力学习，考上好的高中。"

"我也希望您能通过考试找到一个好的工作。"

望着他们离去的身影，我想：为什么学生不敢和老教师特别是班主任叫板呢？是老教师、班主任在学生心中有不可替代的作用还是威严？如果这一次陈老师没有这样的特殊经历，我能做成"和事佬"吗？

做班主任除了要加强班级学生的管理外，还要多创设机会加强科任教师和学生的交流，增进师生之间的了解。

其实，班主任有时当一当"和事佬"也未尝不可。

8. 我和学生一起玩电脑

孝感市孝南区实验中学　陈少春

提起电脑、手机和互联网，很多家长和老师就感觉是洪水猛兽袭来了，对其恨之入骨！"我的孩子就是被网络害的！""某某学生成绩很好，就是上网导致成绩下降的！"现实生活中确有一批上网成瘾，误入歧途的学生。与此同时，家长和老师们却津津有味地谈论网络给他们自己带来的便利，没有谁说网络不好的。

作为一名喜爱电脑的班主任，我深知网络的利与弊，其实网络只不过是一种现代沟通交流的工具。引导学生合理利用好网络资源，提高自己的学习成绩和生活质量，帮助学生克服上网成瘾的毛病，防止发生接受不良信息而导致的各种问题，才是我们真正需要努力的事情。

我在接班之初，总会首先和信息技术老师一起，结合信息技术课程的内容，制订出我们班的学习计划，有目标地引导学生学习和应用相关知识。

学生从小学开始，很多人就有注册了即时通信工具QQ了，聊天已经不是什么新鲜事。我认为，只要接纳并合理引导孩子们的这种习惯，他们的认识一定会悄悄地发生改变！我为每一届学生建立了QQ群，要求每个人用实名，然后邀请学生做管理员。对加入群的成员提了具体要求，每个学生的 QQ 空间要对家长、老师、同学开放，每周最多上网不超过三次，并且要求文明上网。我和科任老师也会在群里和大家交流，指导学生学习、和学生谈心。长期下来，学生就围绕我们班的人和事进行讨论，我也了解了学生的思想动态，大家的心慢慢地连在一起，都能积极参加班级活动。

根据学生已经学到的知识，我要求学生学会做 PPT，反馈每个小组的情况，每周一早上班会课时，每组派一名代表向全班同学分析汇报本组的情况。我们开家长会也是要求每组学生提供 PPT，这样做激发了学生的学习兴趣和参与班组活动的热情。

学校要求每班每周学会唱一首歌，我班的"每周一歌"，首先是我为学生做有他们照片的 MV，看着这些画面，学生们心情激动，那种冲击力是可以想象的。接着很多同学就要求学做"每周一歌"，还有的同学会主动推荐歌曲，班级"每周一歌"活动因为学生自己的参与而开展得有声有色。

针对少数学生不会做作业时回家百度答案的现象，我和科任老师商量，要求学生不仅会做，还要学会分析问题。我们逐步推行让学生讲习题课的做法。那些抄袭他人答案或者百度得到答案的同学，由于没有搞清楚解题的原理、没有正确的思路，讲解当然就不够深入。这类学生为了自己和小组的荣誉，只好去下真功夫搞学习了。学习的最好方法，就是要把学到的东西和别人分享，教别人一遍比复习十遍都管用。通过这种做法，学生养成了独立分析问题的习惯，提高了解题能力。

在信息时代，上网是一项重要技能，但保护未成年人健康上网，是我们全社会的责任。所以，指导学生上网做什么很重要。看到一些孩子沉迷于聊天和游戏，影响了正常的学业、搞垮了身体，我们痛心疾首！仔细想一想，其根源在于他们没有学会从网络获取知识，只一味沉迷于游戏或聊天，与家长、老师的引导有着莫大的关系。

为此，我会每天把网上刊载的有教育意义的文章或者新闻给学生看，课后学生之间会作一些交流，特别是对于网络谎言、虚假信息、网瘾、网聊等话题，会在班会课上和学生讨论，讨论的次数多了，学生之间的话题就多了，表达能力也提高了，也学会如何辨识网络世界中的负面信息。有些话学生不敢当面和老师讲，我就鼓励他们用 E-mail 给老师写信反映。由于跟老师交流多了，学生的性格开朗了，同时写作能力也提高了。

为了帮助学生务好正业，不让他们玩物丧志，我还在他们上计算机技术课时去和他们一起感受网上冲浪带来的乐趣，同时引导他们如何利用好网络，要求他们提高自身素质，增强免疫力，学习网络知识，进一步挖掘网络的新用途。有一次，有个同学问我："老师，网络可以看电影吗？"我回答他，不仅可以看电影，我们也可以上传自己做的电影。为了验证这一点，我用了一个英文版的软件现场做给他看，他感到很神奇。可是由于他的英语不好，他想试着自己制作却看不懂说明。从此后他发誓要学好英语，并且一直在努力。现在在高中，他的英语是全班第一名。

很多学生学会了用软件画图，甚至于像几何画板之类的软件都会用了。有时候班上的电脑有问题，有的同学还会主动站出来，帮忙修理。

行动是创设各种育人环境、让学生体验生活的重要措施。一名教育工作者，特别是班主任，应该是一位充满灵性、能引领学生走在时代前沿的人。面对这样一个复杂多变的信息化时代，我们的教育不应是简单地输入知识，把学生放在保险箱中看养，而是要通过组织教育活动，让学生在接受复杂多样的信息时学会分清良莠，保护自己，并从中学到有用的知识与技能。

9. 讲给学生的两个故事

襄阳市南漳县峡口中学 朱开喜

那是一节特殊的班会课，我控制不住自己，一定要给学生讲个故事。讲述之前，我要求同学们放下手中的笔，收起桌上的书，就这样坐着静静地听。沉静片刻，我开始慢慢地、低声地讲：

有这样一个家庭：年迈的爷爷奶奶，内向而勤劳的爸爸妈妈，好学上进的孩子。其中奶奶多病，长年吃药；妈妈患乙型肝炎，多年治疗控制。一家人靠着几亩薄田、几片山场，种粮、种香菇维持生计。爸爸由于身体状况不能远出打工，只能在农闲时就近打短工，挣点小钱补贴家用。一家人就这样勉强维系着平淡而清苦的日子。

可是，就在这平静的表面下，一场灾难正在酝酿。一天下午，妈妈不堪生活的重负，在别人毫不知情的情况下服毒了。瞬间，天，塌了；地，陷了。一个好学上进、正值花样年华的孩子，永远地失去了母亲。一个虽然清贫但却完整的家庭残缺了，他该怎么办？他该如何面对？绝望！绝望！还是绝望！他还是一个孩子啊！假如有一个完整的家，假如有一个好的经济条件，再假如他有一个好的心态，或许他可以成长为撑起一个家庭的支柱。

面对正在经历如此打击的我们的兄弟、我们的朋友山华华（化名）同学，我们能做些什么呢？安慰，我们的话语太苍白；帮助，我们的力量太单薄。但是，我们就这样袖手旁观吗？绝不！我们应该尽自己所能，真诚地付出我们兄弟姐妹般的情意，去守护那盏摇曳在风中的希望之灯。

故事讲完，教室里一片寂静，静得出奇，静得沉闷，所有同学深埋着头就那样坐着。渐渐地，听到有几处低低的抽泣，继而抽泣声连成一片。这时候，一个同学走上讲台，掏出五元钱放在桌上，小声说："老师，这钱算是我对山华华同学的一点心意。"一会儿，同学们都上来了，两元、五元、十元、二十元、五十元，不同面值的钱在讲桌上汇成一小堆，这可是真心的汇集啊！全凭自愿。我坐在讲桌旁，极力压抑着没有哭出声来，任泪水从脸庞滚落。自上初中以来，从未流过泪的我，就这样让眼泪肆意地滚落。这不只是感动的泪水，更因为伤心弥漫了整个心房，整个教室。

几天以后，山华华在妈妈的丧事结束后返校了。虎头虎脑的男孩，眼睛不再闪亮，家庭变故带来的沉郁忧伤写在稚气的脸庞。晚自习后，我把他叫到办公室，我们面对面地坐着，我要单独给他讲个故事：

五十多年以前，在一个贫穷偏僻的山村有这样一个男孩，在他不到十二岁时，父母因为生病但没有钱治疗而相继去世了。那是一个物质极其贫乏的年代，家家都吃不饱，穿不暖；那是一个制度极不健全的时代，没有任何组织照管这个孩子。他不知是靠着什么力量硬是奇迹般活了下来，还成了家，立了业。后来他含辛茹苦养大了三个孩子，还供两个孩子读完了高中（这对当时的农村家庭来说，是很不简单的）。现在，三个孩子都成家了，都各自有了孩子。

我告诉山华华同学，那三个孩子中有一个就是我。假如那个男孩（我的父亲）不挺过那一关，就没有今天的我，也没有我们一大家人……

一阵沉默之后，我问他："你今年十几岁了？"

他说："十六了。"

"你明白我讲这个故事的用意吗？"

"明白，老师！"他回答时，我们四目相对。我确信，他能看到我的心里去，因为我是捧出了我的一颗心来的。

这是去年我带九年级时的故事，时隔近一年，山华华同学在我们班这个温暖家庭的关爱下已经顺利上了重点高中。一年前的那场家庭危机没把他击垮，我的故事或许起作用了吧！

10. 揣着鸡蛋来上学

宜昌市伍家岗区实验小学 乔 玲

上个星期上《品德与社会》课时，为了让学生感受父母深深的爱，我布置了一个体验活动：怀揣鸡蛋上学。要求星期一早上每个同学都随身带一个生鸡蛋来上学，直到晚上睡觉，鸡蛋不离身，看谁能让鸡蛋不破。看着大家疑惑的样子，我告诉他们，那个鸡蛋就像一个"小宝宝"，看谁能细心地看护它，让它平平安安地度过一天。当时，听我这么一说，同学们都觉得很有意思，个个跃跃欲试，恨不得马上就把鸡蛋带来。有的同学则提出了疑问："老师，必须带生鸡蛋吗？""对，必须是生鸡蛋。因为如果照料不周，'宝宝'可能就不能平安出生了。"细心的女生马上想到了防护措施："老师，我能不能把鸡蛋装在盒子里，放在书包里呢？""你们在妈妈的肚子里时，妈妈能不能想到挺着沉沉的大肚子很麻烦，就想办法把你取出来，搁在一边呢？"我反问道。"老师，洗澡的时候怎么办呢？也不能拿出来吗？"我沉吟了一下，"可以从口袋里拿出来，但是不能离开你的身边。""老师，睡觉的时候，我能不能把它放到枕头边？""可以。""只把鸡蛋揣一天，那可太简单了。要我揣一个月都行。"调皮鬼小哲抢着逞能。我笑着说："一个月？你能安安全全地揣一天就不错了。"

星期一一大早，我来到教室，看到几个同学正兴奋地凑在一块说着什么。看到我，马上若无其事地散开了。看到两个同学悄悄地往裤袋里塞什么东西，我猜他们都把鸡蛋带来了，刚才议论的恐怕也是这个。我假装视而不见，和平常一样开始我的常规工作：查体温、报听写、改作业。听到音乐声，我习惯性地招呼同学们出去站队准备升旗。大家陆陆续续往外走着，一个同学又试探地问了一句："升旗也要带鸡蛋吗？"我点点头。没想到，刚在走廊站好队就接到通知，因为甲型流感病毒肆虐的原因，早上的升旗取消了。我一宣布："今天不升旗。"同学们马上开心地回教室，不时还听到有人小声嘀咕："太好了，不升旗，我不用担心我的鸡蛋了。"

不升旗的早晨，感觉时间特别长。完成了例行工作，还没到上课的时间。想到课本第二单元内容快上完了，应该检查一下同学们背诵的情况了。于是，我要求各组组长下位去检查组员的背诵情况。一时间，教室里大声读书的，小声背诵的，此起彼伏，显得十分热闹。突然，七组有同学举手示意，我走到他身边问有什么事。原来他是想向我报告，小哲的鸡蛋已经破了。虽然早料到，小哲的鸡蛋管不长，但是仅仅是这么会儿的时间，确实让我没想到。小哲大概也觉得不好意思，脸涨得通红。我也不想再批评他了。走到讲台前，我准备开始上课。这时，又有人报告："老师，小杰的鸡蛋早就破了。"我觉得很惊讶，小杰看起来是个比较细心的男生，怎么也这么快就把鸡蛋打破了呢？我想知道究竟："小杰，你的鸡蛋是怎么破的？"小杰站起来，小声地说："我去收作业，回来的时候在小夏的桌子边撞了一下就破了。"看到已经有两个同学"报销"了鸡蛋，我对最后的结果已经感到不乐观了。

第一节课下，我看到好几个同学把手伸进了口袋里，大概是在检查自己的鸡蛋吧。第二节课仍然是语文课，上课时，我发现有的同学没有平时坐得端正，身子斜着，两腿放得很开，一只手还放在桌子下面。我知道他们担心自己的鸡蛋，也就破例没追究。听到下课铃声响起，很多同学的神情都放松了很多。课间，我在教室里一边改课堂作业，一边状似漫不经心的样子问："有多少同学的鸡蛋已经破了？"呼啦啦，好家伙，一下子站起了上十个同学。我既吃惊又有些不敢相信："你们的鸡蛋都破了？"看到他们逐个低下的脑袋，我无语了。我很难想象，等下午的体育课上完，还能有几个同学的鸡蛋还完好无损。

忙碌的星期一很快结束了，因为每周的教师例会，没能等我统计最后的结果，学生们就放学了。

星期二的上午，利用一节课的时间，我们对这次的体验活动进行了小结。当我问有多少人做到了把鸡蛋保管一天仍完好无缺时，有五个人站了起来。但是不到三分钟，就有两个人因为被同学检举舞弊坐下了。最后按照预定的规矩，我给剩下的三个同学发了奖。

活动结束了，同学们仍然是一脸的开心，谁也没为自己的鸡蛋过早的夭折感到难过。我的心情却格外沉重，因为我也是一位母亲。当"宝宝"在我们肚子里安家的那一刹那起，我们的全部精力都放在他身上。怕他磕着、碰着，怕他饿着、冻着，怕他挤着、撞着，生怕一个不小心失去他。一天又一天，他在我们肚子里渐渐长大。每天我们带着这沉重的"包袱"，挺着大大的肚子，辛苦、吃力地去上班，去坐车，去买菜，也没有一丝怨言，脸上洋溢的总是幸福的笑容。更不用说，他降生的那一刻我们所经历的生死挣扎。可是，我们的孩子对此却体察不深。这不正是我们在平时的教育中常常忽视的吗？当我们把精力过多地放在关注学生的分数的时候，我们有没有想到教育的缺失呢？或许，我们在责备孩子的同时也应该反思我们的教育。

希望有一天，当我们的孩子长大成人，为人父、为人母后，能领会到"母亲是我们内心的上帝"的真正含义。

11. 用扑克牌预约精彩

大冶市第一中学　邹正明

　　树阴渐浓，蝉鸣渐响，夏天的气息渐渐浓郁，倒计时牌上的数字在三十以内递减，教室里弥漫着的高考火药味越来越浓，让空气变得沉重且压抑。我知道，十年磨一剑，我们高三（10）班48位同学都铆足了劲，在做最后的冲刺和拼搏。只是紧绷的弦易断，过于焦虑、紧张显然不利于应考。怎样适当调剂、活跃班级氛围，帮助他们平稳过渡呢？作为语文老师兼班主任，我在思索着。

　　这三年来，我们十班从来都不是一个人在战斗，艺术节、运动会、班级值周等活动上都留下了我们青春的身影、闪光的记忆。每一次集体活动中，每一个人都燃烧着自己身上的能量，从而让十班这个集体变成耀眼的太阳，然后从集体的荣誉中收获了内心的喜悦和成就感。而通过充分发挥这个团队的合力帮助大家减压，便成了我的出发点。48位学生，6位老师，一共54位师生，我嘴里不断念叨着这几个数字，倏地，一个闪念划过我的脑际，一副扑克牌不正是54张么？何不打造一副属于我们这个班级、独一无二的的扑克牌，记录我们如歌岁月的光荣和梦想呢？我掩饰不住内心的欣喜，紧锣密鼓地忙乎起来。

如何将这54张牌与54位师生对号入座呢？我决定先将四张A与大王、小王6张牌，分配给6位科任老师，因为他们是班级的核心和统帅，其中大王推荐给我班数学特级教师张贵钦老师，他以高尚的师德、人格的魅力春风化雨般滋润着这一方沃土，被所有的师生拥戴。其他48张牌由48位学生随机抽取，决定归属。班会课上，当我拿着一副扑克牌走进教室，同学们"轰"地一下就炸开了锅。我郑重其事地说："不管同学们抽到什么纸牌，其中的花色、数字都会给你带来幸运和吉祥，都蕴藏着全体师生对你的祝福。"于是，同学们抽到的纸牌都被赋予了特别的含义：1代表"一鸣惊人"，2代表"好事成双"，3代表"三生有幸"，4代表"四通八达"……抽到数字为10的扑克牌的四位同学，自然成了我们这个"十全十美"班级的"形象大使"。

确定了每张扑克牌的归属后，下一步就是给每位同学定制属于自己的扑克牌了——保留每张扑克牌的花边和数字（或字母），再将每位师生面带笑容的照片放在扑克牌的正中央，经过电脑合成，这一张张或抿嘴微笑，或开口大笑，或会心一笑的笑脸扑克牌就做成了。一朵朵鲜花在师生脸上绽放，就像一束束阳光照进了大家的心房，将阴霾驱散。我一直相信，心理上的小毛病是可以通过"开心"治愈的，乐观的情绪是可以相互感染的，这一张张笑脸扑克，一定可以帮助大家克服沮丧、消极等负面情绪带来的影响，乐观地应对高考最后的冲刺。

同时，为了让大家在相对宽松的氛围里自我激励，齐头并进，我还要求在笑脸照片旁边配上各自的绰号和原创的励志格言。《水浒传》中的108名英雄好汉都有自己独特的绰号，我们也尝试着给自己或他人取绰号，或描摹其形象，或浓缩其个性，或寄托其理想，那真是智慧与幽默共舞，轻松与快乐齐飞。侯帮兴同学体形很瘦，平常被唤作"猴哥"，他索性给自己取了个"齐天大胜"的绰号，改动一字，既是呼应，又包含必胜的信念；班上有个女生每到用餐时间，总会笑眯眯地找同学要这吃要那吃，我们一合计，送给了她一个"笑面食神"的雅号；每天总是追着各科老师问个不停的同学叫"砂锅问底"；在课本剧、艺术节上有上佳表现的女同学成了"当家花旦"；事无巨细、一心为班级服务的班长夏思玲欣然接受了大家给她取的绰号——"夏大妈"；还有"慈祥老爹"数学张老师，"知心姐姐"英语王老师，"政治一哥"刘老师，"激情偶像"历史张老师，"微笑大使"地理吴老师，而我心甘情愿地做在茫茫学海把莘莘学子引渡到理想彼岸的"杏坛船夫"。不少绰号还颇有一番寓意，有位女生给自己取了"北地橘"的绰号，原来是对"南橘北枳"的典故反其意而用之，表达了她北上求学的志向。后来，她以全市文科第一名的高考成绩圆梦北京大学。

和个性十足的绰号相匹配的励志格言也可谓异彩纷呈。有的与所抽取的扑克牌的数字（或字母）相关，如"三年磨一剑，谁敢与争锋"，"七色花里住着我的愿望"，"九美（梅花9）到了，十全还会远吗"，"王牌（K）在手，风雨不愁"；有的把自己的姓名巧妙嵌入或分解，如柯卫平同学"卫国平天下，舍我其谁"，曹家伟同学"兼济大家，伟之大者"，曹文转同学"文科超人，玩转高考"，柯济时同学"万木可（柯）为长，时运应大济"，杨明杰同学"日月（明）争辉，泉滋木长（杰）"，熊萌同学"腾细浪，能绝江河（熊）；点苍穹，敢压日月（萌）"，丁涵同学"两笔墨（丁）立千仞，七滴水（涵）纳百川"；有的则兼而有之，如抽到5的黄彩云同学"五彩的云朵，折射五彩的希望"，抽到6的李佳丽同学"六月是晴空丽日的佳节"，抽到7的张丽明同学"阳光明丽，亲吻每个七日"，抽到Q的陈雪涛同学"一Q一笑，一川烟雪一江涛";而老师的寄语则诠释了打造班级扑克牌的用意,如数学张老师"常规牌展示人的理性,奥妙牌闪烁人的智慧",政治刘老师"人生不在于拿到一手好牌,在于如何把一副烂牌打好",我的寄语则是"54张扑克玩转一手好牌,54位勇士缔造一段传奇"。

每张扑克牌的反面也极具特色,意蕴非凡。不仅以我校标志性景观泮湖——这个在同学们看来象征着灵性和自由的校内湖——为背景,而且大家还集思广益,创作了一首慷慨激昂的诗歌《十班行》来盘点我们一路携手走过的闪亮的足迹,表达对老师的感激之情以及冲刺高考的壮志雄心。诗作如下:

> 十班才气自绝伦,激扬文字逸兴飞。
> 豪情挥洒田径场,风采惊艳艺术节。
> 三十又二巾帼在,欲上蟾宫折金桂。
> 更有二八飞虎将,誓挽雕弓射骄阳。
> 六颗天罡启明星,点亮心灯照前程。
> 春风化雨润无声,启智之恩永难忘。
> 甘苦与共同舟济,绵绵不尽师生谊。
> 耕耘不辍且蓄锐,繁花六月定乾坤。

在高考最后的冲刺阶段,凝聚全班的力量来打造这样一副独一无二的扑克牌,意义超乎了我的想象。抽牌,起绰号,定格言,创作诗歌,这一步步走来,让同学们在繁重的学习和作业中放下手中的笔,静静地进行诗意的思考,唤醒了他们对于过去三年并肩"战斗"生活的美好回忆,也让大家在课间有了风趣活泼的聊天话题。6位年富力强的杏坛使者,48位风华正茂的阳光少年,54张绽放在所谓黑色高三里的灿烂笑脸,铸成我们血脉相连的扑克牌。这样一次精彩活动像是为高考前单调压抑得如同死水般的生活注入了一泓活水,不仅放松了同学们的心情,增强了班级的荣誉感和凝聚力，还鼓舞了大家的士气，令大家信心倍增。听到他们在课间打听彼此的绰号并以此逗笑打趣，看到他们在创作集体诗歌时表达出的对班级的热爱，感受到他们询问我扑克牌何时才能出炉时的期待，都让我对这个扑克牌的创意深感自豪。

经过电脑制作，这套扑克牌很快横空出世，每个同学都拿到了属于自己的那张独一无二的牌，被自己的笑脸传达的积极和乐观情绪所感染，被自己的独特的别称和格言所激励，也被纸牌背面激扬豪迈的《十班行》所鼓舞。同学们拿到牌时的激动和他们争相传阅时的喜悦都透露着他们对这意义非凡的一副牌的认可和喜爱。同时我还把这些牌的图片做成了视频，再加上《年轻的战场》的配乐，于高考前几天的晚上在班上循环播放，以鼓励同学们并减轻他们考前的心理负担，同学们在黑暗中看着图片听着音乐时的表情我看不到，但我知道他们的沉默代表着他们的感动，显示着他们内心力量的滋长。高考那两天，我们 6 位科任老师全体出动，陪着 48 位学生奔赴考场，在那个通往考点拥挤的大巴上，我们一起拿出自己的扑克牌，然后大声朗诵背面的《十班行》，我在他们激情洋溢的朗诵中看到了他们脸上的坚毅，看到了他们的豪迈，也看到了他们的信心。这些扑克牌最终被他们像护身符一样带着走向了高考考场，然后陪他们度过了两天的紧张考试，陪他们走向了胜利的终点，也成为了他们高中记忆的凝结。

高考后不久，这凝聚着爱心与匠心的扑克牌视频，加上《青春纪念册》的旋律，传到优酷网上，点击率颇高，被称为"创意扑克牌，史上最强毕业照"。

如今，距离这群孩子们高考已经有两年了，他们带着属于自己花色的扑克牌，开始了新的征途。而当年的扑克牌又蒙上了一些让人唏嘘感慨的回忆。希望所有的孩子们不管在未来遇到什么，都永远记得那年高三（10）班，曾经有他的一个位置，永远记得那年的属于我们的扑克牌，永远记得放在一个牌盒里头的温暖人心。每个人都不是独自存在的孤岛，高三（10）班那些同欢笑共忧愁、汗水和泪水交织的往昔，都将成为我们记忆深处永不褪色的风景。借用伍尔夫的一句话："记住我们共同走过的岁月，记住爱，记住时光。"

（本文已发表在《湖北教育（新班主任）》2014年01期）

12. 被误解的心意

黄冈市蕲春县实验中学 吕俊群

那天下课，我没精打采地趴在桌上，长叹一声："唉！真没劲儿！"

"怎么啦？"对面的胡老师接过了话，其他几个同事也都疑惑地看着我。见有几个听众，我便开始吐起了苦水：

班上小可放假期间骑车摔伤，手骨折了，我号召同学们表了表爱心。今天她来校了，我便让班长把大伙的心意（一叠钱）直接交给她，并让她随便讲两句，表表谢意。借此机会，也对班上孩子进行一次爱的教育。可她呢，却说不知道该讲些什么！更搞笑的是，在我的一番耐心引导下，小姑娘居然冒出了一句"我担心大家以后会不要我管"。

"我真想不通，在那么温馨的场合中，这个小女生却能如此地冷静、如此理智！"我用这句话结束了我的故事。

"嗯……我觉得，这女孩根本不懂得感恩！"小万老师的一句话，说到我的心坎上。

"你呀，你这叫热脸贴上了冷屁股。"爱开玩笑的周老师抛来的一句话，差点没把我噎着。

"你现在，是不是感觉很受伤啊？"还是午长的李老师善解人意。

"是啊，真的有些受伤。我估计，班上其他孩子也受伤了。"我闷闷地应了一句，心底愈发堵得慌，似乎被厚厚的云层遮挡着，被浓浓的迷雾裹挟着，看不见一丝光亮。

为什么？为什么我和同学们的一片好心，却换来她如此薄凉地对待？谁能给我一个答案！

百度？好像有点呆。看书？好像有点晚。有了，我不是加了一个名师QQ群吗？对了，就把这事作为案例，去请教请教他们。

迅速点开QQ群，发上我的故事和困惑。很快，各种评语出来了——

"典型的好心办错事……"什么！我办了错事？

"这种做法是一种'被关怀''被感恩'，没有理解的关怀不是爱……"这个，我倒没细想。我们的这种关怀，真的是小可需要的吗？

"孩子的世界有自己的法则……"莫非，是我还没有真正读懂孩子的世界？

"不用刻意去营造，真正的情谊是自然而然的，无痕教育，才是最高境界……"我好像是有点急功近利了。只想着引导班上同学，却忽略了小可的个人感受。

"感恩在心，不必说出口……"明白了，是我太注重外在的形式了。

……

谢谢你们，我敬爱的导师，你们的慷慨赐教如同耀眼的阳光，穿透了那厚厚的云层，拨开了那浓浓的迷雾。我的心，也慢慢明朗起来了——原来，不是小可伤害了我们，而是我们伤害了她，我们的所谓"心意"，带给她的并不是暖暖的幸福，而是沉沉的压力呀。

错了，我真的错了。

既然错了，那就改呗，至少，可以把表达心意的方式改一下。如果将那些零钱买成礼物，应该显得更有诚意一些，对吧？迅速找来班长，安排她去校外买礼物；赶紧整理思路，我要在班会上引导学生，正确看待小可今天的表现。

班会的铃声，终于在金色的夕阳中敲响了，我开始走向教室……

"老师，老师……"刚到门口，我就被班长挡住了，"小可说花不了那么多的钱，这五十元她要拿出来当班费！"

这是怎么回事？同学们总共也不过凑了一百多元钱，随便用用就完了。她怎么这么大方？哦，我懂了，她是想用这种方式，表达她内心的感恩。

心，忽地柔软起来，氤氲起淡淡的薄烟，弥散，飘摇……

"老师，还有呢！"小班长又眉飞色舞地开了腔，"小可还给全班每人买了一颗棒棒糖！"

什么？站在门口的我，又一次懵了，我让班长给她买礼物，她却给全班同学买礼物，谁说这孩子不懂得感恩，她把自己满心的感恩，完完全全地表达在行动中了。

刹时，只觉得心头热浪翻腾，而眼睛，也在不知不觉中，蒙上一层热雾……

是啊，感恩，为什么一定要说出口呢？形式，真的就那么重要吗？平生第一次，我发现，自己是那么的肤浅狭隘，平生第一次，我发现，学生是如此地善解人意！

谢谢你，我可爱的学生！是你用行动给老师上了一堂无言的课。

心念一动，我作了一个决定：今天的班会，就做一件事——吃糖，让我们一起来细细品味小可的那一份心意吧！

13. 退回来的"心意"

黄冈市蕲春县实验中学　吕俊群

早晨的教室，永远是生机勃勃的。晨光和着朝露从窗棂飘了进来，室内一派朗润清新。小家伙们一个个都忙着背诵古文，那认真的小模样儿，真是可爱极了！

咦？教室后面的图书桌上，怎么有几大包东西？好像有香蕉什么的……哦，这是昨天班上同学买给小可的礼物。奇怪，她昨晚怎么没带回去呢？

一头雾水的我，慢慢站起身，走到小可跟前，俯下身轻轻地问了句："小可，同学们的心意你怎么没带回去呢？"

"我爸爸叫我留下来，与大家一起分享。"小姑娘睁着那双大大的眼睛，很清晰地给了我这个答案。

"哦……"我沉吟着，从小可的身边走开了。

原来是这样，我明白了，这是个极其自尊的家长，他不愿意自己的女儿欠大家一份人情。

突然一下子明白了许多：为什么小可昨天中午不太愿意接受大家的心意，反而担心大家会有所求；为什么小可昨天傍晚会给班集体交班费，给全班同学买礼物。

因为，她有一个活得极其有尊严的父亲，应该正是这样的家庭教育，才培养出这样自尊乖巧的女儿！

从这个意义上来讲，我应该向这位父亲致敬！甚至向我的学生致敬！

但是，没由来的，一种说不清、道不明的感觉却涌上心头，酸酸的、辣辣的，堵得我发闷，呛得我难受……

原来，我和学生们的一片心意，人家压根就没当回事。这，太有意思了。

我不明白，接受别人的美意，真的有那么难吗？

我承认，"尊严"对我们每个人来说，的确很重要。可是，接受别人真诚的关怀与善意，就一定会让我们失去尊严、失去人格吗？如果人人都活得那么理性，那我们的世界还会有"真情""友谊""关爱""仁心"这些美好的事物吗？

我觉得，倘若那样，那真是这个世界的悲哀！我甚至有些极端地认为，一个吝于接受的人，往往是一个吝于付出的人！

当然，他有拒绝的自由；不过，我也有表达的自由。

这样想着，我拨通了小可爸爸的电话，我要为我、为班上孩子那份心意再争取一下。

小可的爸爸很客气，在电话里表达了对老师和同学们的感谢。听完这些真心的客气话之后，我平静地说出了我的想法："我很欣赏您的人生态度，让自己活得很有尊严。但是我觉得，有时候，接受别人的善意和关怀，也是一件很幸福的事。您说呢？"

"这个……是这样的，吕老师，让全班同学分享，是小可的意见。我们家很民主，一向尊重孩子的意见。"呵呵，把球又踢回到女儿身上了。

既然这样，我也无话可说了。分享就分享吧！还能怎样，难道让那些东西放着发霉不成。原本闷闷的心，像是又被塞进了　堆发霉的草，堵得更紧了。似乎想晃掉点什么，我折身回到了教室。

幸好，我的学生们都在认真地读着，记着，多少给我一些安慰。

终于下早自习了，该吃早餐啦。

"老师！这是我爸爸写给你的信。"小可递过一封信。

拆开信封，里面除了二百元钱（我个人给小可的一点心意）之外，还有一封信。展开信纸，上面工工整整地写了一段文字。其中，有这样的一些话："衷心地感谢您和同学们对她的关心和爱护！""心意我们领了！但钱我不能收，东西让大家一起分享吧！"

看着那两张红红的钞票，按理说，我应该感到高兴，可我却什么感觉都没有，唯一的感觉——累！这事拖得太久了，我必须尽快让它过去。

课间操时，我当众将小可爸爸的信念了，特意强调了小可爸爸的真挚谢意和小可的慷慨大方。我想，这才是他们父女真正想要的吧……然后，在一片欢呼声中，同学们开始快乐分享那些退回来的"心意"——那原本是为小可准备的美味食品……

在刺目的阳光中，我眯缝着双眼，缓缓地走出了教室。

原来，接回那些送出的礼物，竟然是这样的沉重，重得让人无法承受！

或许，我要收回的，不仅仅是那些看得见的礼物，更多的，是那些看不见的、强加给别人的"心意"吧！

（本文已发表在《班主任之友》（中学版）2014 年第 12 期）

14. 小盼，终于有"盼头"了！

黄冈市蕲春县实验中学　吕俊群

昨天早自习，一进教室，就遇到生活委员抱着一大叠本子往我手上送。呵呵，这么多呀，现在的孩子挑食严重，好端端的饭菜不吃，却喜欢买超市里面的那些零食代正餐。为了让班上学生养成良好的进餐习惯，我采取了一条不太人道的措施：凡不按时进餐者，一律罚作业本一个！

往往一个月下来，就会收到一叠厚薄不均的作业本。唉，这不？这个月下来，又收了二十多个作业本了。平时，那些不按时进餐的小家伙都老实认了罚，也没让生活委员为难过，可是今天——

"其他同学都交了，就小盼一个本也没交。"生活委员小萍气呼呼地告了小盼一状。

啊，又是这个小刺头！上次的历史作业就把我气得够呛，这回我可得小心点了。

"嗯，我知道了。"我朝小萍点了点头，就示意她下去了。安排好自习任务后，我就在学生琅琅的读书声中踱了起来，脑子也开始静静地活泛起来——

到底是怎么回事？这个以"规则是用来打破的"为宗旨的家

伙，难道又要故意地打破我制定的"进餐规则"？如果是这样，我可真服了他。

不，不，不，不能以孩子的一句话，就给他贴上标签了。

其实，从上上周开始，我就感觉到他有变化了。

有一天，我看到值日记载本上记载了几条当天违纪的情况，其中有一条是"小盼吊门框"。我故意当着全班的面，把其他同学口头批评了一下，可唯独不批评小盼，而且，我还故意这样对大家说："小盼吊门框的分就不用扣了，据说他是以打破规则为乐的，我们越管他，他就越要与大家作对，这样他才会快乐。同学们，从今天开始，我们都要与小盼和平相处，尽量让他舒服点哦！"

哼哼，你喜欢跟人对着干，我就偏不接招，看你还怎么作对？

呀！没想到这小子还真是吃了熊心豹子胆了。

第二天早饭后，我正要从门外走进教室，一条人影突然飞到我的眼前，差点撞着我的鼻子了，抬眼一看，天！小盼这小子居然又吊上门框了！

看，胆够肥的吧！

行，你小子行！你以为我还真不管你了呀，我看你还能嚣张到几时？你不就是想我生气吗？我就偏不生气。

我笑眯眯地看着他，一言不发。

他呢？开始也笑眯眯地看着我，可是，在我那并不凌厉却十分执著的眼神笼罩下，他终于受不了了！垂下了眼皮，两只手也绞在了一起，不安地拧来拧去。

"小盼，你吊门框的事我可以不管的，因为真的摔伤了也不关我的事，那是你自己的身体，对吧？但是，吊门框可是学校明文规定要禁止的，如果今天你撞到的不是我，而是学校的领导，那么，你可要影响我们班的形象了，那可是全班同学都不答应的哦！"

说完这句话，我便没理他，兀自走进了教室。平静地对全班同学说道："同学们，昨天我说了小盼吊门框不扣分，那是针对他个人的，因为身体是自己的，摔不摔伤是他自己的选择，我们管不着，他也不要我们管，对吧？"

顿了顿，我开始提高了声音："但是，如果他的行为影响到班集体，让班集体扣分了；影响到其他同学了，让他人受伤了，大家说，你们能答应吗？"

"不答应！"全班异口同声。

我想，这一声"不答应"，门外的小盼应该听得清清楚楚吧！臭小子，你以为真的可以肆无忌惮了吗？我说不管你了，你以为你就可以为所欲为了？这世界可不只是你一人的世界。

当着大家的面，我很严厉，但在私底下，我又找了几个平时跟小盼走得比较近的学生，让他们多接近他，多鼓励他，多抚慰他，慢慢软化他心底的那根根尖刺儿……

没有想到，这两个星期以来，这家伙居然都按时完成作业了！太有意思了，既然他有改变了，那我也有点改变吧！

前些日子，在我的历史课上，他表现蛮认真的，但我故意装作没看到。可上周历史课，我有意地关注了一下他。当时一个学生回答了什么问题，小盼居然大声地嚷嚷了一句："乱扯！"很大的嗓门，看来是蛮投入的。我就接过话头："小盼，你说人家乱扯，那就起来扯扯呗。"他摸摸自己的头，有点不好意思地低下了头。后来小组合影，看他的姿势还有几分小帅，在大家欣赏相片的时候，我也顺嘴夸了他一句。

这孩子，我要让他长满尖刺儿的心，慢慢地柔软下来。而且，我发现他的心真的开始柔软了！

上周五，我批改学生的读书笔记，许多学生在"生活小记"中记录了那次读书会的事，小盼也写了。但他与别人有一点不同——称呼我时用了一个"您"字。没有对老师满心的尊重与敬意，怎么可能用"您"字呢？

回想起这几周的表现，我可以很肯定地得出一个结论：这孩子，应该不是一个以"打破规则"为乐的刺头，他其实也有一颗很柔软的心。那么，那次为什么没买作业本呢？

是不是他身上没钱了呢？想想他在家中的境况，连正常的要求都不直接向爸妈开口，总是让弟弟去求爸妈。唉，真是个委屈的孩子！

这样想着，我便走出教室来到操场，拨通了他妈妈的电话。将问题简单地解释一下之后，就问他妈妈："他之所以没买本，我猜想，他肯定是身上没钱，对吧？"

"他是没跟我说。"他妈妈的回答证实了我的猜想。

"我想，他肯定是怕你们骂他，所以不敢跟你们说吧！"可怜的孩子，他曾经在我面前说，他很怕自己的爸爸妈妈！

"……"话筒那边陷入了沉默。

"一个孩子在成长的过程中，是难免犯错误的。这都是正常的。对待他们的错误，我们要宽容一点，这样才能帮助他改正错误。如果他一犯错误，你们就指责、批评，时间久了，他就不敢在你们面前袒露自己的错误了。你说呢？"

"嗯，嗯！"小盼妈妈连连答应着。班上的家长都还挺信任我的，这一点还真是让人欣慰的。

"如果我们在他犯错误的时候，这样对他说——这次你犯了错，我相信你也很后悔，我相信你以后不会再犯这样的错误了——我想，他一定会很开心的，你觉得呢？"

"嗯，嗯！"话筒那边是一连串的认可。

"这次的作业本他买不买，倒无所谓，但是，我希望他能从今天起，能直接向你们表达自己的要求。孩子的自信，首先是从父母这儿得到的。你说是不是？"

"好的，好的。"

"那这样好不好，我给你们布置一个作业：从今天起，每天夸小盼一句，不管用什么理由。你没空，就让他爸爸，或者让他奶奶，每天都让一个人夸他一下。可以吗？"

"行！我们会努力的。老师，孩子又让你操心了！"小盼妈妈又用那句同样的话结束了我们的通话。

挂上了电话，人突然感觉到格外的轻松，仿佛身上卸下了一副重重的担子一般。好了，小盼，终于有"盼头"了！

看着眼前的操场，是那样的宽阔敞亮，清晨的阳光铺洒在上面，发出金色的光辉，心底里不由得发出一声感叹：原来，宽广也是一种美。

带着一份轻松，一份期待，我快步走向那书声琅琅的教室。那里，承载着我满满的希望呢！

15. 小盼的喜讯

黄冈市蕲春县实验中学　吕俊群

　　昨天早上，是语文早自习，任务明确后，学生开始哇啦哇啦地读了起来，而我则开始批改起前天布置的小作文——一篇关于男女生牵手游戏的小作文。

　　看着这些小家伙们写的文字，真是有意思！五花八门，众说纷纭。有人觉得这活动很有趣，也有人觉得这活动很无聊；有人对自己的表现进行反思，也有人对他人的言行进行谴责……

　　正看得津津有味之时，小迈突然来到我的身边，十分神秘地低声对我说："老师，我来报喜了！"

　　"嗯？"我抬起头，望着小迈，只见他双眼发光，闪烁着异样的光彩，正泛着抑制不住的兴奋。

　　什么事让这小家伙这么开心？

　　"老师，告诉你一个好消息！小盼的注释和译文全部过关了！"他挺着小胸脯，喜形于色地宣告了这一好消息。

　　这的确是个好消息！

　　我站起身，拿起粉笔，在黑板中工工整整地写下一行字"小盼的注释和译文全部过关"，然后在后面加了一个大大的"！"。

　　书声琅琅的教室突然一下子安静了下来，孩子们都静静地看着黑板上的这行字，然后，不知是谁带头，全班响起了热烈的掌声！

呵呵，这些孩子，真的蛮善良，蛮可爱的。

其实，注释与译文过关任务是前天早自习的任务，到那天早自习结束的时候，全班仅有小盼一人没有完成！所以，昨天早上，全班也仅有小盼一人还在完成前一天的任务。

如果一个集体，对落后的同学不是嘲笑、讽刺、挖苦，而是为他们的点滴进步真诚地鼓掌、叫好，这应该是一个温暖的、有希望的集体。

趁个这机会，我把小盼再向上推举一下吧！

"看来，小盼同学今天早上也成功地挑战了自己！其实，我们都知道，小盼其实蛮聪明的，只是他还没有完全释放出自己的正能量，只要他想去挑战，他就一定能成功！大家说，对吗？"

"对！"

"那就让我们共同期待，期待小盼同学开始一次又一次的挑战吧！"

在同学们热切的目光中，小盼这小子居然有些不好意思了，他那个一向倔强的头颅低了下去，在座位上扭来扭去的。呵呵，倔小子，你的小心脏是不是已经柔软下来了？

想想这些日子以来，我对这家伙还真是下了不少功夫。

上次数学测试，班上的及格率大大提高，这让我很开心。于是，凡是及格的，每人奖棒棒糖一颗。不及格的同学，只要和期中考试相比有一些进步，也奖一颗棒棒糖。但是，不及格而且还退步了，那就甭怪我不客气了！必须得惩罚一下——退步多少分买多少颗棒棒糖。如果下次进步了，我再双倍返还。小盼这小子也在退步之列，可是别人的糖老早就交了，他到如今也没交，我也没怎么催他。

那天，轮到他推荐佳作了。和他一起推荐的是班长，两个人一相比较，差距自然很大。但是，在大家肯定班长的同时，我故意地让大家谈谈小盼的亮点，结果同学们七嘴八舌地也帮他找出了不少，比如"准备很充分""神态很自然""内容很具体"等等。等学生们说完之后，我又趁机把小盼好好地表扬了一番，肯定了他近期的进步。

简而言之，这些日子以来，我只给他吃"补药"，从不给他吃"泻药"。我就不信，在我这么猛烈的"糖衣炮弹"攻击下，他的心不会向我靠近，向班集体靠近！

果然，连续两个星期，小盼这孩子都按时完成了作业！这不是进步是什么呢，而今天，他居然把难度那么高的任务都完成了，这实在是个"好消息"！难怪他的大组长要喜形于色地来"报喜"。

其实，对小盼这样的后进生，我们老师只需要拿着一个放大镜，密切关注着他们，一旦发现他们的亮点，哪怕是点滴亮点，也竭尽可能地将其放大，放大，再放大，那么，他们的进步将是惊人的。

让我们学会关注一个人"能做什么"，暂时性忽略他"不能做什么"，只有这样，才能有效地激发出这个人的内在潜能，使其迅速成长起来。

这可是德鲁克的秘诀哟！

16. 糊涂蛋丢糊涂钱

黄冈市蕲春县实验中学 吕俊群

早饭后，正在查看上课的课件，小琳急匆匆地来到办公室，满脸焦急地对我说："老师，小蓓带的四百元钱不见了！"

一听这话，我的心猛地一沉，大脑马上开始飞速运转起来：

她带那么多钱来干吗？哦！上周有人拿着介绍信到学校来推销学习机，估计这丫头是动心了。

这么多的钱也有人敢偷，看来这人胆够肥的了，离犯法不远了，我非把这家伙查出来不可！

转念一想不能武断地下结论。越是急事，越要缓着办。四百元可是大数目，一般的孩子应该是没胆偷的。或许是这小丫头糊里糊涂的，忘记放在什么地方了。

这么一想，我便沉住气，不动声色地对小琳说："别着急，叫她再仔细找找吧，说不定放在什么地方了！"

转眼二十多分钟过去了，预备铃响了，该去上课了。

走进教室，学生们都在科代表的组织下听写生字词，改正生字词，忙得不亦乐乎。

我悄悄地把小蓓叫了出来，问道："钱找到没有？"

"没有。"她低声地回答了我。这小丫头平时总是笑嘻嘻的，没心没肺的，是班上的开心宝。可今天却锁着一双长眉，抿着一张小嘴，小脸皱得像苦瓜，变成小可怜了！

"什么时候钱还在？"

"早读的时候还在，我拿出来放在桌上，压在书下面。小丽还看见了。然后我就去组长那儿背书去了。"

啊！这个没心没肺的家伙，四百元钱压在书下，根本不当回事，然后就跑到组长那儿背书去了，我真服了她！

"那你出去参加升旗仪式时，有没有把它捡起来收好？"

"嗯……嗯……我出去时，桌子上面好像就没什么东西了……"她开始支支吾吾起来了。

这家伙，看来去升旗时，她早已将这四百元钱置之度外了，真是视金钱如粪土。

"你出去参加升旗，居然没把钱装在口袋里面？"我吃惊地追问了一句。

"没……没……出去升旗时，桌子上面好像没东西了……"她苦着一张脸，手不停地挠着太阳穴，似乎想竭力地回忆起什么，可还是啥也没回忆出来。

这家伙，钱掉了也是活该，她根本就没拿钱当钱嘛！

看着她那为难的窘样，我真是又气又恨，拿手狠狠戳了一个她的脑门子："你呀！这么多的钱居然不放在身上，把老师平时说的全忘了。"

事已至此还有什么办法？只能另外想办法！她不是说小丽知道她有四百元钱吗？凭我的直觉，小丽绝对不会做这事的。毕竟相处快一年了，班上孩子的秉性我还是基本了解的。不过，可以找她出来问问情况，说不定能提供一点什么线索。

小丽迅速出来了。这小姑娘本学期进步非常大，已经跻身班上的第一梯队了，她是个很执著、很勤奋的女孩，性格也比较阳光，但心思却比较细腻。我得注意一下提问的方式，免得伤了她。

"小丽，小蓓掉了四百元钱了，你知道吗？你坐在她的旁边，我想请你帮老师，找找线索，可以吗？"我微笑着对她说。

她默默地看着我，无声地点了点头。

"谢谢你！小蓓说她早自习时把钱拿出来了，放在书下面压着，你是不是看到了？"

"我没看到啊！"

她说没看到，这就不好办了！我看看她，她也抬眼看了看我，目光清澈，一派单纯。现在怎么办？线索到这儿全断了。

"在早自习的时候，你有没有发现什么人接近过小蓓的桌子或坐过她的座位？"

"没有，我没有注意。"

看来这小姑娘早上也是认真地背书去了，看来仅问个别人，是问不出什么线索了，那就只有问集体了。

教室里，生字词已经改正得差不多了，我走进去，对同学们说："今天，我们不进行精彩推荐了！"

"啊！"学生们似乎有些可惜似的。

"今天，班上发生了一件不愉快的事，小蓓的四百元钱不见了。"我语气开始沉重起来。

"啊！"又是一声惊叹……

"所以，今天老师必须要把这件事情查个水落石出！"只要想到，如果一个孩子连四百元钱都敢下手，那他就离犯罪不远了，这样的孩子，我必须要揪出来！况且，四百元也不是个小数目，如果没个说法，小蓓家长那儿也不好交代。

"小蓓，把你所有的书都拿出来，放在桌子上，我要让全班同学帮你找找钱！如果在你这儿找不到钱，那我就要在全班同学那儿找了，哪怕是搜身！"先在心理上吓吓他们，钱如果真的被偷了，一定还在教室里，这人插翅也难逃！

一听我这话，全班同学全都不由自主地翻看起自己的抽屉和书包，仿佛是为了证明自己的清白似的，我注意地看了看那两个有过前科的同学，发现他们的神色都还挺正常的。会不会是小蓓这个糊涂蛋把钱放丢了呢？

既然小蓓自己从书本中间找不到钱了，那就让别的同学帮她再好好找一找吧，如果能帮她找到，那是最好。如果真的被偷了，那个小偷在帮她找钱的过程中，一定会巧妙地把钱"找"出来的，总不至于笨到等我搜身现形吧！

"全班起立，到走廊站成两排！子奇，你负责监督男生；小依，你负责监督女生。"我故意说得狠狠的，如果真有这个小偷，我一定要让他的心理防线彻底崩溃！

学生们迅速出了教室，站成两排。站在最前面的是小个子小风，我一拍他的肩："去把小蓓的书本一本一本地翻，帮她找！"

小风迅速跑了进去，开始翻看了起来。天！他还真认真，一本一本地逐一翻看着，那个仔细哦！这架势，等他把那么多的书本看完，得多长时间呀！

不行，多派几个人进去，同时进行，那样，有人想搞点小动作，也不那么显眼呀！这样想着，就又推了三个男生进去。

外面的学生都静静地站着，也有少数人偷偷地从窗户向里观望。我抱着双臂，锁着双眉，踱着我的方步……

"找到了，找到了！在这里！"忽然，小风一声尖叫，打破的室外的宁静！

"什么？这么快就找到了！"我很重的心一下子轻了下来，连忙几步跨进教室。

小风手拿着一本打开的作业本，只见黄色的作业本中间，赫然卷着一叠红色的钱！将作业本关上一看，封面清楚地写着三字——"小蓓"！这个死丫头，自己将钱瞎放，弄得大家虚惊一场！

接过作业本，拿出钱一数，居然有四百五十元！这是怎么回事？不是说掉了四百元吗？一问，原来还有早餐费！这个糊涂蛋，居然丢的钱都是"糊涂钱"！

我把钱递到她的手上，也没跟她客气，丢过去一句话："今天，你一共要扣掉 400 分！不，是 450 分！另外，今天下午的班会课，当众作个检讨！"

"啊！"全班又是一阵尖叫。不过，这声音里多了一份解脱，一份轻松。

"好了！现在我们开始上语文课吧！"我慢慢走上讲台，打开电脑，拿起了语文书……

四百元失而复得了，我也总算是松了一口气。午饭后，坐在电脑前，脑海里又重新回忆起那一幕，不由得问了自己几个问题：

首先，小蓓为什么会犯这样低级的错误？为什么她对钱会那样大意？为什么给了二十多分钟找钱，她都没找到？

其次，在她找钱的过程中，班上有同学帮助过她吗？如果早饭后有热心的朋友帮她找找，不是很容易找到吗？为什么没人帮她呢？我们这个集体，是不是太冷漠了一点呢？

其三，在整个事件的处理过程中，我的方式方法合适吗？为什么在发生这样的事情之后，我的第一反应总是会怀疑那些曾经犯过类似错误的同学呢？这是不是一种很可怕的心理定势呢？如果这钱真的被人偷了，但在早饭后被转移了，那么，我即使大动干戈也是无济于事。我能不能想出更好的办法呢？其实，我这回也是"糊涂官"判"糊涂案"啊！

虽然，此事已经尘埃落定，但我们到底应该从中汲取怎样的教训？

作为小蓓，她必须要为自己的不善管理财物作一次深刻的检讨。其实，许多时候发生的偷窃事件，与当事人是否善于管理钱财是密切相关的，甚至可以说，是当事人间接提供了作案的机会。如果我们每个人都懂得如何妥善管理自己的财物，我想，那些偷窃事件一定会大大减少的！

相信，这次事件一定会给小蓓一次深刻的教训，那么，我和我的学生，是不是也应该反思反思呢？

17. 你得让她笑起来哦

黄冈市蕲春县实验中学　吕俊群

前天傍晚，我正在办公室与小欣谈话，班长急匆匆地跑进来了："老师，小盼将墨水摔到小梓衣服上去了，小梓哭起来了！"

小梓这小姑娘我知道，有点小娇气。小公主般，脾气特大，班上学生一般都不敢招惹她，更别说男生了！而小盼这个男生，虽然成绩比较差，但很少违纪，是个比较本分的孩子。我一听情况，就猜出肯定是小盼不小心把墨水弄到小梓身上去了，而小梓的娇小姐脾气又来了。

"哭什么哭！多大点事呀，就哭个不停，去跟小梓说，要哭找个没人的地儿哭！"我知道班长跟那小公主好，多少有点为她打抱不平的意思，我可不能助长这种娇气，先给热情的班长泼一瓢冷水，让她清醒清醒。

"叫小盼到这儿来！"

不一会儿，小盼就来了！这小家伙，小脸涨得通红，两只手紧张地搓来搓去。看来，小梓已经把他吓得够呛！看着小盼那紧张劲儿，我好气又好笑：小梓这丫头，太凶了！

"你把小梓衣服弄脏了？"我轻声问道。

"嗯。"

"是故意还是无意的？"

"我不是故意的！"小男生赶紧说明情况。

我笑了："可你把她弄哭了，你说怎么办？"

"我帮她把衣服洗了吧？"

呵呵，这小子他也不想想，小梓这小公主怎么可能会把自己的衣服交给他呢？那个骄傲的公主，她只是耍一下公主脾气而已！

我笑了起来，对他说："洗衣服就算了吧，估计她也不会那样做的。你现在只需要做一件事——"我故意停顿了一下。

他睁大眼睛望着我，眼中充满了期待。

"是你把她弄哭了，现在，你得让她笑起来哦！"说完这句话，我就让小盼走了，然后继续跟小欣谈话。

大约过了十来分钟，我让小欣自己想一会儿，自己则起身来到了教室。

一进门，就看到同学们都在座位上认真地复习小科目，唯有小盼站在小梓的旁边，不时弯下腰对小梓说着什么。可那小公主板着一张小脸，只顾看着自己的书，根本不理他！

让他继续说去吧！这个过程，也能锻炼他的口头表达能力。我装作没事人一样，在教室踱了起来，一圈过后，我故意在小公主面前停了一下，弯下腰，凑下去，看了看小梓，没有一丝笑容！我回过头，假装一本正经对小盼说："嗯，她没笑哦，你还要努力！"

然后，我继续踱着我的步子，一圈又一圈，到第三圈了，我又故意看了看小公主："还是没笑哇，小盼，加油！"可怜的小子，急得脸更红了，又弯下腰跟小梓说着什么……这情景可真逗，我都快要忍俊不禁了！

其实，这时小梓前面的同学，已经不时回头看小公主了。我想，大家已经开始有点同情小盼了，是呀，差不多就行了！小公主，得饶人处且饶人嘛！再这么闹下去，就是她的不对了。

怎么办？她不肯给小盼下台阶，我就让她的同桌帮她转个弯。

再踱一圈的时候，我俯在小公主的女同桌旁，轻声地说："你们劝劝小梓，别有理弄得没理了！"

这小姑娘很聪明，马上就开始行动起来了。跟小梓说起了什么来了。又一圈过去了，那小姑娘不知跟小梓讲了个啥，我们的小公主终于忍不住，开心地笑起来了！

我赶紧一挥手："她笑了，行了，完成任务！"

看着小盼如释重负的轻松样，我也轻松地笑了。因为，我觉得这件事的处理，其实采取的是"无为而治"。与其大费口舌地教育小梓做人要大度，教育小盼做事要细心，不如大事化小，小事化了，让孩子们自己去沟通、去化解、去调整。在这个过程中，他们得到的体验，绝对比老师说教的要深刻得多、鲜明得多。

想到这儿，我不禁有点飘飘然了。我成功地化解两个小家伙的矛盾，真幸福啊！

咦，这座位怎么空着？人呢？天，小欣还在办公室等着我呢！

18. 容易反悔的小欣

黄冈市蕲春县实验中学　吕俊群

我不是个遇事就找家长的班主任，但那天我还是找来了家长，找来了小欣的家长。

上周六，本应参加学校舞蹈排练的小欣没有来，既没向排练老师请假，也没向我这个班主任请假！

其实，她没来参加排练，我是有思想准备的。因为，那天选演员，我到班上征求意见，她自己举了手。可是，等排练老师将她确定下来之后，她又反悔了，在我面前说，她周六要练毛笔字。但是，我当时没有同意，那是因为在这之前我就发现她有这一毛病，喜欢变来变去的。运动会，最开始她啥项目也没报，然后，她又报了名，她先报名跳高，没过一会儿，又改成跳远了。最后，她又说她会跳绳、会跑步。她一个人，不但把体育委员弄晕了，也彻底把我弄晕了！

有了那次经验，这次我不想再让她反悔了。于是，我给她提了个建议：能不能把毛笔字的练习时间换到周日？那样，互相都不会影响。她沉吟了一下，同意了，说："好的，那我就排练一个下午吧！"

可在我面前答应得好好的事，到周六还是变卦了！退一步说，即使反悔了，起码也应该跟老师打个电话呀，怎么能说不来就不来了！这不仅严重影响班集体的形象，更严重影响了学校元旦晚会节目的排练工作！

我是周一升旗时才知道这事的。升旗仪式一结束，我就马上命令全班学生进班，当着全班同学的面，把小欣狠狠批评了一顿。最后，撂了一句"叫你家长马上到学校来"，气愤地走出了教室。

很快，第一节课刚上，她的家长就来了！一问，是她的姑姑。小欣住在姑姑家，我是知道的。她父母出去打工了，所以姑姑照顾她，平时上学放学，姑姑常来接送她。所以，我感觉她姑姑对她还是照顾得蛮好的。

姑姑一坐下来就说："小欣说是老师叫她去跳舞的，她不想来。我还做她工作，叫她要多参加班集体活动。"明明是她自己举手要去的，现在却变成是我逼着她去的。这可真逗！我把事实的真相告诉了她的姑姑。然后，我们就开始慢慢地聊了起来，最后说到了小欣的"善变""爱反悔"，我实话实说，认为这是一个很坏的个性，如果任其发展下去，将来小欣会出大问题的。

看到我说得这么恳切，她姑姑也跟我敞开了心扉，聊起了有关小欣的许多情况。

原来，小欣这孩子挺可怜的。她的父母感情一直不太好，只是她还蒙在鼓里。她姑姑其实也蛮难的，爱人也在外面打工去了，她一个人在家既要上班，又要照顾刚上幼儿园的孩子，还要替哥嫂照顾小欣，真的是蛮辛苦的。所以，脾气难免比较急躁。平时在家里，基本都是她姑姑说了算，没有小欣发表意见的份儿。另外，据她姑姑反映，小欣平时在她面前表现得特别乖巧、听话，但是，一旦到了自己的奶奶家，却表现得非常强势、蛮横……

这些情况，让我对小欣这个小女生有了一个更加全面的了解。

原先的一腔怒火慢慢变成了一怀怜悯：也许是因为长期跟着脾气急躁的姑姑一起生活，从来不敢说出半个不字，所以，她便一直压抑着自己；然后，有机会到奶奶家去时，她就在慈祥的奶奶面前放肆地发泄一回。我想，她的内心一定十分渴望得到关怀、得到温暖，或者说得到一个轻松民主的家庭氛围，让她也能像其他女孩那样任任性、撒撒娇、发发小脾气……可她有吗？她没有！等待着她的，永远只是姑姑的那张不容分辩的铁面孔！

我终于知道她为什么那么容易反悔了——她从来就没有作过主，所以她已经失去了自我决断的能力了，她已经严重地缺乏自信心了，一个完全不相信自己的人，只会不断地否定自己。

那么，作为孩子的监护人，作为孩子的教育者，我们应该做些什么呢？

我不是心理学家，我不知道我的做法是不是科学的，但我还是这样对她的姑姑说了："请在以后的生活中，在一些不犯原则的情况下，尽量地以征求意见的语气跟小欣说话，让她也作作主，让她慢慢自信起来。"她姑姑点头答应了。唉，也许我的这个要求对她来说，真的有点困难。但是，我能感觉到她对小欣的关心与爱。只要有爱，就一定会有改变的。

送走了她的姑姑，我陷入了沉思。作为老师，我该做些什么呢？说实话，我已经为早上冲她发脾气的事而后悔了！这孩子，真的挺让人心疼的。我要好好地跟她谈谈。

中饭过后，我把她叫到了办公室。她依然低着头，几缕柔软的刘海，长长的、黑黑的，垂在低顺的睫毛前，随着呼吸一起一伏。其实，小欣是个长得很漂亮的女孩，皮肤白晰红润，唇红齿白的，尤其是那双眸子，又大又亮，灵动而清澈，一看就知道是个聪明的女孩儿。可是，她的成绩始终不温不火。也许，这跟她的性格也有关系吧！

我搬过一张椅子，让她坐下，然后，轻轻地拉起了她的双手，说："刚刚你姑姑来了，跟你谈了一下你的情况。她说你爸妈都在外面打工，对吗？"她点了点头，神色还比较平静。

我又说："是不是挺想爸爸妈妈的？"

就在这一瞬间，眼泪突然涌出了她的眼眶。我知道她现在的感受，她一定是觉得自己好委屈。平时，这些泪全都憋在了心里，没有机会流下来。孩子，想哭，就哭出来吧！

她边抽泣边解释："老师，我那天是准备到学校来的。可是，我姑姑不同意。"我问姑姑为什么不同意，她回答："姑姑说我期中考试没考好，还跳什么舞。"我问，为什么没让姑姑打电话，她说："我叫她打，可她没有你的电话。"

这就是姑姑与自己父母的区别！如果是自己孩子的老师，她还会这样吗？

我在沉思着，小欣还在抽泣着："我一共问了姑姑三遍，姑姑都不同意我来。"可怜的孩子，我可以想象在一言九鼎的姑姑面前，这个十二岁的孩子是多么的弱小无助。她敢坚持自己的意见吗？不敢！因为，她只是寄住在姑姑家，她并不是那儿的主人。

我还能说些什么呢？难道我能指责她的姑姑吗？那只会加深她们的隔阂。我还是先顺着她的感觉往下走吧。

"老师知道，平时你一定受了一些小委屈。因为，刚才你姑姑自己也说，她在家只有她说话的份儿，没你表达意见的份儿，是吗？"

眼泪再一次汹涌而出，这个小姑娘！唉，不能再说得悲伤下去了，得转移一下注意力了！

"姑姑刚刚说，你平时在家蛮乖巧听话的。不错，说明你挺懂事的。其实，姑姑也挺难的，对吧？她一个人要上班，要照顾孩子，还要照顾你，多辛苦呀！"听到这里，她点了点头。

"可是，我从你的作文中看得出，你在你奶奶面前却好凶哦，这是为什么？"

我把话题突然一转，出乎意料的是，一直抽泣的小欣听了这话，突然情不自禁地低头笑了起来！这个小丫头，她一定是自己觉得挺过分的。

"可能平时压抑得比较多，就到奶奶那儿去发泄，于是，奶奶就成了你的受气包，是吧？"我笑着问她。

眼泪还没擦干的小欣又忍不住了笑了！这家伙一定难为情了吧！

其实，像小欣这样"双重人格"的现象，在孩子们身上并不少见。说到底，也是一种自我保护。

为什么不打电话的问题，已经不是重点了。该谈谈第二个问题了——喜欢反悔！

我想先还是表示理解吧，这样才能让她解除敌意和戒心。"老师知道你，为什么举手之后又反悔了。举手，是因为你喜欢跳舞，你觉得你有这方面的自信心；你反悔，是因为你害怕跳舞耽误时间，因为你期中考试不太理想，你想利用这段时间搞搞学习，对吗？"她点头了。

"无论哪一种选择，老师都支持你！参加舞蹈，能够培养兴趣，锻炼能力，让自己很快乐；不参加舞蹈排练，能够心无旁骛地投入学习，让自己很充实。两者都是不错的选择！所以，你一时难以抉择。"听着我的分析，她不断地点头，看来，我说到她的心坎上去了。

"其实，人生常常会面临各种各样的选择，这是每个人都必须不断经历的。那么，我们能不能保证自己每次的选择都不后悔呢？

当然是不可能的，因为人生是无法重来的。所以，我们必须要学会替自己的选择负责任！"我一口气说了一大堆话，我想，小欣应该听得似懂非懂吧。没有关系，只要她听懂了最后一句话就行。

我跟她的这次谈话，主要用意不在这，而在下面——

"你觉得你是一个能为自己的选择负责任的人吗？"

"你觉得如果一直这样下去，还会有人相信你说的话吗？"

"你愿意成为一个对自己不负责，让别人不相信的人吗？"

一连三问，我相信，每一个问题都会像尖刀一样刺向小欣的心。

其实，不需要她回答。她是一个好强的女孩儿，她知道自己应该成为一个怎样的人，那么作为班主任，我只需要在她的努力的路上，为她铺上几块垫脚石而已。

我对她提出了三点希望和要求：

一、在以后作出选择之前，先在内心权衡一下利弊，三思之后，再作出比较郑重的决定。这样，能减少后悔的几率。

二、一旦作出选择了，就不要让自己后悔了，要成为一个替自己的选择负责任的人。

三、要相信自己，相信自己的智慧和判断。利用一切机会，有意识地培养自己的决断能力。

早已擦干眼泪的小欣，坚定地点了点头，迈着坚实的步子，走出了办公室。看着她远去的背影，我想，她真的能行吗？我得试试她。

两天后，书法科代表请假，书法作业暂时没人收发了，机会来了，因为小欣的字写得超漂亮。

"谁愿意当这个临时书法科代表？"趁着同学们在发愣的时候，我又启发了一句："最好是字写得比较好的同学。"

于是，马上就有人推荐了。果然，小欣被人推荐了！

我微笑着问："小欣，你愿意吗？"

似乎有一个极短暂的迟疑："我愿意。"她的语气很平稳，很沉着。

看来试验成功！

第二天，看到小欣，我故意地追问了一句："昨天的选择，你后悔了吗？"

"没有。"语气依然很平稳、很沉着。

看来，这个小姑娘真的有所改变了！不过，我知道，我还是不能掉以轻心，我必须持续关注着她，在她需要的时候，给她以温暖和关怀、给她以信心与力量。

也许，下次我可以给她一个更难的选择？

19. 烟头风波

黄冈市蕲春县实验中学　吕俊群

小忆这家伙，除了不按时完成作业，其他方面还蛮可爱的。

"老师，我有个重要情况要报告。"早饭后，小忆走到讲台跟前，对正在看课件的我说道。

"什么情况？"我抬起头，笑着问他。心里暗想：你别给我惹事就好了，你还能发现什么重要情况？

"我刚刚倒垃圾，发现了垃圾筐里面有一个烟头。"他目不转睛地看着我，神色凝重。

什么？烟头！这是怎么回事？难道我班居然有人抽烟？这太可怕了！我脑子里迅速地思索开来，不过，表面上我没动声色，只是迈开双脚，飞快地走向教室后面的那个垃圾筐。

果然，在那个蓝色的垃圾筐底，赫然躺着一个烟头！弯腰，用手指拈起，捏了捏烟头，似乎还有些余温呢！

这真是太可怕了！这到底是谁抽的烟？上个学期从没有这样的情况发生，为什么现在却有了？会不会与新转来的小进有关？这两天吃饭时间，我总看到他在教室里逗留。

小进是本学期从外校转来的留级生。听他爸爸说，这孩子蛮老实，除了成绩差点，有点爱玩电脑，其他方面的表现还不错。看着他宁静的眼神，觉得他可能是一个比较本分的孩子，品行应该还不坏，便同意让他试读一个月。

会不会是他貌似老实的外表，欺骗了我？如果他胆敢做出在校抽烟的事情，那我是坚决不会接收他的。大家都知道，我们的《中学生守则》，是明令禁止学生抽烟、喝酒的，一经发现，将严惩不贷！

检查了烟头之后，我将它丢入垃圾筐，微笑着对小忆说："真不错，谢谢你向老师反映了情况。"

然后，我慢慢地走回讲台，示意大家安静下来。便开始说道："同学们，小忆这个学期进步很大。刚才，他向我举报一个重要情况：班上的垃圾筐里有个烟头。这个情况非常重要，所以，我要奖励他5分。希望大家都向他学习，积极举报这类坏人坏事。"

我停了停，接着说："现在，我想把这个任务交给大家，这个烟头到底从何而来呢？是不是来自我班的某个学生？在上个学期，我们班根本就没有出现此类情况，为什么这个学期却突然出现了呢？大家好好想一想！"

学生们面面相觑，都露出了不解的表情。这些小笨蛋，怎么就听不懂我的潜台词呢？这个学期，我班不就新来了一个小进吗？

我用眼角的余光扫了扫小进，他倒还好，面部平静，没有任何的表情。哼，再狡猾的狐狸也逃不出我的手掌心！我微微一笑，说："如果真是我班某个学生抽的烟，我希望他迅速到我那儿承认错误。因为，这案子太好查了。只要他一开口讲话，就会马上露馅，他满嘴的烟味会立刻将他出卖的！"

话音刚落，班上孩子们似乎为了证明什么似的，纷纷开口说起话来，你向着我，我向着你，以此来证明自己的清白。这些孩子，可真逗！

突然，有个声音传过来："老师，生物老师吸烟！"

哦，对呀！教生物的管主任的确抽烟，那会不会是他抽的呢？如果是他抽的，这件事就不是什么大事，用不着兴师动众地查问了！

"不会吧？没看到生物老师上课抽烟！"有人这样说。

我刚刚松了一点的心，又被拽紧了。

"是的，生物老师上课不抽烟！"更多的声音证实。

看来，这烟不是生物老师抽的，那又是谁抽的呢？难道真的是在座的某个学生抽的？

"老师，老师……"突然发现高个子小华举起了手，似乎有什么话要说，我将他点了起来。

"老师，那烟头……"

"那烟头？"我看着他，充满期待，我想，莫非他看到那个吸烟的人了！

"那烟头是我昨天在外面打扫走廊的时候，扫进来的。"憨憨的小华，居然慢吞吞地说出了这句话。

我彻底无语了！

不过，事后我也暗自庆幸，幸亏我当时进行了一次小小的调查，而没有贸然说出"小进"二字。否则，必然会导致一宗"冤假错案"。

我在心里默念了一声：谢天谢地！

其实，我还应该默念一句：小进，对不起，差点错怪你了！

20. 那一双双温暖的手

襄阳市襄城区实验小学　刘海敏

周一早上，走在去教室的楼梯上，一抬眼就看见我班瘦小的小灵背上背着一个书包，肩上挂着一个书包，手里还拿着一根拐杖站在楼梯拐弯处，脸上满是担忧的神色。

这是怎么回事儿？看样子是不是他发生什么事了。我赶紧走几步来到他身边，问道："小灵，你站在这儿干什么？这书包是帮谁拿的？还有这拐杖？"

小家伙一看是我，连忙说："刘老师，小秋的腿摔骨折了，这是他的书包和拐杖。"小秋，这个调皮的孩子，上周五晚上放学时还好好的，今儿怎么腿就骨折了呢？我拿过小灵手里的书包和拐杖，和他一起向教室走去。

只见小秋的爸爸急匆匆地迎面过来，看见我们，一边接过我手里的东西，一边说："刘老师，您好！小秋昨天在院子里玩，不小心把腿摔骨折了。这孩子平常贪玩，学习成绩本来就不好，这要是一耽误，成绩就更不好了。刘老师，您放心，医生说了没多大事儿，只是两块骨头之间稍微错了一下位，已经打上石膏了。医生说可以来上学，就是注意不要再摔跤就行了。刘老师，还得请您多关照一下，给您添麻烦了！"

不等我开口说话，小秋爸爸又冲着小灵说："小朋友，谢谢你啦！"

小灵羞涩地说："叔叔，不用谢，这是我应该做的。"说完，一溜烟似的回到自己的位置上去了。我送走小秋爸爸，回到教室对同学们说："小秋不小心把脚扭伤了，上下课的时候，同学们要注意点儿，不要碰着他了。上厕所时，请同学们帮帮他，好吗？"孩子们异口同声地说："好！"看着孩子们那一张张可爱的小脸，我笑着说："我相信咱班的小朋友能做到关爱小秋。今天早上小灵就主动帮小秋拿书包了，向小灵学习。"

第一节下课后，"话痨"小浩一蹦一跳地来到小秋的座位旁，对他说："嗨，小秋，疼不疼呀？要我帮你什么忙吗？"说着就伸出手去扶小秋，小秋连连摆手说："不能动不能动，你可千万不要动我这条腿。我这条腿不动就不疼，谢谢你！"说着指指自己的左腿。"那你想上厕所吗？我扶你去上厕所吧。"小浩一副关心的神情。"好吧。"小秋双手扶着桌子慢慢站起身来，小浩早就伸着手等着呢，他一把抓住小秋的右胳膊，这时，小秋的同桌小溪也伸出双手扶着他的左胳膊，一起慢慢地向外走去。小浩一看小溪在扶小秋，尖着嗓门说："小溪，你快放手。你是女生，怎么能进男厕所呢？"这下好了，班上的男同学呼啦一下子都围拢了过来，这个说"我来扶"，那个说"让我扶吧"，吵得不可开交。这时，班长小可说话了："大家别争了，小秋就要尿裤子啦。还是我来吧，我个儿大，能把他扶稳了。我们要保证小秋不摔跤。下节课大家轮流扶他上厕所，好吗？"见他说得有理，大家这才让开一条道，让小浩和小可扶着小秋去上厕所。有的同学还把手伸得长长的，顺着扶上一把。还有的同学像是不放心，跟在他们后面。看着那一双双伸出的或半伸出的温暖的手，看着这群可爱的孩子，我欣慰地笑了。

中午放学的时候，小秋的爸爸来接小秋。只见我班的小雅同学一把抢过小秋的书包，乐滋滋地背在自己的肩上，手里拿着自己的书包；小华同学的手里拿的是小秋的水杯；小红同学手里拿的是小秋的拐杖。他们簇拥着小秋和他的爸爸，一起走下去楼去。小秋爸爸感激地对同学们说："谢谢同学们！"啊，想起那一双双温暖的小手哟，还帮我捶过背呢！看着这群可爱的孩子，我由衷地笑了！

21. "折腾大王"二三事

黄冈市蕲春县实验中学　吕俊群

"老师，小哲又给别人乱取外号！"几个女生气呼呼地来告状。

"他叫我'贞子'。"小桢嘴嘟得老高，"说我是个女鬼。"

"他叫小军'猪儿'。"小丽补充道，"肯定是讽刺小军长得胖。"

……

听着这帮女生七嘴八舌的"控诉"，我陷入了沉思。班上有几个孩子让我挺闹心的，但最让我闹心的还是小哲。这家伙，可是我班有名的"折腾大王"！

上学期，他打了两次架，偷了两次东西。教育之后，他的"手"不再瞎折腾了，可他的"嘴"又开始折腾了！上课，他折腾，不是拉人讲小话儿，就是自个哼小曲儿；下课，他还折腾，那张嘴逮谁损谁！胖点的，他叫"猪儿"；瘦点的，他叫"竹篙"；姓衷的，他叫"汤圆"；活泼的，他叫"孙悟空"……唉，真是个十足的"折腾大王"。

其实，关于外号的事也有同学反映过，只是我没太当回事，这其中有一个重要原因——我从小哲的折腾里发现了一些亮点！

他有极高的电脑天赋，PPT、WORD、图片、视频，他都玩得转……

他有极强的体育技能，长跑、短跑、跳高、跳远，他样样都行……

他有极强的动手能力，班上桌椅门窗出了问题，他三下两下便能搞定……

你们说，这小子是不是人才？于是，我便想，如果让他在有意义的事儿上去折腾折腾，不也挺好的吗？

本着这样的想法，我开始有意识引导小哲的折腾了！他在电脑方面那么出色，就封他为"电脑达人"吧！平时，我总是有意夸奖他电脑水平高，课件做得好，文档编辑得漂亮……于是，在我一次又一次的夸奖中，在同学们一次又一次的惊叹中，小哲的电脑水平越来越高了，他折腾电脑的兴趣也越来越浓了！看着他一步一步地成长，我是打心眼里替他高兴呀！

可我没想到，他折腾电脑的技艺见长，折腾人的水平也见长！还是爱给人取外号！说到底，这小子性格上有问题，比较自私，说话做事根本不顾及别人的感受。像他这种"有才无德"的孩子，倘不加以正确引导，出了社会，破坏力将比一般人要大得多！

看来，今天我得好好处理这事了。

"好了！谢谢你们来反映问题，老师会认真考虑的。"将几个小丫头打发走了之后，我开始静静地思索起来……

班会课上，我笑眯眯地开门见山："听说，咱班小哲特别有才，很会给人取外号，几乎给全班每个同学都送了外号，是吗？"

"是的。"异口同声的回答。

"啊，小哲真是有心了！"我笑眯眯地瞟了小哲一眼，他脸上也挂着笑容，不过，有点讪讪的。

哼，你这小子，平时总是你折腾人，今天也让你尝尝被人折腾的滋味！我在心中暗自冷笑。

"来而不往非礼也！咱班有才的同学多着呢！既然小哲对大家这么用心，那我们也不能辜负他的一片心意，是吧？来！凡是有幸被他送了外号的同学，都拿出一张纸，在上面郑重写上你送给他的外号。"

此言一出，全班哗然！

"大家可要用点心哦！至少要像小哲那样用心，否则，就太对不住他了！是不是啊，小哲？"此时的小哲，笑意全无，脸上红一阵白一阵的……

什么叫换位思考？什么叫将心比心？什么叫感同身受？你现在应该知道了吧，小哲，别怪老师狠心，不下点猛药，怎治得了顽症？

看着同学们都在那儿一本正经地写着，我不禁好笑。这些小家伙，还以为我真的要他们取外号呢！我要的，只是小哲内心的震撼。

略等了一会儿，我又开口道："好了！老师刚才只是给你们开个玩笑。不过，我相信，小哲已经认识到自己的错误了！"

"哦……唉……"教室里又是一片喧哗，似乎有点不甘心。

"好吧，既然大家意犹未尽，都想好好展示一下才华，那就给你们一个机会吧！"我开心地扔出了一个炸弹，"请每人给自己取一个外号吧！"

"啊……"教室里响起夸张的尖叫声。

我微笑着，又扔出了第二个炸弹："欢迎给我也取一个外号！"

"哇……"教室里完全沸腾了，学生们开始兴致勃勃地讨论起来……

"小哲，"我故意走到那小子身边，"你那么有才，能帮老师想一个吗？"

"我……我……"这家伙尴尬地挠着脑袋，突然，眼睛一亮，桌子一拍，"我想到了！就叫'美吕'！"

"哈哈！这小子，的确有点怪才！"我在心里默叹。

看着他那充满期待的眼神，我郑重地点了点头："嗯！这个外号取得好，既夸奖了我的外在，也肯定了我的内在。一语双关，我喜欢！"

其实，只要引导得当，"折腾大王"完全能折腾出一片精彩！

第二辑
人和人的博弈最终是人品的博弈

1. 感受爱，回报爱

襄阳市襄城区实验小学 刘海敏

5月11日，星期天，母亲节。我想通过发掘孩子们与妈妈之间的爱的小故事，引导他们感受爱，还要懂得回报爱，做一个会爱的人。

之前和孩子们有过交流，有许多孩子对于别人对自己的爱熟视无睹——同学帮助他捡起掉在地上的文具，他连声"谢谢"都没有；老师利用休息时间给他补课，人家还不领情，认为是和他过不去；妈妈辛勤地教育他照顾他，他觉得是应该的；节日里妈妈送给他的小礼物，他也不一定喜欢……这些来自学校、家庭、社会上的爱让我们的孩子已经习惯了接受别人的关爱，接受别人的帮助，并且认为这是理所当然的，渐渐忘记了感动，忘记了说声"谢谢"，也渐渐淡忘了幸福的感觉。爷爷奶奶年纪大了，孩子还要他们拿书包，一点也不知道心疼他们；爸爸妈妈辛苦工作了一天，回家后还要陪着孩子学习，一旦不陪着，孩子就不好好学习。以至于现在有的孩子越来越自私，心胸越来越狭隘，不知道关心他人。生活中，我们让学生考试的次数很多，但没有一次是考查对父母孝顺、对父母体贴的。因此，让学生感受父母的伟大，是一次很好的主题教育活动。于是我准备设计一节特别的主题班队会——"感恩母亲"。

星期三，我先给孩子们布置了一项作业，半命题的形式，写一写他们的妈妈，题目是《_____的妈妈》。我先让孩子们说说"你有一个怎样的妈妈"。翔翔大声说："我有一个爱打麻将的妈妈。"调皮的明明抢过来说："我有一个爱发脾气的妈妈。"东东不甘示弱地说："我有一个爱玩电脑的妈妈。""我有一个爱玩手机的妈妈。""我有一个爱花钱的妈妈。"……

一石激起千层浪，此时，孩子们眼里的妈妈都不是那么可爱。为了不让他们再"投诉"下去，我赶紧大声说："你们想知道刘老师有一个什么样的妈妈吗？"他们一下子安静了下来，脸上满是好奇的神色，我用深情的语调说："我有一个慈祥的妈妈。她勤劳善良，很辛苦地养育了我们兄妹四个，我非常爱她！"顿了顿，我又说："孩子们，妈妈是给了我们生命的人，是她把我们带到这个美丽的世界，她是世界上最伟大的人，我们应该爱戴她！你们只看到妈妈打麻将，没看到妈妈买菜、做饭、洗衣服吗？也许是妈妈干活累了，放松一下。我看翔翔的妈妈很勤劳，天天送他上学，接他放学，翔翔身上的衣服也干干净净的，是妈妈洗的吧？"翔翔红着脸点点头。"孩子们，开动你们聪明的大脑想一想，你的妈妈是孝顺的妈妈、勤劳的妈妈，还是温柔的妈妈、善良的妈妈……"明明站起来小声地说："其实我妈对我发脾气是因为我考试没考好，妈妈其实挺关心我的。""你就写《关心我的妈妈》，你看怎样？"我接过话头说，"好的。"他高兴地坐了下来。后来孩子们又说了很多，如，美丽的妈妈、爱撒娇的妈妈、聪明的妈妈、乐于助人的妈妈等。这次，孩子们眼中的妈妈是可爱的了。

第二天，孩子们的作业交了上来，你看宁宁的《爱笑的妈妈》："我的妈妈很爱笑，整天把笑容挂在脸上。她不仅对我笑，对爷爷奶奶笑，还对她的病人笑。那次我去妈妈医院，看见妈妈对病人笑得很好看，病人都夸我妈妈呢！我爱我爱笑的妈妈！"亮亮的《聪明的妈妈》："我有一个聪明的妈妈，我很喜欢她！那一天，老师让我们做手工，我不会做，急得哭了起来。妈妈知道后，就耐心地一步步教我做。最后，在妈妈的帮助下，我做了一个漂亮的机器人。老师看后说我做得好，我心里真高兴！"兰兰的《孝顺的妈妈》："大家都说我妈妈很孝顺，我也是这么认为的。有一次，爷爷生病了，爸爸出差在外，妈妈要陪爷爷上医院看病，可是爷爷怕花钱不想去。妈妈就耐心地说服爷爷，最后，爷爷在妈妈的劝说下才去医院看了病。妈妈在医院忙陪着爷爷打针，还扶着爷爷回家，给爷爷做好吃的。在妈妈精心照顾下，爷爷的病很快就好了。我也要像妈妈学习，孝敬老人。"……读着孩子们的习作，从他们稚嫩的语言中，我感受到了孩子们在用自己的眼睛捕捉生活中无处不在的母爱，字里行间充满着对妈妈的爱。我笑了，为他们骄傲！

有了这个很好的铺垫，星期五的下午，我召开了一次别开生面的主题班队会——"感恩母亲"。我制作了精美的PPT，用温馨的粉色玫瑰作底板，首页"感恩母亲"四个字也用粉色玫瑰编写而成。班会主要分为四个板块：第一板块——母亲节的来历；第二板块——感受母爱（展示孩子们的习作）；第三板块——母亲节，我们在行动（献给妈妈的诗、写给妈妈的话、唱给妈妈的歌、送给妈妈的吻、端给妈妈的茶、献给妈妈的爱……）；第四板块——思考：母亲节，我准备怎样与妈妈一起过？（老师引导词：孩子们，5月11日，星期天，母亲节，我们该送给妈妈什么礼物呢？一份精美的礼品，一张精心制作的贺卡，一份满意的答卷，还是一次表孝心的行动？你们准备好了吗？准备好怎样给妈妈过母亲节了吗？我们的妈妈不同，可是她们爱我们的心是相通的。我们也一样爱我们的妈妈。那就想一想，怎样让我们的妈妈过一个快乐的节日呢？用我们的行动来表达对妈妈的爱吧！）在这次班队会上，我和孩子们重温了母亲节的来历，交流了与妈妈一起过母亲节的打算。在《烛光里的妈妈》的背景音乐中，我深情地朗诵了孟郊的诗《游子吟》。我班"金牌主持人"王星月配乐诗朗诵《感恩妈妈的爱》，表达了浓浓的感恩之情。同学们齐唱了歌曲《世上只有妈妈好》《妈妈的吻》。我们尽情地感受着伟大的母爱。班队会在孩子们深情而动听的歌声中结束了，而爱仍在流淌！

我相信，只要我们慢慢引导，孩子会慢慢学会感受爱，会试着回报爱，成为一个会爱的人。这样，我们的校园，我们的家庭，我们的社会，就会越来越充满爱，成为和谐美好的乐园。

2. 娇娇不娇

武汉市黄陂区前川街第五小学　熊佩玲

现在的孩子越来越难教，他们一切以自我为中心，受不了半点委屈，经不起半句批评，娇气得不得了。

学生娇气的毛病不根治，班级工作就难以开展，学生就很难得到发展，而根治学生娇气的毛病是越早越好。因此，在刚接手一年级新班时，我就在班上开展了"勤劳之星""坚强之星"的评比活动。我告诉学生，如果在这两个方面表现突出，除了可以获得这两个称号的奖状外，还可以把自己的照片贴在光荣榜上。

才过一天，班上一个叫娇娇的同学就把自己的照片带来给我，还说自己很勤劳，很坚强，想让我把照片贴在光荣榜上。娇娇穿着朴素，一看就不是那种娇气的孩子，我把她的照片贴在光荣榜上，并号召同学们向她学习。

没想到第二天早上，娇娇就迟到了，同学们说她懒惰，娇气，起不了早床。我不相信娇娇是这样的学生，也许是路上堵车吧，或许是她父母今天有事耽误了送她，这样想着，我就原谅了她。

第三天早上，娇娇再次迟到。偶尔迟到一次情有可原，一再迟到就不可原谅。我刚把她树立成榜样，她就这么不争气。想到这，我气不打一处来，当场就批评了她。面对老师的批评，娇娇

"哇"的一声大哭起来。同学们也说她娇气，一点都不坚强，根本不配把照片贴在光荣榜上。我顿时觉得娇娇人如其名——娇娇真娇。

随后两天，娇娇连续迟到，我很生气，把她的照片撕下来，并在班上公开批评了她，并且说她是一个娇气的学生，不配上光荣榜。一年级的学生都是家长用车接送着上学放学的，迟到只能说明一点：她贪睡，娇气，不想早起。

与娇娇谈过几次话，没有成效，我决定在周日的时候去娇娇家家访，我要跟她父母协商一下，让他们负责督促娇娇早起。

娇娇家在城外的一个小镇上，骑电动车也就二十多分钟的路程。走进她家院子，娇娇就迎了出来，并大声喊："熊老师好！"然后她像个小大人似的招呼我坐下。不一会又从里屋端出一杯热气腾腾的白开水给我。我担心她被烫着，连忙接过杯子，并叮嘱她说："你还太小，以后不要自己倒开水，这样容易烫伤自己……"这时，她的妈妈从屋子走出来说："不要紧的，熊老师，娇娇经常在家烧茶、倒茶，她很小的时候就会做这些事了，这算不了什么的……"

通过与娇娇妈妈交谈，我了解到，娇娇的奶奶早就去世了，爷爷瘫痪在床，身边离不开人。为了维持一家四口的生活，娇娇的爸爸长年在外打工，她的妈妈在家照顾着孩子和老人，还经营着一个棋牌室和一个小浴室，每天根本就没工夫送娇娇上学。从家到学校，娇娇需要走一个多小时。为了不迟到，她每天都起得很早，但她妈妈担心出早门有危险，就不准她走早，这样才导致她一再迟到。每天放学回家后，娇娇还要帮妈妈做生意，在浴室门口卖票和一些沐浴用品，或者到棋牌室去给客人端茶倒水。娇娇在做这些事情的时候从来没喊过累，从来就没有抱怨过。与周围的小伙伴相比，娇娇更像一个小大人。其他小朋友在看电视、玩游戏时，她在做家务。周围的人都说娇娇懂事、勤劳、坚强。

我简直不相信这些都是这个弱小的女孩子可以做到的，但看到眼前的环境和正在熟练地招呼顾客的她，我不得不相信这一切。更让我感到不可思议的是，还没有学习多位数加减的她，居然可以卖东西给顾客，可以顺畅地收钱找零，算起账来甚至比她妈妈还要快。

星期一晨会，我在班上讲述了娇娇的故事，并问同学们："娇娇的照片能不能上光荣榜？"同学们异口同声地说："能！"我问："娇娇娇气吗？"同学们齐答："娇娇不娇！"

3. 一举三得耍"阴招"

襄阳市樊城区前进路小学　郑若君

明天又有一批外地的客人来学校参观，班级外侧那四面外墙上的展示作品还没有来得及更换呢。仅仅是揭下来那些张贴物和重新清理墙壁就是件很麻烦的事情了，现在只有今天下午这半天工夫了，我一个人怎么也做不完呀，怎么办？

两点三十分开始上第一节课。两点二十分，我捧着更新后的班级文化建设的材料和工具走向教室，一边走，一边琢磨着怎么才能短、平、快地结束这次"战斗"。第一节是信息技术课，文体班长啸啸正召集同学们在走廊站队，准备整理队伍到另一个教学楼的微机教室去上课。想起上次孙老师和我反映，在她的课上有几个孩子表现非常恶劣，我的脑袋里一个念头闪过，有了！

我清清嗓子，对孩子们郑重其事地说："第一节课是信息技术课，除了我点名的这几个人，其他人可以排队去上课了。小麟、冰泽、小杰，还有一鸣，你们留下！"几个孩子莫名其妙地看着我，神情有些沮丧地留了下来。尤其是一鸣，极不情愿地嘟嚷着，扭过身子故意背对着我。

我也不解释原因，直接给他们四个小人儿分了任务：小麟和冰泽一组，小杰和一鸣一组，分别认领一块墙壁，把上面粘贴的纸张处理干净。说完他们的任务，我就开始忙活另外两块墙壁，三下五除二进行一番清理后，开始选择孩子们的绘画作品张贴起来。孩子们一看我这个监工在旁边呆着，不能偷懒了，只好乖乖照做。只有一鸣"送"了我一个白眼，满脸写着"不乐意"，嘴里嘟嘟囔囔，用手漫不经心地抠着墙壁。

冰泽是个聪明娃娃，当他发现自己清理墙壁用手指抠既费力又耗时，就马上跑回座位找了把小剪刀来。小杰和小麟也纷纷效法，拿来了尺子或是圆规，使劲地刮掉残留在墙壁上的纸张。小麟最爱说话，一边忙碌着，一边分享着实践经验："还是剪刀最有用，尖尖的，硬硬的，刮起来最省力！"不一会儿，冰泽又把湿抹布拿过来，先在水泥墙壁上把残留的纸张打湿，再用剪刀刮。嘿嘿，别看这三个娃娃在课堂上的学习纪律和学习效果都不咋地，可办事态度和效率都不错嘛！

一鸣呢，歪着个脑袋靠着墙壁，手指在墙壁上划拉着，整个儿一副爱做不做的赖皮样子。小杰发现和一鸣同学合作效果很差，好半天还处理不干净一小块儿，就不由分说地加入了另一个团队。三个小伙子你争我抢，还互相评比着谁处理得最干净，忙得热火朝天、不亦乐乎。这下，一鸣更不高兴了，大声抗议："哎，你们三个人清理一块墙壁，我一个人清理一块，太不公平了！"

旁边的我佯装什么都没有听见。小杰同学说话了："谁让你不认真做事情的？我和他们合作，效果比和你好多了！再过一会儿，我们的任务就完成了！"呵，敢于直面指出缺点，有理有据，说得好！我心里暗暗赞叹道。哪知一鸣毫不悔改，"哼"了一声，歪斜着身子继续自己的"蜗牛功"。

过了十几分钟，三个小伙子已经把那面墙壁清理得相当干净了。我这面墙壁上的"工程"也已经进行到了最后一步——覆膜。

我故意大声地表扬了三个小伙子做事认真仔细，又笑脸盈盈地请他们来帮助我。一双双小手帮我按着薄膜固定，一个个小脑袋偎在我身旁，亲亲热热的，我都快忘记是把他们留下来"受罚"的了。一鸣同学眼看我们有说有笑地干着，生气地喊着："你们都不帮我？我都没有工具，怎么清理呀？"哈哈，你也终于知道着急了？我忍不住偷偷一笑，又对冰泽同学使了个眼神，他心领神会把自己的小剪刀拿去借给了一鸣。这下，一鸣同学才算正式开始了他的"工作"。

下课铃响了，同学们回来了。他们三三两两地凑过来，纷纷要求帮忙，我都笑着谢绝了。我表扬了三个小伙子几句，又说："待会儿我会送给你们一份小小的惊喜哦！"他们带着好奇去休息了，我走到了一鸣身边。

他斜看了我一眼，继续"工作"。我打量着他清理过的墙面，故意称赞道："嗯，一鸣同学认真做事就是不一样，墙壁被你清理得格外干净！"他撇着小嘴埋怨："不公平！凭什么我一个人清理一整面墙壁呀？"我歪着脑袋看着他，继续问："那为什么你的助手会跑了呢？"他不吭声了。"现在什么都别说了，加油，把自己的任务全部完成！我会在这里陪着你！"说完，我继续往另外两面墙壁上张贴孩子们的作品。一鸣看看我，又回头看看自己已经清理过的地方，似乎知道逃不掉这任务，也挺满意自己的表现，就继续卖力地"工作"了。

第二节课，整个走廊上只有我和一鸣同学在忙碌着。他一时蹲着，一时蹶着屁股，一时用湿抹布浸润墙壁上粘贴得很牢固的纸张，一时用小剪刀使劲清理着。我过一会儿就给他打打气，再过一会儿又给他加加油。终于到了快下课的时候，他把整面墙壁都清理得非常干净。

因为长时间用力，一鸣的脸蛋红扑扑的，额头上微微沁出了汗。我走到他身边，把他搂在怀里，捧起他的脸，说："孩子，你知道为什么老师今天请你清理墙壁吗？"他眨了眨漂亮的大眼睛，摇了摇头。这个孩子其实非常聪明，却总是不能够学会与人相处，太以自我为中心，盲目自大，以至班上几乎没有人愿意和他做朋友。所以，他是孤独的。他需要重新认识自我，更需要大家的认可和接纳。

我真诚地说："今天你能一个人完成这项本来由两个人完成的任务，真的很不简单。这不仅需要男子汉的力气，还需要一份耐心和坚持。这些，你都做到了，真棒！"一鸣看着我，笑容里有点得意。

我接着说："可是，为什么你需要两节课来做这件事呢？"我顿了顿。他的表情顿时变得有点不自然，话语中分明是强词夺理："你不是说让我们两个人完成一面墙壁吗？是小杰不遵守规则！"唉，这个小东西，总是这样把责任推给别人，把自己抹得干干净净。

"我当然知道是他参与到另一个小组去了。可是，为什么呢？"我尽量让自己的语气柔和一些："你一开始不愿意做这件事，所以也没有像冰泽一样主动去想办法，更没有像小麟那样积极去完成任务，把自己的合作伙伴气跑了，所以，时间上你落后了。"对于这个孩子，强硬的语气总会激发他的逆反心理，换种劝说的语气，他有时还是能接受的。"你平时不是总说大家没有发现你的优点吗？那么你也要想，你做了什么是让大家能认可你的呢？今天你做的这件事，就是为班集体做的，而且最终完成得很好。大家都会知道，你作为这个班集体的一员，是愿意为班集体服务的，自然就会喜欢你的，懂了吗？"我看着他的眼睛，说完了这些话。他眨了眨眼睛，终于微微点了点头。

下课铃响了。等授课老师离开后，我连忙走上讲台，示意大家安静下来。我大声宣布："孩子们，小麟、冰泽、小杰，还有一鸣同学，总是会在信息技术课上影响纪律，还因此让全班罚站，的确很令人生气。不过今天，他们牺牲了自己上课的时间，为班集体服务，用自己的劳动换来了班级墙壁的洁净，让大家的作品能漂漂亮亮地展示在墙面上，这也是对大家的一种支持，让我们用掌声向他们表示感谢！"全班同学听了，都笑着看着这几个曾经很不受欢迎的同学，鼓起了掌。我的目光一一落在那四双亮晶晶的眼睛上，接着说："而且，他们在做这件事情的时候，能积极想办法，能认真、坚持完成，就说明他们能在今后的学习中也会这样做。作为向日葵班的一份子，希望大家多包容他们，多提醒他们，帮助他们，共同学习、共同进步，好吗？"同学们都说："好！"

我转身走出教室门，看看洁净、美观的外墙，又看看簇拥而出奔向走廊的孩子们，不由得扬了扬眉毛，笑了。

4. 根的事业最崇高

武穴市实验中学　周元斌

花的事业固然显赫，叶的事业同样荣耀，而根的事业则最崇高！

——题记

2013 年 12 月 26 日，星期六。按照约定，我一吃完午饭便来到学生小恒的家里进行家访。选择周六家访，是我担任班主任工作 23 年来养成的一个习惯。

小恒的家，坐落在人财巷 10 号。这座带有花园的房子，我曾经来过五次。小恒的哥哥小谦，是我上一届的学生，前三次来则是为他哥哥小谦做家访的。那时他们的爸爸还未住进医院，我们围坐在一起，谈孩子的学习与生活情况，谈孩子未来的教育和发展，气氛和谐而欢快。他们爸爸爽朗的笑声不时飘出客厅，落到窗外修长的翠竹身上，惹得那青青茂竹也禁不住笑弯了腰。后两次登门则是探望他们生病的爸爸，因为他们爸爸胃癌到了晚期。最终，无情的病魔还是夺去了他的生命。如今，哥哥已经顺利毕业，而弟弟小学毕业后又成为我的学生。正因为有这层特殊关系，我待他已如亲人。作为老师和亲人的我，在"课外访万家"活动中，当然不会遗忘这一类型的学生，更要特别关注这个遭受打击的家庭。

听说老师要来，小恒和他妈妈早已站在门口等候。我的家访，显然打破了这座小院的幽静，带来一丝喧闹。我留意看了一眼小院，往日长势喜人的夹竹桃不见了，怒放的白菊这时也低垂着头，窗前的修竹萧瑟枯黄了许多。"物是人非事事休，欲语泪先流。"我的心不由得沉重起来，步伐也不再那么轻松。

小恒妈妈将我迎进客厅，让座、捧茶，然后便和我谈起小恒，谈起她的大儿子小谦。从她的话语中，我看到一位坚强、勇敢的母亲。虽然丧夫之痛与生活的重压让她比以前苍老许多，但两个儿子的优秀表现让她无比欣慰。在她的精心培养下，大儿子已顺利考上武汉华师一附中，小儿子在我们学校也是出类拔萃。

我告诉小恒妈妈，孩子在校表现十分不错，不仅尊敬老师、友爱同学，而且做为班长他工作主动、认真，敢抓敢管，富有责任感，勇于创新，乐于探究。郭妈妈笑了。从她的笑声中，我仍听出一丝凄凉，几分沉重。她告诉我："周老师，孩子的爸爸在临死前交代我，一定要把两个孩子培养成人，大儿子在您的班上得到多方面的照顾和培养，他十分满意。您的人品与敬业精神，他十分钦佩。他叮嘱我，等小恒小学毕业，一定要送到您的班上。有您这样一位好老师教育、培养两个儿子，他可以放心上路了。"

听罢小恒妈妈的话，我立即感到肩上责任重大。这是死者对生者的重托，这是一个家庭乃至一个家族对一位教师的殷切希望啊！两个儿子虽未长大成人，可他们就是两轮太阳、两片天空，就是两个希望与梦想啊！培养他们，就是培养两个国家栋梁！作为一位人民教师，有什么理由拒绝一位死者的请求？有什么理由辜负一个家庭的期盼？又有什么理由不脚踏实地工作，尽心竭力地培养学生呢？我心中忽然升腾起一种力量，站起来，紧握小恒妈妈的手，哽咽地说："你放心，我一定不会忘记小恒爸爸的重托，竭我所能关心照顾好小恒！"

走出小恒的家门，午后的阳光暖暖地照在我的身上，特别的惬意。小恒起身去侍弄墙角花圃中的秋菊和冬梅，小恒妈妈仍和我边走边聊。沐浴这灿烂的阳光，望着这一对母子，我忽然想到：这个家庭现在也应该充满阳光，这个家庭将来也一定会幸福的，这个家族一定会振兴昌盛的，一定会的。

辞别小恒一家人，置身于喧闹的街市，看着来来往往的车辆和匆匆忙忙的人群，想到小恒一家人对我的重托与期盼，想到一位人民教师肩负的重任与使命，我不由得挺了挺腰杆。花的事业固然显赫，叶的事业同样荣耀，而根的事业则最崇高！今天我选择了教师职业，就是选择了扎根于教育这片沃土，挥洒青春的雨露，孕育心灵。

5. 师爱，让我如此幸福

武穴市实验中学　周元斌

关于幸福，不同的人有不同的理解，有人说是"物质需求的满足"，有人说是"精神生活的享受"，而我，一名普通的人民教师，在平凡的教学工作中，悟出了"幸福"的真谛：爱与被爱是幸福，信任与被信任是幸福，尊重与被尊重是幸福。师爱，是创造幸福的源泉。

（一）爱与被爱的幸福

2005 年秋，满怀依恋地送别相处三年的学子，迎来教师生涯中的又一届新学生，我心里有说不出的欢喜。尽管这届学生基础薄弱，学习习惯不大好，大多数是"双差生""问题生"，可我一点也不抱怨、嫌弃，而是打心眼里喜欢他们，关心他们。我知道，只有用爱心点灯照亮学生的心扉，这些学生才会和别的孩子一样健康成长，成为社会的栋梁。于是，在三尺讲台上，在社会实践中，在节假日，我和我的学生们真诚相待、真知相伴、真情相融，在点点滴滴中体验爱与被爱的幸福。

小洋，全校出名的"网迷"，除了上语文课，其余的时间都泡在网吧里，曾经五次因在网吧上网到深夜，被校综治办抓住而受警告处分。对于这样的学生，许多老师都没有办法，他的父母也对他失去信心。小洋留级到我班后，通过细致的观察，我采取如下"五步曲"对他进行教育。第一步是千方百计接近他，同他成为知心朋友。当这个常遭白眼、备受歧视、心灵已变得坚硬冷漠的孩子，一次又一次地感受到我是在用真情对待他时，他睁大眼睛说："周老师，我真的能改好吗？能考上大学吗？"我因势利导，热情地鼓励他。第二步是用放大镜在他身上找闪光点。当他一个星期没有缺课，当他流利地背诵出一首诗，当他做对了一道题，我都在班上表扬他。第三步是鼓励让他参加集体活动，用集体的友爱温暖他。第四步是在学习上帮助他，我利用空余时间帮他补课，并让学习委员和他结对子。第五步是当他在前进过程中受到挫折而灰心丧气时，我及时、耐心地开导他，鼓励他树立信心，继续前进。三年如一日，我对他浓浓的关爱，彻底融化了他心中的坚冰，增强了他拼搏的勇气和必胜的信心。今年中考，他以 468 分的好成绩考取了育才高中。

苏霍姆林斯基说过："没有爱就没有教育。"特级教师于漪也说过："爱孩子，能使孩子变得聪明。"的确，灰暗的心灵需要阳光的抚慰，枯萎的禾苗渴盼雨露的滋润，埋在心底的渴望只有用爱心才能唤醒，尘封已久的理想之舟正等着智者的信风起航。我用爱心滋润学生的心田，用平等尊重推动学生前进的脚步，我的学生怎会不健康成长，成为祖国的栋梁呢？

在我 33 岁生日那天，我收到一份特别的礼物：在一个心形的红色贺卡上，题写着"老师，我们永远爱您！"，下面是密密麻麻的签名。捧着这一颗颗稚嫩、纯洁的心，幸福的眼泪夺眶而出。是的，师爱，让我体会到爱和被爱的幸福！

（二）信任与被信任的幸福

从教十八年来，我一向坚持待人真诚热情，对工作认真负责，教学严谨求实，赢得一些学生家长的称赞，每年春秋季开学，要求转到我班就读的学生比较多。家长们说："把孩子交给周老师，我们放心！"

记得 2006 年春季入学的前一天，家里突然来了两位不速之客，一位家长和他的孩子提了一大包礼品敲开了我家的门，我热情地接待他们。从交谈中得知，这个孩子叫小刚，在鄂州市一所中学读书，父母都是铁路工人，爸爸是火车司机，妈妈是乘务员，他们一年四季都忙碌在火车上，无法照顾孩子，更不说辅导孩子的学习。孩子被耽搁了，他们内心十分着急。听一位亲戚说我工作认真、富有爱心，他们喜出望外，连夜登门拜访，希望将儿子转到我班。我被他的爱子情深所感动，告诉他首先要到学校办理正式的转学手续，我和实验中学的所有老师都会关心、爱护他的孩子。那位父亲紧紧抓住我的手说："周老师，我求求你，收下我的儿子吧！把孩子交给你，我最放心！"在那位父亲的再三请求下，我答应接收他的孩子，至于礼品，我原封不动地退还给他了。

小刚转到我班后，像其他孩子一样，我给予他无微不至的关怀，除了在生活上嘘寒问暖，在学习上精心辅导外，双休日还将他接到家里，让他感受到家的温馨与父母般的关爱。我和他的父母商量约定，每个周六 7 点开通"亲情"电话，让孩子听到父母的声音，通过电波感受到父母之爱。小刚的父母深受感动，每次打电话时总不忘向我表示感谢。他爸爸说："周老师，你是我见到的老师中最优秀的，把孩子交给你，我们无论在天南地北都放心！"后来，他父母利用休假的机会专程到武穴感谢我，并塞给我一个厚厚的红包，我婉言谢绝了。

师德神圣，师爱无私。我相信用我纯洁无暇、不沾染任何物质的师爱一定会赢得学生及其家长的信任。从他们信任的眼眸中，我又积聚爱的力量，更深情地热爱我的学生。师爱，让我体会到信任和被信任的幸福。

（三）尊重与被尊重的幸福

在我的抽屉里，有个作文本，我已经保留了三年，每每翻阅它，幸福的感受一次又一次溢满心胸……

那天，一位叫小芳的女孩上课迟到了，我很不客气地把她"晾"在教室门口，她头一甩，眼一瞪，跑到座位上。我当时很不冷静，批评了她几句。从那以后，她不理我，我也不管她。这样过了十多天，我批改小芳的作文《谈输得起和输不起》时，上面写着这样一段话："上周顶撞了周老师，我做得真不对！我为了不输面子，去顶撞老师，结果输掉了师生情谊，我好后悔！"事情发生后，我也好后悔！于是，我在作文的后面写道："小芳同学，那天我也有点'输不起'，为了自己的师道尊严，却伤害了你的自尊心，真是对不起！"从那以后，我们经常在作业本上交流，交换对学习、生活、未来的看法。我们彼此尊重，深厚的师生情谊在字里行间流淌。毕业时，她泪流满面地说"周老师，我永远尊敬您！是您教会我学会尊重、学会理解、学会做人！"师爱，让我体会到尊重与被尊重的幸福！

把教育当作一种事业来做，热爱学生、信任学生、尊重学生，那么，学生从心底抒发出来的尊敬、爱戴、信任、亲近、感谢……便是为人师者最大的幸福。我愿在这平凡的岗位上，继续用勤奋去砥砺历久弥坚的人生信念，用挚爱去书写教育事业的田园牧歌，用真情去酿造人间至纯至真的幸福美酒！有爱的人生才是幸福的人生，有高尚师爱的人是世界上最幸福的人！

6. 师道有爱，直抵心灵

咸宁市通山县实验小学　杨家茂

在所谓"后进生"的心灵深处，你给他一粒温暖而充满信任的种子，它一定会生根发芽开花结果。

——题记

去年，我新接任的班里有个特殊的学生小东，他聪明好动，上课总是漫不经心，手脚不停地乱动。有时在上课的时候甚至溜到桌子下面玩玻璃球，毫无纪律性可言。更不能按时完成作业，有时逼急了便干脆把没做完的作业往上交，学习成绩落后。而且他还有许多不良的行为习惯，一下课就不时会有学生来告状，拿了这个同学的东西，偷了那个同学的钱。面对这样的学生我是心力交瘁。班上学生对我说："老师，您别管他了，他本来就是这样子的。"听了这话，我当时心里无比的落寞。

陶行知先生指出：教育孩子的全部秘密在于相信孩子和解放孩子，过多的指责，会让学生失去自信，给他们带来无措甚至性格的叛逆，有了逆反心理，错误不但不会改正，反而会强化。

于是我当即家访走近了小东，倾听了他的故事，了解了他的经历：小东小时候父母离异，母亲改嫁，父亲出走，爷爷为了家庭生计不得不外出打工，将小东留在家里请人看管。小东不知道亲情在哪里，更缺少关爱。当照顾他的人外出时，他便无依无靠，饮食没有了着落，于是就自然养成了偷吃偷喝的习惯。事后，小东不但得不到爱抚，反而遭到了打骂。为了防止小东的偷摸行径，以后很多时候，小东都被锁在屋子里，承受着这个年龄的孩子不该承受的一切。

家访后，我没有再去揭他的伤疤，反而把他当做自己的孩子，将他从最后排的墙角调到最前排。为走近他，我常常中午把他带回家吃饭，一有空便找他交流谈心，并赠送给他一套《成长魔方》，让他从读书中汲取营养，给他希望，给他自信，给他温暖，以我的真心换取他的真心。

经过半年的耐心教育，小东的日常行为发生了很大的转变，小偷小摸的习惯不见了，上课比原来听话多了。可是好景不长，正当我窃窃自喜的时候，小东的父亲打来电话：小东在国庆长假期间与小伙伴一起嬉戏不慎锁骨骨折，需要在医院观察治疗一个月。接过电话，想想半年来为他付出的心血，我是欲哭无泪，尽管骨折如此严重实属偶然，但任何偶然的事件背后却隐藏着必然的结果。放学后，我和跟班老师一起去医院看望他，孩子见老师来了，只是微微地叫了声老师，从他的眼神流露出几分自责、几分愧疚。此情此景，我又被深深的感动了：我的爱，孩子或许懂了！

一晃四个星期过去，小东又回到了学校，经历了伤痛之后的小东显得非常的文静，完全失去往日好动的天性，上课也变得认真了。我就抓住这难得的机会在全班同学面前大加表扬他，同时要求全班同学在学习上给予他关心帮助。那一刻，我发现他那张小脸兴奋得通红通红的，眼睛里充满了浓浓的笑意。这样大大激发了小东的自信心，以后的日子里，他学习更加刻苦了。作业字字端正，清新隽永，和先前的作业相比，简直判若两人。在第四单元测试中，小东在因伤旷课的情况下，仍然取得了优异的成绩。

在接下来的课堂上，我对他的关注就更多了。一看到他举手，我总是说："请我们的小东同学回答。"他每回答一个问题，我总会送上鼓励的话语。就在这样的关注和鼓励下，孩子发生了可喜的变化。我看到了一个上课认真的孩子，看到了一个充满笑容的孩子。突然有一天，我在他的作文本里看到："杨老师，我最喜欢上你的课了，因为喜欢你！我想高声对您说：'老师，谢谢您！'"

是呀，亲其师才能信其道，师道有爱，直抵心灵！

7. 这个老师好"厉害"

宜昌市伍家岗区实验小学 乔 玲

随着新学期的开始，那些每天接送孩子的家长成了校门前的一道独特的风景线。每到放学时间，校门口就被挤得水泄不通。只有几个小时没有见到自己的孩子，家长们却表现得似乎与孩子已经分开很久了。等学生到了门口，老师还没放，门外的家长已经开始亲亲热热地叫着孩子的乳名了，争先恐后去抢着牵孩子的手。这一情景，只有"混乱"二字可以形容。一次又一次目睹这样的情景，给了我一个警示：这样放学接孩子，存在着很大的安全隐患。因此在今年决定带一年级时，我就下决心要杜绝这种家长们在门口你争我夺的现象。

开学第一天，学生站队走到校门口，我让学生立定站好。一看到我们的路队出现，家长们马上一哄而上，把电子铁门都挤得快变形了。门卫看到这种情景都不敢开门了。门口的爷爷奶奶、爸爸妈妈恨不得立刻把自己的宝贝搂在怀里。

我看了看门口的家长，示意门卫不忙着开门，然后面向门口对家长大声说："你们急切想接到孩子的心情我可以理解，但是，像你们这样挤在门口，使得门都没办法打开，又怎么能快点接到自己的孩子呢？况且，你们这样挤着，把孩子挤伤了谁负责？"我一说话，吵吵嚷嚷的家长都安静了。趁此机会，我要求门口所有家长退后两步。有的家长很配合，很快退后了两步；有的家长左右望望，准备看形势再动。我看准其中的一个，直接对着她说："请您退后，好吗？不管现在有没有您的孩子，请设身处地替别人想想，也为自己想想，您愿意自己的孩子被别的家长挤得歪歪倒倒吗？"这番话让那位家长脸红了，她悄悄地后退了。前面的退后了，后边的不知就里，还准备往前走。我决定一次到位，让家长养成习惯，于是进一步提出了要求："请家长们尽量往后走，道路两边各站两列，把中间的通道留出来，让您的孩子走出去。"家长们磨磨蹭蹭地都舍不得往后走，我只好拿出最后的杀手锏："你们不把通道让出来，我们就不开校门，您的孩子就出不来。"大概看我说话的神情很认真，家长这才不情不愿地往后走。我一看，门口的通道连单队列的孩子都走不出去。为了一劳永逸，我让门卫打开校门，自己走出去，然后依次往两边分，迫使家长不得不向后走。我从门口一直走到学校外的胜利三路路口，直到打开了一条能容纳学生走路的道，才回到校门内。站在校门口可以一直看到胜利三路路口了，我才示意门卫打开校门，接着我让学生排成单队整齐地走出去，要求学生有家长接就走，没有家长接就回到校园里。为了不让家长趁机又围拢来，我干脆带着队伍走了出去。沿途不断有家长从队伍中牵走孩子，一路走完，学生也接得差不多了。等我独自返回学校，耳边不停地听到有家长的议论："这个老师真厉害！"我装着没有听见，心里一阵苦笑。我不厉害，接孩子能这么顺利吗？

晚上回到家，想起国外的人性化管理，我反思自己的行为，也许真的不够人性化。无奈，在中国的这种现状下，我似乎找不到更好的高招。也许家长心中已经对我有了成见，但所谓"清者自清"，我也无力做什么改变。但我需要的效果达到了：从那以后，家长不管开始怎么挤在门口，只要见到我们班出来，马上自动站开了，给我们的学生让出了通道了。

如果说这是因为我的"厉害"换来的，那么我很乐意做个"厉害"的老师。

8."孝"字在前,"文"字在后

襄阳市樊城区前进路小学　郑若君

端午节假后的周二,全区的合唱比赛在我校进行。早已通知孩子们今天一定要穿校服,可还是出现了耳朵跑到操场上打篮球的现象——我刚走进校门,就碰到了没穿校服的小泽。

我还没来得及问,小泽就抢先一步说:"老师,我没有穿校服,是因为我妈昨天才帮我洗,还没有干。"我听了,故意问他:"放了三天假,为什么要拖到昨天才洗校服呢?"他眼睛都不带眨一下,理由噼里啪啦地向我砸过来:"我妈星期六要上班,星期天……"一堆理由,却没有一条是与自己有关。我看着他满脸的理直气壮,心中不由得叹了口气,因为活动马上就要开始,我只好吩咐他先回教室。

活动结束以后,全班都回到了教室。语文课代表汇报,近10个孩子没有完成昨晚的一项有关社区书社调查的小作业。平时做事很磨叽的小博站起来就特别委屈地说:"老师,我妈没有时间帮我……"他的话一出口,立马引起了另几个孩子的共鸣:"老师,我也是……"教室似乎成了申诉冤屈的公堂了。

"闭嘴!"忽然涌上的怒火令我冲口而出。

我咬着牙,手紧紧地握着拳,努力地克制着自己的情绪,从牙缝里硬邦邦地一字一顿地吐出两句话："为什么不能在自己身上找理由？为什么最爱你们的母亲会在第一时间成为替罪羊？"

全班瞬间安静下来，空气似乎也凝固了。室外已是炎炎夏日，室内却一瞬间寒气逼人。

孩子们被我的样子吓得背挺得直直的，大气都不敢喘一声。我站在讲台上，脑海里波涛汹涌：难道，全部都是孩子们的错误？他们的自私没有我们成年人的责任吗？他们毕竟还小，只是听说承担责任，但并不知道自己到底该怎么去做才是正确的。作为一名教育者，不正是要引导他们，"教"会他们做一个真正独立的人吗？想到这里，一个教育者的理性重新回到我的心头。我脸色缓和下来，转身在黑板上写了一个大大的字："教"。

"同学们，这是一个什么字？"

"教。"

"你们看看这个教字，左边是一个孝顺的'孝'，右边是一个反文。如果把这个孝写很小，反文写很大，这个字会好看吗？"说着，我在旁边故意写了一个极其丑陋的"教"。

孩子们有的说不好看，有的摇头。

我继续说："我们共同生活在学校里，人们说我是教育者，称你们是受教育者，我们都离不开这个'教'字。你们仔细看这个字——这个字先写"孝"后写"文"，我们的老祖先造这个字，就是要告诉我们，做人要学习，首先要学习孝顺父母，孝敬长辈，然后才是学习知识。"我顿了顿，环视教室里的每一个孩子，不知道他们听懂了多少，但每一个都正襟危坐，眼睛里写满了纯净。

"不论是你们，还是我，都应该在心中把对父母的爱，对父母的'孝'放在第一位。什么是孝？什么是不孝？今天，我看到你们在出现问题的时候，责任首先被你们推给了自己的妈妈。"我的目光落在小泽脸上，他连忙垂下了眼睛。"因为妈妈给予你们全部的爱，所以你们肆无忌惮地伤害她。这就是不孝！"我站在讲台上，停了一会儿，继续说："孩子们，这些事情靠你们自己是无法完成的吗？你的妈妈真的有错吗？你把职责推卸给自己的妈妈就心安理得了吗？"

我轻轻地叹了口气，声音有些低沉："这让我很难过，为你们难过，也为你们的妈妈难过……"孩子们似乎被我涌动的情绪感染了，脸上写满了羞愧和不安。

"在你还在妈妈的肚子里折腾她的时候，她就开始忍受你的拳打脚踢；当你挣扎着要摆脱母体的时候，她忍受着疼痛，带着欢笑迎接你的到来；当你半夜哭闹不睡的时候，她熬红双眼一遍又一遍地哄你入睡；当你放学贪玩回家迟了，她望眼欲穿等你平安到家……"我一边慢慢地说着，一边默默地把目光投向每一个孩子的眼睛，希望能唤醒他们内心可能连自己都没有察觉的感受。

"你们渐渐长大了，应该学会体谅父母，为父母分担，多做一些自己力所能及的事情。衣服脏了，自己学着洗；作业独自完成起来有难度，就提前规划，做好安排，比如和同学约好合作完成；在家有空余时间了，帮父母做点自己力所能及的事情，因为你也是家庭中不可缺少的一员，你也要承担自己的职责。"

说完这些，我静静地看着他们。

孩子们也静静地坐着，一些孩子低下了自己的头，一些孩子的脸上写满了愧疚。教室里一片沉默。

虽然孩子们还小，可"孝"是不分年龄的。我希望他们经历每一次的错误后，能勇敢地说："是我做得不对，我下次能改正，会做得更好！"我希望他们得到每一次的表扬后，可以回到家中自豪地对妈妈说："亲爱的妈妈，感谢您把我教得这么优秀！"

9. 实力 + 人缘 = 成功

黄冈市蕲春县实验中学　吕俊群

期末来了，评模评优工作是免不了的。

以前，常看到许多班主任让学生投投票，公布结果了事；现在，又看到许多班主任将整个学期的量化积分汇总起来，再从前到后写一组名单了事。前者有优点，它能让学生意识到建立良好人际关系的重要性；后者也有优点，它能让学生对自己这一个学期的所做所为有一种成就感。

卡耐基说过："成功者只有10%靠的是专业能力，另外90%靠的是人际交往的能力。"我想，作为一名初中教师，我既希望学生具有过人的实力，也希望学生学会建立良好的人际关系。

我们班，有实力的学生挺多的。或是成绩优秀，或是能力出色。但是，总有几个人，容易与人产生矛盾和纠纷，时不时就有人到我这儿来告状。我想，被告之人固然有些过错，那告状之人就没有问题了吗？是不是有些斤斤计较、鼠肚鸡肠？其实，许多时候都是因为一些鸡毛蒜皮的小事，而引发起了大矛盾。说到底，还是这些同学不懂得怎样处理人际关系。

就让我以这次期末评比为契机，来对学生进行一次教育吧！

主意打定，我便做了如下三件事：

一、汇总量化积分，按规定，积分最后三名，取消评模评优资格。

二、学生实名投票，选出你最不欢迎的同学，并注明具体原因，得票最多的三人，取消其评模评优资格。

三、请学生按照相关标准，进行投票，选举你心中的"优秀学生干部""三好学生""模范团员""模范学生""特长生"。

学生的票收起来之后，我请两个学生将票数进行了整理，先分列出各单项的前十名作为候选人。再以每个学生为单位，将个人所得的票数全部相加，并依次排出名次。我班人气榜就火热出炉了！

然后，我将每个学生的人气得票数加上平时量化总积分，依次排名。得分前十名者，可获两项殊荣，前二十五名者，可获得一项荣誉。至于这种荣誉的取舍，全由学生自己决定，这也是一种对自我的评价。当然，票数高者，有优先选择权。

今天，学生到校拿成绩单了！在表彰了成绩进步者与优异者后，我请学生静下来，完成一个重要议程——评模评优。黑板上，我已经将各项的候选人名单写好了。

我清了清嗓子，郑重其事地说："前几天，大家都认真地履行职责，慎重地投选了自己心中的模范。黑板上，就是得票较多的同学。但是，这并不是最后的结果，他们只是大家推选出候选人而已。"

学生们都认真地看着黑板，神色凝重。

"首先，请班长小依宣布本学期量化积分总排名。"

一个学期下来，各人平时的量化积分都心中有数。所以，听这一项分数的时候，都挺安静的。

"现在，我来宣布咱班的人气排行榜。"我一脸笑容地站上了讲台，"第一名，小璇，132 票！"

"哇！"带着羡慕、惊讶、赞同，学生不由自主地鼓起了掌。小璇这小子，成绩特别优秀，但是为人却十分谦和宽厚，是个善良得让人心疼的学生。平时总是与人为善，而且乐于助人，这样的孩子，不评为"人气王"才怪呢！

"第二名，小奇，115 票；第三名……"我一口气把所有上榜的名单都念了，只要得到两票以上，我都公布了出来。这，也代表了一种认可。

最后，我总结了一句："这些数据表明以上同学的人缘很好，他们已经为自己建立了良好的人际关系。他们将为自己的成功奠定下坚实的基础。"

看着同学们似懂非懂的表情，我继续说道："教育之父卡耐基曾说过，成功者只有 10%靠的是专业能力，另外 90%靠的是人际交往的能力。所以，同学们，要想成功，除了实力，还得有良好的人际关系。"

讲到这儿，我转过身，在黑板上写下了一个醒目的公式："实力＋人缘＝成功！"

"今天，我班的评模评优，不只要看量化积分，还要加上每个人的人气票数！"

一听这话，有的同学面露喜色，有的则还是一脸茫然。显然有些人暂时还无法适应我的这种做法，但是，没有关系，有了这个第一次，他们就会懂得今后该怎么做了！

在学生们充满期待的目光中，我开始公布第三份排名榜：量化积分与人气票数之和的前二十五名。"第一，小奇，667 分；第二，小璇，644 分……"

惊叹声、鼓掌声又一次次响起。小奇，这个小帅哥，不仅学习好，而且多才多艺，人缘也不错；最重要的，他的体育特别厉害，在运动会上夺得了许多的名次，自然也获得了许多的积分；在这个方面，"人气王"小璇就要略逊一筹了。而最致命的，则是小璇前不久有一个早自习迟到达四十多分钟，这使他损失了巨额的积分！幸亏他的人气投票为他弥补了这个窟窿，才让他排名全班第二！

"名单公布完毕，下面按排名先后，依次选择你的荣誉称号。首先，小奇……"

哈哈！这小子也没谦虚，一站起来，就选了两个最厚重的荣誉"优秀学生干部""三好学生"，确实也是实至名归！第二名，小璇也没客气，同样选择了这两项，同样是名副其实！现在的孩子，真自信啊！

……

就这样，所有的奖状都找到了合适的主人！

这些成功评上"优秀""模范"的学生，一个个都喜笑颜开的，乐得合不拢嘴。而那些没被评上的学生，眉宇间多少添了几分落寞，几分失意……

孩子们，明年再好好表现，努力争取吧！记住，要想成功，除了有真实力，还得有好人缘哦！

10. 惹谁，也别惹班长！

黄冈市蕲春县实验中学 吕俊群

"惹谁，也别惹班长！"这句极具冲击力的话，是我今天从班上一学生的"生活小记"中看到的。

它是怎样诞生的呢？

原来，昨天下午，因为没课，我便回家眯了会儿。哪曾想到，第二节课时，班上居然无人上课（地理老师因为记错了课表，上午把别人的课拿去上了），教室里的纪律不太好。在这个过程中，团支书小璇倒也负责，到处捕捉上课讲小话的学生。于是，班长小依的一个小动作被他的火眼金睛给逮住了，于是他马上向值日生报告了。

太岁头上你也敢动土！不想在这江湖上混了吧？像小依这么出类拔萃的主儿，谁敢得罪？班上的值日生，哪个不敬她三分？让她几步？小璇这回怕是吃了熊心豹子胆了。

果然，一下课，小依就找到小璇，开始严厉地质问。小璇这个脾气好得出了名的好好先生这回也怪了，偏偏不肯服软，硬着脖子跟她理论起来。最后，你一言，我一语，火药味越来越浓，最后演变成脸红脖子粗的争吵了。

而这个过程中，几乎全班同学都目睹两位的精彩表演，并为

119

之深深震撼！你想想，一个是班长，一个是团支书，全是重量级选手呀。于是，各种文字便自然地出现在昨天的"生活小记"中了。各种论调都有，其中有一种论调就是"惹谁，也别惹班长"。看似调侃，实则批判——无论对错，班长是惹不起的！

真的要感谢这些小作者们，不管他们出于什么心态写了这篇文章，但是，起码是他们让我得以了解了这件事情的发生经过。因为，在昨天的值日记载本上，根本就没有这段情况的记载。

想到这，我不由怒从心头起，恨向胆边生！从什么时候开始，这些值日生学得这般势利？为什么班长违纪，值日生却没记半个字！这正常吗？这太不正常了！

其实，有关值日生对班长小依的特别照顾，我也略有耳闻，只不过，由于考虑到小依她基本是一个能严格要求自己的孩子，偶尔犯了点小错，能一笔带过就带过一下呗！人无完人嘛，再说，一个班集体，是需要树立一些榜样的。就是本着这样的心态，我对以前少数同学的反映，也就睁一只眼闭一只眼了！

只是没想到，她居然恃宠而骄到这种地步了。看来，我得认真对待这个问题了，如果我再一味地姑息她，只怕最后，"好"榜样会变成"坏"榜样了。到时候，班长倒了，班风也倒了！

可是，这个问题到底应该怎样处理才比较好呢？

如果当着全班同学的面，就这样严厉批评小依和小璇，虽然有杀伤力，但估计也会伤了他们的自尊。还是先小范围地批评一下吧。再说，这里面还有一个人也必须要批评：值日生小奇！如果他昨天能够如实地记载这一情况，我也不会直到现在才知道。这股值日的不正之风，更需要整治整治。

正好，今天班上卫生也不太好，我索性把整个班委会集中起来，先小范围地开个会。

晚饭后，班委会成员迅速来到了我的办公室。我没说废话，直入主题："我今天不太开心。因为……"

我一口气说了五点原因，全都是学生们这几天的不良表现。

然后，我深吸了一口气，说："而最让我痛心的是，我最信任的班长居然和我最器重的团支书，在教室里当着全班的面，高声争吵！"

班干们都静静地站着，面色凝重。

"小璇，你先说说，是怎么回事？"我知道小璇是个实在的孩子，他说的话基本是真实可信。果然，他的陈述与学生在"生活小记"中描述的差不多。

"小依，现在你来说说，是怎么回事？"

"昨天下午第二节课，小茜讲了一句什么话，我觉得很好笑，就笑了一下，小璇就说我讲话。"也许真如她所说的那样，是小璇冤枉了她。

但是，我现在关心的不是事件的起因，而是事件的过程！

"所以，你们两个就要当着全班同学的面，互相地吵闹不休，是吗？"我瞬间提高了语调。

两人都没吱声了。

"还有，小奇，昨天是你值日吧？为什么这样重大的事件，你居然没有记载下来？你这个值日生是怎么当的？"小奇这家伙，去年值日我就发现了问题，其他的值日生往往记载了一大堆情况，他呢？一天下来，没几行字，尽当老好人了。怪不得期末人气指数第二！

"我知道你人缘好。可是，如果只要人缘，不要原则，那么，最后的结果就是，你的人缘会随着你的原则一起消失的！因为，你将失去同学们的信任！"

小奇低下了头！

好了，该批评的都批评了，剩下的，就是表扬了！

"你们都是我最欣赏最信任的学生，许多的班干部非常的称职，如小迈、小蓓、小俊、小征等等，工作都非常积极主动，从来不需要老师操心。你们也都是同学们最信任的班干部。开学初，我本想将班委会作点小调整，便在班上进行了一次民意调查，没想到百分之九十的同学对你们的工作非常满意，认为你们十分称职。所以，我就没作变动。"

你们静下心来想想，你真的就是无可取代的吗？也许，还有许多的人跟你一样的优秀，甚至于比你更优秀呢！

之所以你还在这个位置，是因为老师对你的信任，同学们对你的支持。如果你辜负了这份信任，这份支持，你还能剩下些什么呢？"

一口气地，我说了这一大串话。看着他们那陷入沉思的表情，我幽幽地抛出了一个问题："请你们好好想一想，作为706班的核心，你们到底应该发挥怎样的作用？将把我们这个班集体带向何方？"

好了，到了这个时候该收网了！

"小依，小璇，今晚当着全班同学的面进行检讨。"

其实，我本意是要杀杀小依的锐气，但小璇这个配角也必不可少。表面上，我是在批评他们公然在教室吵架，实际上，我想要让全班同学明白一个道理：

班长犯法，与民同罪！

公平与公正，是老师最有力的武器。只有在相对公平、公正的教育氛围中，才能培养出学生健全的人格和高尚的情操。

晚上班会时，两人都郑重地作了检讨，并互相真诚地道歉了！

站在教室的后面，我突然感觉，教室里好安静，好安静……

第三辑

砥砺心志才能让孩子走得更远

1. 感谢失败

武汉经济技术开发区洪山小学 陈 俊

记忆犹新，那次失败的伤痛还是那么的刻骨铭心。

夏天悄然而至，天气无比炎热，自从我班跳短绳比赛失败后，全班同学是鼓足干劲，我和常老师也是有计划地安排训练时间，强化同学们跳长绳的技能。从整体训练，到个别辅导；由开始的不敢进绳，到进绳流畅；由一半的学生不会跳，到十几个，到几个不会跳，逐渐发展成为全班 51 个学生都能跳。我心里一阵窃喜，这次必定能赢。同学们似乎跟我的想法一样，训练中更努力了，衣服是湿了又干，干了又湿，甩绳子的同学换了一批又一批。在训练中，由于小琴同学慢了半拍，绳子一下子甩到了脸上，她脸上立即呈现出一条血丝，我心疼极了，连忙走到她跟前关切地对她说："休息一下吧，你受伤了大家都心疼。"她却用坚定的语气对大伙说："不，我要和同学们在一起。"掌声响彻整个操场，回荡在学校上空。

决赛一天比一天近了，同学显得无比紧张，练习中都显得无比沉静。终于到了决赛那一天，也许是期望过高，也许是压力太大，同学们发挥得并不好。刚开始，六（1）班的同学们还是热心观众，当我们失误多次后，他们简直是不屑一顾，渐渐散开，不再关注比赛，同学们心里完全承受不了即将面临的结局，失误越来越多，简直是训练有史以来最糟糕的表现。比赛结束了，同学们沮丧极了，默默地站成一排，耷拉着脑袋，眼泪夺眶而出。我的心情也落到了低谷，批评的话语噼里啪啦地说了一通。

现在回想起来，竟一点也不记得自己到底说了些什么。为什么会这样残忍地批评他们？只觉得心中很痛！当时孩子们的头低得更下了，哭得更厉害了，我心里猛地一颤，我到底在干什么呀？这个样子继续下去，只会让孩子们更自卑。作为引领者的我，能让他们陷于悲观痛苦之中而无法自拔吗？不行！悲观失望只会让他们丧失斗志，人生道路上会遇到很多挫折，作为教育者的我应该教会孩子们如何去面对失败。

我迅速调整好心态，用命令的口吻大声对孩子们说："抬起头来，走进教室！"同学们纷纷抬起头，用诧异的目光看着我，我脸上挤满笑容，再一次大声说："抬起头来做人，微笑着面对一切，向教室进发！"孩子们似乎有所顿悟，纷纷擦干眼泪，相互投去鼓励的目光，精神抖擞地走进教室。他们再也没有指责，没有悲伤，只有相互的鼓励，只有信任的目光，眼中又有了光彩，依然充满着斗志。这一切深深地感染了我，我不禁深有感触地说："感谢失败！"孩子们也大声回应："感谢失败！"

失败并不可怕，可怕的是不会从失败中走出来，可悲的是一次又一次的失败。作为引领者的我们，更不能怕失败，应该善于抓住这个教育契机，让孩子们在失败中成长。感谢失败，因为失败让我们知道了自身存在的不足；感谢失败，因为失败让我们有了面对困难、战胜困难的勇气；感谢失败，因为失败让我们不断超越自我，做更好的自己！

2. 老师，能再给我一次当组长的机会吗

咸宁市通山县实验小学　杨家茂

去年秋天，我班转进了一个新生，瘦瘦高高的个子，黑黑黝黝的皮肤。每次进教室，总是看见他漫不经心地坐在位子上，豆大的汗珠从脸颊直往下流，头发上直蒸着汗气，显出一种玩世不恭的样子。

他叫小礼，是本校留级生插入我班的，他爱运动，常常在炽热的阳光下活动，所以练就了一身黝黑的肌肤，高瘦的个子。他具有超强的组织能力，一下课，就成了班上的核心人物，大部分男生都围着他转，所以每次进教室时总是汗流满面。

参加湖北楚天卓越班主任培训后，我在班级中实行分组管理。在民主选举小组长时，小礼的票数最多，看来他也深受同学们的喜爱。为了尊重学生的意愿，我宣布了选举结果。在宣布当选的那一刻，他的神情似乎没有一丝兴奋，当我感到有些诧异时，他那自信的眼神好像在告诉我：这个组长是非他莫属了。

放学后，我马上组织召开班干部会议，班务分工，明确职责，勉励他们以身作则，为创建文明班级奉献自己的力量。

刚开始，他的组长工作还当得有模有样的，可是好景不长。第二个星期开始，他便大法不犯，小法不断，连续不断地捉弄同学，

屡屡违反学校纪律，有时直接被学校值周领导逮个正着，扣减班级上的考核分数。

有一天中午，我正准备吃饭，突然电话响了，电话那头传来小航妈妈那熟悉的声音："杨老师，小航的棉袄背面不知被哪个缺德的家伙给划破了一条长达一尺多的口子，请你帮我查查，要是旧的也就算了，可这是刚刚买来的呀。"听得出她是用很气愤的语气跟我讲的。

来到学校，经过多方排查，最后我将目标锁定在小礼身上，在铁的事实面前，他承认了划破小航棉袄的经过：原来他用在文具店买的弹簧小削刀，在放学的路上，趁小航不注意划破了他的棉袄。

对于他的这种不良行为，我不得不结束小礼的组长生涯。在宣布更换组长的那一刻，他躲闪的目光中流露出一丝失落。

一天，学生正在上体育课，我从操场边走过，小煜悄悄跟上我："老师，小礼要和你比赛，就比 100 米短跑，你敢不敢？"

我抬头望去，跑道那边的小礼正在朝我讪笑呢。这小家伙明显是带有情绪，想通过比赛来打败我解气。

我欣然接受了挑战，并表示让他 10 米，一旁的小兵却提醒我说："老师，不能让他，你病刚刚好，身体虚弱，比得赢吗？六年级的同学也比不过小礼的，你可要小心哟！"

一声令下，比赛开始了。小礼动作确实很敏捷，像离弦的箭一般直冲过去。约摸等他跑出 10 米后，我才起跑，不一会儿，我就赶上并超过了他，率先到达终点。看着他气喘吁吁地跑过来，我摸着他的头问："咱还比吗？"他说："老师，我跑输了，但我以后要再和你比绝活。"

自那以后，我觉察到小礼在我的课堂上有了些许变化：遇到难题还流露出凝神苦思的神情，偶尔还能举手回答问题。看来，我得找机会和他深入交流。

一天我来到教室，问道："谁愿意帮我做事？""我去！老师，我去！"话音刚落，只见小礼等几个孩子便举起了手，一边回答一边从座位上站起身来。我见时机成熟，便请他们几个人来帮我打扫办公室。

"老师，您的毛笔字写得真好！"在扫地过程中，我办公桌面上练写的毛笔字引起了小礼的注意。我突然意识到，这不正是对他进行思想教育的好机会吗？于是，我问道："你们觉得老师的字好在哪里？写得好的原因呢？"

"老师，你应该是天天都练习写的吧？"

"一定是，一定是！"还没等小礼说完，在一旁的小兵指着一堆我练字的纸说，"因为老师练的时间长，所以才写得好吧。"

他们一唱一和，好像发现了新大陆，满脸充满了对我的敬意，我趁热打铁，继续引导他们："你们从老师的毛笔中发现了什么秘笈了吗？"这时小礼发现了毛笔杆上手指握笔的地方有个明显的痕迹，深受启发地说："我知道了，一定是老师坚持不懈的缘故了。"这时，我语重心长地说："同学们，你们其实已经找到成功的秘诀啦！我们要想取得好成绩，都得靠平时一点一滴的磨练和积累。赛跑是这样，练字是这样，我们的学习也是这样。"

从那以后，小礼和另外几个男生变得越来越愿意接近我，经常帮我打扫办公室，和我赛跑、打篮球，还要我教他们写字。不仅如此，他们还变得更乖巧更懂礼貌，班级集体荣誉感也更强了。期中考试后，小礼主动找到我说："老师，能再给我一次当组长的机会吗？"我会心地点点头……

3. 那冲动的一巴掌

咸宁市通山县实验小学　杨家茂

在同事和家长的眼中，我算是一个脾气温和的人，平时我也自认为身具儒雅之气，轻易不发雷霆之怒，更不会体罚学生。可是，那一天，我竟然冲动万分地给了小悦一巴掌！那一巴掌，既让我深感内疚和不安，更引发我深深的思考……

那天，我刚走进教室，班长就跑过来告状："老师，小悦又在打架。"我的心情顿时由晴转阴，顺着班长手指的方向望去，只见小悦正和一个同学扭打在一起。我故意咳了一声，那个同学连忙撒开了手，小悦却仍然揪住那个同学不放，不依不饶。我气不打一处来，快步走上前去，左手抓住小悦胸前的衣襟，右手"啪——"的一巴掌随手打在了他的左脸上，狠狠地瞪了他一眼，喝道："滚回座位去，看我下课后怎么收拾你。"那一巴掌打出去之后，我在一瞬间便有一种不可思议的愣怔——我怎么了？怎么随手就打了小悦？心中隐隐地有一种后悔的感觉。

再说说小悦，他是我们班上每一个科任老师提起来都头疼无比的调皮鬼。上课漫不经心，手脚不停地乱动，毫无纪律性可言，从不写作业，学习成绩全班倒数。他身上还有许多不良的行为习惯，经常有学生来告状，说他不是欺负这个同学，就是捉弄那个同学。对于小悦我也常常感觉束手无策。班上学生对我说："老师，您别管他了，他本来就是这样儿。"

上课了，我发现小悦和往日大为不同，他静静地坐着，用左手掌托着左脸，似乎在认真听讲。我心里嘀咕：难道刚才的一巴掌打得太重了？在学生读书的时候，我仔细看了看他，只见他左脸青一块紫一块的，一直延伸到耳朵根部。我顿时愣住了：这难道是我刚才打成这样的吗？怎么会有这么严重？平时信守的遵守师德规范、不体罚学生的诺言都到哪儿去了？如果学生家长闹到学校，那么一向工作认真负责、关爱学生、深受家长好评的形象岂不大打折扣？即使家长能原谅我，为人之师、为人之父的我怎能不深深自责？

自责的同时，我也怀疑，这冲动之下的一巴掌竟然有这么大的威力？看着小悦淤青的小脸，我不忍心看，但又忍不住不看，总希望能有个奇迹：他的脸突然好起来，亦或是别的意外所致，那该有多好呀！于是我小声问道："小悦，你的脸怎么弄成这样了？"他没有开口，旁边的学生抢着说："不是你刚才一巴掌打的吗？""不！老师，是他昨天放学后玩滑滑板的时候摔伤的。早上他一到学校，我看到他的脸就是这样的。"旁边一位学生解释道。到底是玩滑滑板摔伤的，还是我打伤的呢？我多么希望是前者，此时我的心呀，像是灌了铅一样沉重，又像误食了黄连一般苦涩。一节课下来，都不知道自己讲了些什么……

事情无法逃避，必须正视现实！如果小悦的脸是我打伤的，那么我希望用自己的行动换取家长、学生的原谅。于是放学后，我随着小悦去了他家。

家长见我来了，连忙放下手头的活，从厨房里跑出来，很热情地招呼我坐下，接着端来了热气腾腾的香茶。看得出家长此时心情是又喜又惊，生怕孩子在学校又闯了什么祸："老师，小悦是不是在学校又犯错了？这孩子呀真是让你操碎了心，我对他是没办法了，无论跟他说多少好话，讲多少道理，总是无济于事。昨天天黑了还在院子里玩滑滑板，你看他的左边脸都摔得红一块青一块的了。"说完还特地指给我看。听了家长的话，我顿时如释重负，但随即又产生了负疚感和怜悯之情。"正是由于小悦不听话，今天我也打了他一巴掌呢，增加了他的伤痛，还得请家长原谅。"见我这样说，小悦家长更是不好意思了："老师呀，我可不比别的家长，对孩子一把宠着爱着，孩子犯了错也批评不得。师徒如父子，孩子不听话，你就狠狠地帮我教训他，伤皮不伤骨，我做家长的没有意见。"

尽管这次家访，让我内疚沉重的心情得以平复，但从小悦家里走出来时，我还是陷入了深深的思考：为什么一向性格温和的我，会在冲动之下给小悦一巴掌呢？这是不是说明，在对小悦进行教育的过程中，我已经失去了耐心和爱心，而产生了恨铁不成钢的心态，因此不惜用体罚的手段来试图改变和教育他？可是，这样简单粗暴的方法能奏效吗？回想起从小悦家出来时，小悦和我告别时明显异于往日的一丝亲近之感，我忽然感觉到，对于小悦这样的问题学生，生硬的训斥和粗暴的体罚，只会让他和我们的心灵产生巨大的鸿沟，对我们的说教产生严重抗拒心理。即使一时屈服于我们的"权威"与压制，过后还是我行我素。而如果我们用真心去关爱他们，用真诚去对待他们，那么，我们的一个眼神、一个动作，也许能给他们带来信心和快乐；我们偶尔的一次发现、一次鼓励，也许就会给孩子不一样的未来和人生；而我们给予他们的一次宽容、一次帮助，也许能让自己的内心充满愉悦、充满阳光。赠人玫瑰，手有余香，何乐而不为呢？

4. 允许学生犯错

咸宁市通山县实验小学 杨家茂

上个星期一，我班学生小宋的母亲突然赶到学校，告诉我小宋的同学（也就是我们班的学生小红）偷了他们的手机。开始我不大相信，可听她把经过说完后，我不得不信了。

小宋的母亲告诉我：那天中午，小红去小宋家玩，走后他们家放在洗衣机上的手机就不翼而飞了。"那也不能断定是小红拿的呀。"我赶紧替小红辩解，"老师你听我说完。"小宋的母亲接着说，"没有确凿的证据，我是不会随便冤枉孩子的。刚才我问了我女儿，中午她和小红是一起到学校的，女儿想起在路上时，听到小红的身上传来一阵手机铃声，铃声和她爸爸的手机铃声一模一样，她让小红把手机给她看一下，可是小红没答应，说她奶奶说了不准把手机给别人看。"

既然是这种情况，那就怪不得小宋的母亲有所怀疑了。于是我把小红叫到办公室，当着小宋母亲的面让她把手机拿出来看看，可小红却说手机不在她身上，给她爷爷了。真的有这么回事吗？我对她的话产生了怀疑。既然这样，小宋的母亲决定去找小红的爷爷，我便把小红留在办公室继续盘问，但半个多小时也没问出个所以然。等小宋的母亲返回，我得知小红根本没把手机给她爷爷。这孩子面对真相，还是面不改色，她理直气壮地说："是我弟弟给我的，他说是在臭泥沟捡的。""这还好玩了，我家的手机咋跑到臭泥沟去了？"小宋的母亲应声回答。"就是，就是我弟弟给我的。"小红也不甘示弱。小宋的母亲正要说什么，我制止住了，因为此时办公室门口已经站满了班上的同学。我只好让小宋母亲先回家，而且叫他们先不要把这件事张扬出去，怕对孩子今后的成长不利，并向他们保证一定会处理好。

小宋的母亲终于被我劝回了家。接下来就要解决小红的问题了，手机肯定是她拿的，可怎么才能让她承认呢？为了不伤她的面子，只得当手机就是她弟弟捡的，我说："你弟弟捡了手机给你了吗？"她说："是的。""既然是捡的手机，为什么不交给老师或大人呢？"这么一说她还更来了劲："弟弟不肯，他要零食吃，所以我把手机拿去手机维修店换了钱。""什么？"她的回答让我大吃一惊。才多大的小孩呀，她的脑袋瓜子都装了些什么呀？怎么会想到拿去换钱呢？这都是谁教她的呀？一连串的问题浮现在我的脑海中。这孩子真是无可救药了，我真想撕破脸直接把真相说了算了，可又一想，真的说出真相，全班同学都知道了，她还怎么做人？其他同学从此一定会喊她"小偷"，甚至以前班上丢的东西会全赖在她身上，叫她怎么在班上呆下去？她的一生不就这样毁了吗？一定不能把这张纸给捅破，这次就给她一次改过自新的机会。于是，我带着她去维修店把手机赎了回来，还给了小宋的妈妈，并编了个美丽的谎言。

回到班上以后（班上当时闹哄哄的，同学们都在议论纷纷，都不知道这手机到底是怎么回事），我告诉同学们这手机是其他人随手拿去玩了，已经还给了小宋的妈妈，根本没提手机换钱的事。原来是这么回事，同学们也就没再过问。再看看小红，她早已低下了头。从那天起，小红沉默了许多，下课也很少和同学们一起玩了，学习倒还认真了许多，可能是内心有点愧疚吧。

第二天，她给我送来张小纸条，上面写着："杨老师，谢谢您！您是我遇到的最好的老师，我永远不会忘记您的。"

没想到我的宽容，竟然能挽救她。此时培训时刘导的话犹言在耳："学生本来就是犯错的，他们在犯错的过程中会学到最真的东西，将会成为孩子一生受用的财富！"是呀，允许学生犯错，就是给学生提供一个思考和自省的机会，用宽容的心态去对待学生，有时会达到意想不到的效果。

5. 输得起的比赛

潜江市实验小学　李　梅

"耶……"操场上回荡着同学们的欢呼声,一张张小脸上洋溢着喜悦的幸福与甜蜜。

"啊?""哎……""不公平!""肯定是评委瞎打分!"一时间,同学们议论纷纷,有几个甚至激动得涨红了脸,恨不得冲到评委席去理论一番。

这两个场景都出自于我班的孩子们,都源自于前不久的广播操比赛。说起那次广播操比赛,的确让人难忘。记得临近广播操比赛时,我却接到了出差的通知,这可怎么办?我赶紧找帮手,小雨妈妈是学校的音乐老师,请她帮忙设计进、出场,当我们的总导演。还有些调皮的家伙分不清左、右,听不清节奏,我马上请出班上的小老师们争分夺秒,不断地纠正、提醒。眼看着,比赛日就在眼前了,我请上总导演,带上大部队到操场上排练出了大致的队形,心里想着这下子出差能安心了。没想到出差回来得知,因为天气原因,学校把比赛时间提前了,留给我们的训练时间只剩下一天。看着操场上各班热火朝天的训练情景,我心急如焚,可让我没想到的是:孩子们比我更急。

"李老师,您怎么才回来呀?其他班都训练好几天了。""李老师，别的班上还有秘密武器，我们班怎么办呀？""是啊，是啊，听说一班统一买了漂亮衣服，三班还有家长来化妆呢，我们二班肯定要输了。"围在我身旁的孩子们，个个面色凝重，一脸担忧地看着我。

"出师未捷身先死，长使英雄泪满襟。"这次比赛我们不能"未赛先败"呀！我想了想，换上一贯的笑容对他们说："谁说我们会输？李老师还有绝招没用呢！只要你们用心训练一定能赢，接下来就看你们的了！"孩子们一听这话就来劲了，几个爱嬉皮笑脸的捣蛋鬼也专注地练习，在总导演的指挥下，居然也能像模像样地表演了。

第二天，当别的班穿着漂亮的新衣服来比赛时，我班同学统一穿着校服。几个同学眼馋地看着别人，耷拉下了脑袋。这时候，小荣好奇地看着我问："李老师，您的绝招怎么还没有用啊？"其他同学也紧张地看着我。我笑了笑说："李老师的绝招很简单：随时准备。随时准备抬头、挺胸、收腹、面带笑容。说起来简单，做起来难，但，这可是比赛获胜的法宝。不信，咱们就来试试。"孩子们半信半疑，但也努力练习起来。

转眼间，轮到我班上场了。偏偏这时候音响又出了毛病，三分钟，四分钟，五分钟，音乐还没有响起，可是在两边排好队形，准备入场的同学们没有一个乱动。智恒的表情稍显严肃，我看着他指了指我脸上的笑容，他马上心领神会，露出了八颗牙齿，即使被风吹起的红领巾遮住了眼睛，他也依然微笑着。这时候仿佛赛场上的喧闹声一下子全没了，只有一股子精气神在涌动。看着站得笔直、笑得灿烂的孩子们，我的心里多么骄傲、自豪啊！正是这样的一种精气神，孩子们在比赛中表现得超乎寻常。当表演结束时，评委们给出了出场班级中的最高分。顿时，操场上响起我们班孩子的热烈欢呼，因此有了开头的第一幕。可惜的是，没过多久，名次被最后上场的一个班级改写，我们班第二名，于是就出现了第二幕情景。

回到教室，满脸通红的孩子们都默不作声，仿佛一下子从天堂跌落人间。我清了清嗓子，大声说："孩子们，今天，李老师要向你们鞠一个躬，因为你们用一天的时间完成了别人要花好几天才能完成的任务。同时，当我想放弃的时候，是你们用行动告诉我，你们能行。老师非常敬佩和感谢你们。"说完，我认真地鞠了一个躬。当我抬起头来时，孩子们都惊讶地看着我。我又说道："李老师觉得，你们更应该为自己鼓鼓掌，因为这个第二名是你们战胜自己得来的，你们输了比赛，却赢了自己。"孩子们愣了一下，又仿佛是恍然大悟一般为自己鼓起掌来，脸上笑得就像一朵朵美丽的花。

是啊，只要是比赛就有输有赢，谁都会笑着赢，可有多少人会笑着输呢？我想告诉孩子们：在人生的旅程当中，可以输了比赛，但不可以输了精气神。

6. 总有一点打动你

潜江市实验小学 李 梅

接手新班还不到一个星期，我就被家长告到校长那去了。

这天下午，我被叫到校长办公室，校长委婉地说要保持学科平衡，问起开学几天里有没有占用体育、音乐、美术课。我一听就知道坏事了。前一天下午因为音乐、美术老师参加美育节活动请假，我和数学老师不辞辛苦地各代了一节课，中间的体育课还被我征用成了队列训练课，自认为这也是体育课范围，同时又可以让新接的班级快速走上正常的轨道。没想到转眼就被人告了。我主动向校长说明了情况，专门解释了体育课的用途，校长也不好打笑脸人，只叮嘱了几句，就让我走了。

回想前一天的情景，班上的小婷表现突出，看到我去上课，嘴巴翘得老高，表现出的情绪格外强烈。经过了解，果然是小婷的家长给校长打的小报告。虽然事出有因，但如果今后不和家长沟通好，开展工作的难度会更大。因此，我决定趁周末去她家家访。星期五的班会课上，我还请小婷家附近的同学都回家跟家长说说，准备老师周末去家访，心想这样就能避免尴尬，让家长觉得有针对性嘛。周末那天，我坐了近半个小时的公交车来到小婷常住的爷爷家，结果爷爷说那天她回自己家了。我坐上公交车又前往小婷家。好不容易来到小区楼下，打孩子妈妈电话，关机！又给孩子爸爸打电话，小婷爸爸还比较客气，说："我马上给她妈妈打电话。"没过一分钟，电话打回来，却非常抱歉地说："不好意思，李老师，她妈妈明天要去省里参加一个比赛，正在家里做课件，实在没时间。"我还想争取一下，说："我已经在你们家楼下了，就聊几句嘛，不会耽误太多时间的。"可孩子爸爸犹豫了一会儿，支支吾吾地说："要不，您到我的单位办公室来坐坐？"我当然不大好意思去家长单位家访，所以只好和小婷爸爸说下次再找机会去。

　　虽然家访碰壁，但我也有了一点收获，那就是在这个家里，妈妈说了算，爸爸比较好说话。接下来，我把这个孩子的家长工作分为两部分：孩子获奖了，表现好了，就给妈妈打电话；孩子需要帮助了，就给爸爸打电话寻求支持。一天下午，小婷上学时脸红得厉害，一节课后孩子找到我说支持不住了，我赶紧给小婷妈妈打电话，这位事业型的妈妈说单位有事走不开，我只好安慰她："那你先忙吧，我来让她多喝点开水，量个体温，让她在办公室里休息一下，先观察一下。"接下来，我给孩子倒来开水，找学校医务室拿来体温计，又为她买来香蕉，好在孩子的体温没有再升高，一直等到放学，小婷妈妈终于来接孩子了，我才松了一口气。听说小姑娘要过生日，我专门买了一套书给孩子，因为书很重，我让小婷放学后等我下班帮她提。那天，小婷妈妈正好来接她，踫到后非常感动，一个劲地说："李老师，您太客气了，太感谢了！"这些点滴就像爱的涓涓细流无声地流淌，我想，只要家长不是铁石心肠，总有一点会打动她。

　　事实证明，家长的心也是肉长的，在接下来的工作中，小婷的家长总是积极主动地配合学校工作，孩子的进步也十分明显。了解到小婷妈妈多才多艺，我还邀请小婷和她妈妈代表班级和年级参加了开学典礼，和另外五个年级的优秀家长和学生一起表演了亲子朗诵节目《我的梦想》，获得了全校师生好评。那天开学典礼后，小婷妈妈也和我交流了许多，我们之间似乎从来没有过隔阂与距离。

就像郑学志老师在他的《与学生家长"过招"》一书中说的那样：家访工作犹如剥洋葱，只要你一直坚持做下去，总有一天，他们会被你感动。

7. 科学课何以成了讲话课

宜昌市伍家岗区实验小学　乔　玲

又到了上科学课的时间了，我拿着备课本和教材走进五年一班的教室。孩子们看见我走进教室，马上欢呼起来，让还未走出教室的班主任老师一脸的尴尬和苦笑。我和他相视一笑，心里都明白孩子们的心思。

我摆手示意孩子们安静下来，准备开始进入今天的新课学习。上节课我们学习了"折形状"，认识到物体的不同形状各有优点，并通过亲手做实验，了解到把薄的材料用不同的方式折叠或弯曲，可以提高材料的承受力。在实验中我们发现了圆柱型物体的承受力最大。这节课要在上节课的基础上，继续研究物体的形状对物体结构的影响。我引导学生回顾了上节课的学习，马上转入对物体其他形状的研究，尤其是薄壳结构。

"打开书本 18 页，让我们一起来认识一下图中的物体，看看这些物体是根据什么道理做成的，为什么要这么设计。"学生纷纷打开书本，看着书中的图案，这些物体有三角形、长方形、菱形、五边形等。

不一会儿，有学生举手了："第一个物体摆放成三角形，是因为三角形的稳定性最好。"

"你是怎么知道的？"

"我们在数学课上学了，也动手做了的。"

其他同学纷纷点头。看来同学们把在数学课上学到的知识用到科学课上了。我一阵欣喜，如果孩子们懂得整合各学科所学的知识，那么自主学习的能力和探究能就会大大提高，学习效率也将事半功倍了。

"老师，我知道第二幅图为什么要摆成长方形。因为长方形的底面积最大，这样就可以往上面堆更多的木板。"最爱动脑筋的小h不等我点他，就赶紧站起来发言。我赞赏地点点头。听他这么一说，其他同学也恍然大悟。

"第三幅图上的物体是大家都认识的——"不等我说完，几个学生抢着回答："是放葡萄酒瓶的支架。"

"对，为什么支架要这么搁放呢？"我继续提问。

"为了稳固。这个支架运用了多个三角形，可以使瓶子放得更稳当。"

"有这个原理，还有别的吗？"

"为了美观，显得小巧。"小q冲口而出。

"可能有这个考虑。"

"还有吗？"

"嗯，不知道了。"小q不好意思地挠挠后脑勺，坐下了。

我扫视了一下班上的同学，然后告诉大家："其实，这么设计还有一个原因，是为了保持葡萄酒的味道不散失。葡萄酒只有保持45度的倾角才能维持原有的味道。"

同学们听我这么一说，一个个议论开了。"怪不得呢，我们家没有支架，爸爸都把葡萄酒斜放着呢。""我好像也听爸爸这么说过。"一时间，教室里热闹得就像一锅粥一样。看同学们越说越热，我赶紧示意同学们安静下来。

"我希望我们能很快进入下一个环节的学习。"我没有使用惯用的"不要讲话，请安静"的说法，源于我刚刚从美国教育家的《怎样和孩子们》一书中所学到的。不同的说话方式带给孩子们的感受是不一样的。站在"我"的角度来说，会使学生认识到老师对他们的尊重与师生之间的民主与平等。这本书让我重新审视了我们的教育，也让我意识到平等对待学生、尊重学生远不是说说那么简单。

讲话的同学似乎没有明白我的意思，仍然继续着。我有些生气，脸色变得严肃，但语气仍不失温和地说："我很不高兴看到有人讲话。"我试图真实地表达出自己的情绪，让学生反省自己的行为。大概看出我的表情有些严肃了，渐渐有学生停止了讲话。等到全班同学都安静后，我准备开始让学生用蛋壳做实验，研究薄壳结构的作用。

"上节课结束时布置大家带鸡蛋壳的，你们都带了吗？"犹豫片刻后，有三个同学举起了手。只有三个同学带材料，很显然分组实验不能做了。怎么办？沉吟了一会儿后，我决定把分组实验改成演示实验。由三个带了蛋壳的同学上台来做，其他的学生在下面观察，记录结果。

说干就干，我请三个同学拿着蛋壳走到台前按要求完成实验，其他同学认真观察。可是，台上的三个同学还没开始做，底下的同学又开始嗡嗡地讲起来了。我再次想用言语制止这种行为，可惜失败了。我叹息着请三位做实验的同学回到了自己的座位。我想，对于他们来说，同样需要尊重。我一一扫视着下面讲话的同学，一个个开心地讲着，张张笑脸真像三月盛开的桃花。我静静地注视着同学们，百思不得其解。为什么科学课会演变成讲话课？是科学课的内容太枯燥？是我的教学太乏味？学生到底需要什么样的科学课？一个个问题困扰着我，我抑制了自己的情绪，在教室重新恢复安静后与同学们进行了如下一番谈话：

"刚才我请三位同学到前面做实验时，你们没有耐心地观察，而是起劲儿地讲着自己的话，在老师的提示下还不能很快地安静下来。我想就此进行一个调查，帮助我弄清你们讲话的原因。第一，不喜欢我这个老师，带有抵抗情绪；第二，对我上的科学课不满意，觉得没意思；第三，不喜欢科学课；第四，其他原因。请根据自己的真实想法做出选择。"我把问题抛出后，教室变得出奇地安静。

三分钟后，学生给出了自己的选择，但答案却让我既难于接受又觉得不可思议。绝大多数的同学选择的是第四项。我在认可之余询问他们选择的其他原因具体指什么。他们的说法各异，但指向一致——科学课是一门没有考试压力的课程，学得好不好不是很重要，而且我不会因为他们不守纪律而训斥他们，他们觉得上科学课很轻松，完全没有压力。

出人意料之外的答案，让我陷入更大的困惑中：首先，作为培养学生动手操作能力和创新思维能力的一门学科——科学课，有着其他学科无法比拟的优势，仅仅因为它没有考试，学生就对它淡然处之，这不正是我们教育的失败吗？没有扎实认真的学习，培养学生的科学素养不是一句空话吗？其次，在教学中态度和蔼地对待他们，平等地对待他们，他们没有感受到自我被重视的尊严，反而成了让自己放松的借口，这更让人觉得可悲。我们的学生在长期的学校教育下，已经逐渐被"奴化"了，他们甘于被管制，甘于被强迫，原生的"自我"已经难以找到了。教育的民主又从何谈起呢？

可能是后面的一席谈话有点沉重，到下课时，学生的脸上多了点思考，多了点愧意，多了些困惑，我们彼此对望，在无声中结束了这节课的学习。但愿我和我的学生都能从中有所收获。

8. 学会为自己的行为负责

宜昌市伍家岗区实验小学　乔　玲

前天晚上的一件事让我非常感动：大约八点多的时候，小成的母亲打来电话，询问孩子最近的情况。下午放学的时候，因为小成在那天音乐课和课间表现不好，被我留下来了。小成的爷爷回去后跟小成的母亲一说，她很着急，就打来了电话。我们在电话中聊了十几分钟。

事实上，最近小成的进步很大。不仅作业做得快些了，书写工整了，最突出的是，能虚心接受老师的教育了。比起以前面对老师教育时的满不在乎，现在的小成眼神里有了属于孩子该有的童真。看到他的进步，我很欣喜。批改他的作业时，我在他的作业本上画上了五星，而且特意夸奖了他："今天你的字写得真漂亮！"但是作为一个好动的男孩，表现时有反复是很正常的。关键在于抓住时机进行教育。因此当他违反纪律的时候，我把他留堂进行了教育。我想让他认识到：每个学生都必须为自己的行为负责。做得不对会得到奖励，做得不对要受到批评。可能我的话对小成妈妈是一种安慰，放下电话的她语气有了一丝轻松。

没想到没多久，我又接到了一个电话。

"乔老师，我是——"声音小小的，怯怯的，刚开始我几乎没听出来。

"你是谁？"我不敢确定是哪个孩子，追问了一句。

"我是小成。"电话里的声音带着点儿哭腔。

"哦，是你呀。有什么事吗？"我耐心地问。

"乔老师，要复印的组词比赛内容可不可以明天复印？"

"不要紧。你拿的是第八次比赛的内容。下个星期交来也没关系。"

"哦。谢谢乔老师！再见！"

"不用谢，老师还要谢谢你呢！再见！"

那头小成妈妈接过了电话："乔老师，今天等到晚上，他才把要复印的东西拿出来。这么晚了已经没办法复印了。我告诉他，自己做错了事要自己承担责任。是你自己耽误了时间，就必须自己跟老师解释清楚。所以我让他给您打电话的。给您添麻烦了，这么晚还打电话来。"小成妈妈非常客气。

"没事，没事。你很会教育小成。"我从心里感谢小成妈妈今天的做法。

回想起在学校里，经常有这样熟悉的一幕：一个孩子忘记带作业本了，他理直气壮地说："都怪我妈妈收书包的时候忘记了。"过一会儿，孩子的家长急匆匆地出现在教室外，把孩子的作业一边递给老师，一边自我检讨："都怪我昨晚检查作业后忘记放进书包了。老师，对不起啊！"每每听到这样的话，我只有苦笑。

孩子小的时候经常会有这样的情境：刚学走路的孩子被椅子绊倒了，做母亲的走上去扶起在地上哭的孩子，一边拍打着椅子一边哄骗着孩子："宝宝不哭，都是椅子不好，妈妈打这个坏椅子。"结果孩子笑了，妈妈也笑了。谁都知道，摔倒是孩子自己走路不小心造成的，与椅子没有任何的责任，就像没带作业的孩子。其实，收拾书包，检查学习用品本来应该是孩子自己的事，作业本忘记带，很显然是孩子自己没有收拾的习惯造成的，与家长无关。如果从小我们都这样教育孩子，自己的行为造成的结果要由其他的人来承担，那么长大后我们的孩子能承担什么样的责任呢？

在生活中，我们都习惯了把孩子的快乐当成自己的快乐，把孩子的悲伤变成自己的悲伤，所以，很乐意利用自己的力量，解救痛苦中的孩子。其实，这是帮助孩子逃避痛苦，逃避责任的做法。著名心理学家克劳德认为："从小学会逃避痛苦的孩子，长大后会经历加倍的痛苦。"作为父母应该帮助孩子有这样的认识——孩子必须学会自立。成年人是独立的个体，孩子也是。学习"自食其果"，是孩子学习自立的重要一课。

对父母而言，眼看着孩子犯错、造成尴尬或不快，让他"自食其果"，实在不是一件容易做到的事情。因为没有哪个父母会不爱孩子，而且父母有着丰富的人生经历，他们对于事情的前因后果一目了然。要让他们在明明知道后果的情况下，撒手不管，任由孩子去承担不好的结果，对父母是个考验。

让孩子"自食其果"是教育子女过程中必要的一环。孩子需要承受自己所作所为带来的后果，越早让他自己承担责任，他就越快学会自己纠正自己。美国素有"领导人教父"之称的丹尼斯·韦特利博士曾告诫天下的父母：父母最需要给予孩子的，不是金钱，而是教会他们如何正确地生活、负责任地工作。这位人类行为心理学博士认为，给孩子再多的物质财富，多年以后他们未必能记得，反倒会滋生其"坐享其成"的人生观念。只有让孩子从小就具有责任意识，将来他才会成为一个对自己的行为负责和对组织、社会尽职的人。

每个人要在社会上立足都必须承担自己的责任，包括家庭的、工作中的以及道义上的等等。当孩子知道了自己的责任，有了一种使命感时，就会更加热爱生活和学习，因为他把这些当作了自己的责任而不是负担。

为了孩子的未来，请让他学会为自己的行为负责。

9. 在快乐中享受学习

宜昌市伍家岗区实验小学　乔　玲

　　紧张忙碌的家长开放日活动结束了，送走全程参与活动的家长，我才感觉一阵倦意袭来。但是回想起上课的情景，我心里又涌动着无尽的幸福。

　　第三节课，轮到我给孩子们上习作课了。上课之前，考虑到第三节课孩子们的精力不太容易集中，我临时改变了设计。把原本用在课堂教学上的教具——糖果，变成了奖品。

　　我找来一张白色的卡纸，在上面贴上了各种各样、五彩缤纷的糖果，再把卡纸粘在黑板上。等我的卡纸一上黑板，到处听到的都是孩子们的惊呼声："哇，这么多糖啊！""好漂亮的糖哦！""我真想吃啊！""老师，这糖可以吃吗？"孩子们的注意力一下子集中，我马上宣布："老师这儿的糖都是给你们吃的。只要课堂上认真听讲、积极发言，能当好小观众，当好小评论员的，都能取这上面的糖吃。除此以外，老师这里还有满满一盒子哦！"我扬扬手中的一个装满糖果的透明糖盒。

　　话音刚落，孩子们马上坐得端端正正的，唯恐吃不到糖。我一阵欣喜，其实，今天上的就是"写糖果"，等会儿还要让他们亲自去品尝，我又怎么会不给孩子们吃呢？

　　课前营造的这个良好氛围，一下子就把孩子们的兴趣调动起来了。等我把糖果的谜语说出来，一双双小手迫不及待地举起来，还没等我点名回答，已经有孩子争先恐后地喊出了答案。"今天，我们就让这么多的糖果举行一个聚会，评出我们的糖果明星。大家高兴吗？""高兴！"孩子们异口同声地回答。就这样，带着这种喜悦与兴奋，我和孩子们一起走进了糖果王国，一起欣赏了形色各异的糖果那与众不同的美丽。

　　一颗随手从卡纸上取下的脚丫棒棒糖，很快吸引了孩子们的目光。"用用你的小帮手，说说这颗糖是什么样的？"我高举起糖，引导孩子们仔细观察。

　　"这颗糖是绿色的。"

　　"这颗糖是绿色和黄色相间的。"

　　"这颗糖穿着一件黄绿相间的衣服。"

　　一个孩子比一个孩子说得清楚，说得形象。"你们真会观察，真会想象，把一颗普普通通的糖说得太漂亮了。"我的赞赏让孩子们更有兴致了。

　　"我请一位同学来捏一捏，感受一下有什么特点。"如林的小手举着，我随意点了两位同学。

　　"我捏了捏，发现这颗糖比较硬。"

　　"我捏出了一个脚丫的形状，每个脚趾间还有小缝缝。"听着孩子们的发言，我由衷地感到高兴，还有谁能有孩子们这么生动的语言呢？

　　我剥开糖纸，"再看看，里面又有什么不一样的地方？"

　　"剥开糖纸，里面是淡黄的糖果。"

　　"脱下漂亮的大衣，里面是淡黄色的糖果，还是脚丫形状的呢。"

"闻一闻，尝一尝，有什么感觉？"我让孩子们充分调动自己的感官去观察。

"闻一闻，一股淡淡的清香迎面扑来。"

"舔一舔，是浓浓的柠檬味儿。"

"尝一尝，又酸又甜，好吃极了。"

孩子们敞开自己的想象，尽情地说着。看他们已经掌握了观察的方法，我索性放手让孩子们自己去观察自己手里的糖，边观察边说。

一时间，整个课堂弥漫着浓浓的糖果香味。孩子们拿着手中的糖，一边看、一边摸、一边尝，还一边和同学交流着。每个孩子的脸上都流露出幸福的笑容。那一刻，我的心也甜了。还有什么能比孩子们享受学习更幸福呢？

全班交流，每个孩子都把手举着，希望我能让他来口述；没点到的孩子，显得那么失望，唉声叹气的。我不想打消孩子们的积极性，于是宣布每个人都动笔写，写完了交给我，我再来评。

唰唰唰，热闹的课堂霎时变得安静了，只看见一个个小脑袋埋头写着。短短的五分多钟，已经有很多孩子写完了。等到念习作，又是一阵踊跃。念的同学念得津津有味，评的同学评得头头是道。就在大家意犹未尽时，下课铃响了。为了孩子们的精彩表现，为了课堂上那些让我感动的语言，我让孩子下课后自己到黑板上去取糖果。一瞬间，孩子们兴高采烈地涌上讲台，白色卡纸上的糖果很快成了孩子们手中的奖品。孩子们迫不及待地吃着糖果，互相比着，"我比你发言次数多"。

台下的家长静静地看着这一幕，不时发出会心的微笑。我想，无论是我还是家长们，都无一例外地感受到了孩子们那种发自内心的快乐。这不正是我们所需要的教育吗？

10. 抢补"漏洞" 严防"一错再错"

襄阳市樊城区前进路小学 郑若君

平素自认为在检查作业这方面，很难有学生能逃脱我的法眼，再调皮偷懒的家伙对待我这个班主任严防死打的语文作业，也是相当守规矩的。哪料得，文睿这个大班长愣是和我算计起了小机关。

一大早，语文课代表天佑把昨晚的语文作业放在我的桌子上，并且汇报了两个写字态度较差的学生名字，我点点头，然后照例向他表示了感谢，就坐下来批改作业。因为昨晚的书面作业是抄写生字词，比较简单，没多久就批改完毕。可是，我的脑子里总有个"？"在隐隐地闪现——嗯？感觉这数量不太对啊，莫非，有人浑水摸鱼没有交作业？不对啊，天佑汇报说都上交了啊。连忙一查，哦，怎么？文睿组少了一份作业，再把他小组的取出逐个翻看，啊，没有看到他自己的作业！

这是怎么回事？忘记带了？不会啊，文睿跟随爷爷这几年，独立性还是比较强的，平时学习用品都是自己整理；再说，他的细心在班内也是很有口碑的啊。不过，最近他课堂上发言不是很积极，挑战背诵任务也不主动，显得有些懒惰消极，这么说来，难道……我想了想，暂时按下了心中的疑惑和惊讶。第二天早上，语文家庭作业再次躺在我的办公桌上。我直接翻阅文睿小组的语文作业，果然，还是没有出现他的字迹。

我请天佑带了口信，唤文睿到办公室来。在这空隙里，我的心开始翻腾起来——这个小家伙，肯定是知道平时由组长检查完成情况记录在黑板上，作业上交后我虽然都会批改评定，但不会每次都查人数，就以自己的职务之便，利用我对大组长们的信任，钻了这个空子。看来，我对大组长的职责监管还要多出两招啊。不管怎样，得先断了文睿这个小心机啊！

"笃笃！"礼貌的敲门声之后，一声"报告"，门口出现了文睿俊俏机灵的面庞。他站在我的面前，那双格外水灵灵的黑眼睛看着我。我盯着他的眼睛，心里还在盘算着进攻方式：是开门见山呢，还是旁敲侧击呢？是狂风骤雨呢，还是苦口婆心呢……

"郑老师，您找我有事吗？"他看我一直盯着他，先开了口。

好吧，看你肯不肯自己主动坦白！靠在椅背上的我使了个眼色，示意他看桌上的作业："你，有没有事情想对我说呢？"

他眼珠一转，看了看作业，又眨了眨眼看着我，丝毫看不出慌乱："我？我没有啊，我没有事情对您说啊！"

哼！你肯定还以为我被你蒙在鼓里吧？小家伙，人不大，还挺会钻空子啊！干脆给你挑明了，看你怎么给我解释！我一抬下巴："那我怎么没有看到你的作业呢？"

"啊？不会吧？"文睿忽然睁大了眼睛，一副很吃惊的样子。然后，就伸手过来翻看，似乎试图找到自己的作业。

我故意不吭声。一边看他略显慌乱地翻着同学们的作业，一边打量着他的神情。小样儿，你也跟我来这套装模作样啊？心里不禁冷笑：这套小动作倒是比一般的熊孩子看着逼真，可在我眼里，真是太小儿科了嘛。

忽然，他举起一张作业纸说："这，是我的作业！"嗯？难道我没有看清楚，错怪了他？我，一眼扫过去，是一份没有写名字的作业纸，不过，明显和文睿的字迹不一样。

"这不是你的字迹！"我说，语气有点冷。这孩子，还觉得自己可以瞒天过海，想用别人的作业糊弄我？

这时，一位同事有事叫我，一两分钟后，我又回到了自己的座位上。这时，文睿还在翻找。

我淡淡地出声了："别翻了吧，我已经查过两遍了，没有你的作业。"文睿这才停了下来，重新站好，看着我的眼神多了一点慌乱。

我依旧盯着他，示意他说明情况。

文睿向右转了转眼珠："不会吧，我记得我交了啊。是不是我忘在家里了？"唉哟，我就知道他会找这个理由。不过，我知道从心理学角度来看，眼睛往左代表了回忆，往右则代表动用情感来创造词汇。他刚刚那个细微的动作可逃不过我的法眼，撒谎就再次印证我的推断了！

得，断你后路，逼你承认！我语气有点严肃了："你的意思是说，翻你的书包肯定是找不到作业的。要不，给你爷爷打电话，请他现在把作业送来？"

文睿一听，吸了口气，不吭声了。

我缓和了语气："我和你们都讲过，欺骗老师是我最讨厌的行为。你作为一个男子汉，敢作敢当，为什么不能说实话呢？"

我正打算继续说下去，上课铃响了，正是我的课。于是我要求文睿课上还是认真学习，放学了再来处理。

他走了出去。我低头收拾桌上翻乱的作业正准备拿书去上课，忽然，一张用铅笔书写工整的作业纸赫然出现在我的眼前，纸张眉头上写着的就是文睿的名字——啊？不会吧？难道是我老眼昏花看错了，错怪他了？不对，这字迹不是他的，再仔细一看，名字上有改动的痕迹——他居然改其他同学作业的名字！这孩子，挑的女生作业不仅书写很工整和他有几分相似，而且名字中间也有一个"文"字，他只用改动头尾两个字即可省时省力。不过，怎么名字的最后一个字只写了一半——哦，估计就是刚才我离座一两分钟时做的伪造工程。可是他空手来的啊？我一抬眼看看办公桌笔筒里的铅笔橡皮，得嘞，作案工具随手可取嘛！可是，他为什么没有把这份作业充当自己的交给我呢？转念一想，估计他在那一两分钟内没有改完名字，觉得时机不成熟吧。

唉——！我怀揣复杂的心情走向教室。就在这短短的课间，我亲眼见证了文睿佯不知错、冒名顶替、企图篡改这一系列的小心机。小小年纪，聪明的他这样想得周全，作为教师是应该觉得欣喜、庆幸、心寒，还是悲哀？虽然我知道在心理学上有"一错再错"这个行为模式，但是对于一个孩子，懂得"悬崖勒马""亡羊补牢"才能不至于误入歧途。

放学后，我有点疲惫地坐在办公桌前，文睿如约而至。

我直视他的眼睛，说："你是不是没有写昨天的语文作业？"他不吭声。"你不仅今天没有写，昨天也没有写！"我的语气十分肯定，不容他争辩。

在我的再三追问下，他终于承认了，然后解释说昨天的作业没有写，前天的写了但找不到了。面对低着头的文睿，我既情急，又悲愤。这个聪慧的孩子，这个父母都不在身边的孩子，我怎能面对你的懒惰、你的明知故犯、你的投机取巧、你的费尽心机的谎言视而不见？

"现在，对我而言，你这两天的作业已经没有那么重要了。"我把他改名的那份作业放得更近（暗示他我已经知道他的那些小动作），又把文睿拉近了一步，用手抬起他的下巴，让他再次看着我的眼睛："孩子，你因为懒惰，没有写作业，然后瞒天过海，以为骗得了我一次又一次。然后为了这一个错误，你装着找作业、用无名氏的作业顶替、企图篡改同学的名字来冒充，还撒谎说可能是忘在家里，连续用四个谎言去遮掩，这是一错再错，错上加错啊！"

文睿似乎被我掀开了他的所有伪装，心中惊了又惊，紧紧抿着嘴巴，眼神闪烁地不敢看我。

我牵起他的手，真诚地说："文睿，我想和你说的是，这些懒惰、投机取巧、撒谎的行为都是小恶魔，他们都会害你一辈子。这样，你想成为一个自信、优秀、受大家喜爱的男子汉的愿望就不可能实现了！"我十分了解他的美好追求和高远目标，平时那个一直积极进取全面发展的他是我们班级的骄傲。这段时间，估计是他产生了懈怠，放松了对自己的要求，加上我的管理漏洞，能提供他懒惰的机会。今天，又因为不愿面对自己的这些错误，不想让老师发现，反而剑走偏锋，一而再再而三地犯错。

文睿满脸羞愧，嗫嚅着说出自己愿意改正，会把作业补起来，还保证以后不会不写作业了。这些，在我的意料之中。我补充要求：不仅在作业上和大家一样，还要在各方面努力做得更好，做大家真正的榜样，学习上不能畏难，要敢于挑战。他也点头应允了。

在他离开之前，我又叫住了他。他回头看着我，眼睛里湿湿的。我温和地一字一顿地说："我相信你，你一定能打败那些小恶魔，做一个优秀的男子汉！"我的语气十分笃定。

事实是，接下来我多次刻意抽查文睿的作业，果然都没有失望。而且，许多由我额外布置的背书挑战（全篇课文带标点）、查资料等学习活动任务，他都能勇于认领并完成得十分精彩。当然，我若无其事地完善了作业检查制度，组长互查、语文学习课代表检查、老师抽查相结合等方法也使"管理层"无漏洞可钻了。

11. 女孩，你的名字不叫脆弱

大冶市第一中学　邹正明

爱哭的女孩

"邹老师，小静又在教室里哭。"课间时分，语文课代表伟强送作业本时对我说。

我起身来到教室，只见小静把头埋在课桌下，不时发出噫噫的啜泣声，在她周围，几个女生和一个男生晓东嘀咕着。我凑到小静的耳边低语，情绪平复后来找我，并拍了拍晓东的肩膀示意他出来，

这是我中途接收的高三文科班，班上五十来人，女生占了三分之二。"女儿是水做的骨肉"，爱哭本可以理解，也可以促进不良情绪发泄，但是班上不少女生一有风吹草动就梨花带雨，没完没了，弄得教室里成天愁云惨雾，俨然泡在泪水缸里。犹记得开学初我借机请一位留美博士校友来班上做讲座，本意是为大家鼓鼓劲，没想到讲座后，两位女生痛哭流涕，说和博士相比自惭形秽，一无是处。怎么会一无是处呢，这一群正处在人生花季的少女们？

晓东在班上有很好的人缘，哪个女生一哭，递纸巾的必然有他。我叫他来，想请他支支招。晓东说，一到文科班，就感觉这

是女儿的王国，对她们大事小事哭哭啼啼早已习以为常。我说，作为铁骨铮铮的男子汉，我们有责任筑起一道铜墙铁壁，再碰到女生哭泣，可以试着将"绅士风度"隐藏起来，远远观望，让她们慢慢学会自己擦干眼泪。晓东会意地点点头。

放学后，小静来找我。她低垂着哭得红肿的双眼，愈发楚楚可怜，究竟有什么伤心事呢？原来数学课上老师讲的一道题她没听懂，悲从中来，不能自已。一道数学题竟成了压垮她的最后一根稻草，她背负着多么沉重的包袱啊。我递给她一杯温开水，友善的眼神鼓励她，她放下戒备，向我敞开了心扉，她来自一个贫困的农村家庭，父母含辛茹苦地把他们兄妹三人拉扯大，希望他们考上大学改变自身及家庭的命运。可是哥哥初中未毕业就辍学打工了，姐姐去年高中毕业也没能考上大学。这样一家人就把最后的希望寄托在自小成绩优秀的她身上。可上了高三，她越来越感觉到数学力不从心。

"即使高考中数学这一科你不考，你的总分说不定也比你哥哥姐姐高，还担心什么呢？"我开着玩笑，小静抬起低垂的双眼，脸上有了一丝苦笑。我帮她分析，数学跛腿，可以找老师共同想办法。紧绷的弦易折，要轻装上阵。我建议她从言行举止慢慢改变，管理好自己的情绪。其一，每天起床后对镜微笑着勉励自己：我一定能笑对一切；其二，进出教室，抬头，挺胸，两眼平视前方，眼神从容自信；其三，与人说话的时候，有意提高分贝，敢于直视对方的眼睛；其四，碰到伤心事，尝试换一个积极角度审视，不纠结，不自缚，努力克制自己想哭的冲动；其五，实在要哭的时候，最好不要在大庭广众下，因为负面情绪会像流行感冒一样传染的……

这次谈话后，我与德高望重的数学科任老师张老师沟通，请她多多关注小静，还安排一位数学成绩优异的同学与小静结对帮扶，他们都热心地答应了。

抱团的温暖

没过多久，一次月考中，监考老师心急火燎地跑来找我，惊呼小静身体很不舒服，我连忙跑过去，只见她瘫卧在桌子上，满头大汗，脸色惨白，我赶紧把她送到医院，一番检查，医生说她是身体虚弱情绪紧张所致。一场虚惊后，我认识到，要增强小静心理免疫能力，还必须从增强身体素质入手；我一个人的力量改变一个人很难，但一群人就完全有可能影响一个人，一个充满正能量的班集体就是强大的精神后盾。

我把晓东等一些性格开朗、乐于助人的同学及班干部召集起来出谋划策，大家达成共识，从每天紧张的高三学习生活中挤出时间，比如充分利用早操后、两节晚自习的间隙，全班同学在我的带领下到操场跑步；鉴于我班绝大多数同学都是寄宿生，建立团结友爱的同学关系先从融洽室友关系入手，班级各项活动以寝室为单位组织开展。

跑步既可以强身健体，也可以驱散心头的阴云。对于一个学生来说，跑个一两圈并不难，难的是每天坚持，这个时候集体的鼓励和监督就至关重要。小静的体质不好，最初跑不到一圈脸色煞白，气喘吁吁，晓东等几个男生跟在她一旁，不断为她打气，慢慢地她的脸上跑出了红润和笑影。后来我们班集体跑步成为校园一道亮丽的风景，班级的凝聚力和战斗力也空前增强，先前似乎郁积在教室上空的泪水也慢慢地蒸发了。

寝室不仅仅是学生休息的地方，更是他们相互砥砺、共同成长的重要场所。我希望大家把爱和美带进寝室，捎上床头，揽入梦乡。于是一张温馨的全家福、一个别致的室名、一副高雅的对联，一套行之有效的寝室公约、一条条室友寄语，一项项以寝室为单位参与的活动都是我班打造温馨寝室的标识。小静所在的B-1203 寝室有一个典雅的室名"散花坞"，住着六位青春靓丽的花仙子，室长"向日葵"媛媛写给小静的寄语是：风雨中的"百合"，看似脆弱，可谁又读懂了她内心的坚强？愿你能永远保持黛玉的善良，清照的才情，秋瑾的韧性。而她们室友集体创作的对联"一中逢，二班聚，三年鸿图志，还战六月；六份幸，三世缘，两载姐妹情，胜似一生"更是情深意切妙趣横生。"散花坞"寝室凝心聚力、全员参与主办的主题班会《室友相处之道》以及元旦晚会视频《走进散花坞》都收获了不俗的反响，在我用相机捕捉的照片中，小静终于露出了羞涩的微笑。

转眼，离高考只有100天了，"百日誓师"班会火热开展。同学们一个个登台，或即兴演讲，抒发壮志豪情，或高歌一曲，尽吐胸中块垒，真是激情与笑声齐飞，青春与梦想共舞。接力棒传给小静的时候，她落落大方地走上讲台，面带微笑地说出了一长串要感激的名字，有总是笑着鼓励她"我女儿要像你一样优秀，我就知足了"的数学张老师，有在她伤心时给她坚实依靠的室友们，还有朝夕相处和她一起跑步、学习的同学们……说着说着，小静的眼眶湿润了，但泪珠并没有滚落下来。大家无不被这感恩的泪、幸福的泪动容，如潮的掌声四起。而我恍若看见一只小蝴蝶历经撕心裂肺的挣扎，从蛹中解脱出来，向着馨香的花瓣，缓缓地拍打着稚嫩的双翼……

适时的淬火

小静的变化让我看在眼里，喜在心头。然而就在高考前一天的下午，她却遭受了来自我这个班主任狂风骤雨般的怒吼。

6月6日下午，我带领学生乘专车到邻校熟悉高考考场，去的时候大家紧张中带有兴奋，一切风平浪静。可是返校的车上，小静突然失声痛哭起来，让一车同学的心也顿时揪了起来。当我了解到她痛哭的原因仅仅是因为她所在的考场我班只有她一人时，便霹雳哗啦咆哮起来："小静，你要是只有这点出息，会让我们很看不起你的……"班上学生绝少看到我暴怒的样子，被这架势惊呆了；小静也止住了哭声，僵持在那里，我不再理会她，车一停就甩手而去。

晚自习的时候，我像什么事也没发生一样，轻松地交代高考注意事项，教室里不时发出一阵笑声。我用眼睛的余光瞥了一下小静，她听得很入神，大家笑的时候她的脸上也会浮现出笑意。

下课后，她主动来找我，我又恢复了往日的温和，娓娓道来：你说考场里"举目无亲"，这不见得是坏事嘛。我们都知道，在全市，成绩最优秀的是我们学校；在我校，成绩最优秀的是我们班。那么在你所在的考场，你就是全市成绩最优秀的。老师阅卷时，你就更容易脱颖而出啊。听我这一说，小静露出了灿烂的笑容。

高考后，小静以优异的成绩考上了武汉大学，我们班也取得了骄人的成绩。

一直以来，无论是老师，还是同学，都在小心翼翼地呵护着小静敏感、脆弱的心灵，这些温暖汇聚成熊熊大火，对她心理素质的培养可说是煅烧到了一定的高温状态；但是要让她以更加成熟、达观的心态独自面对更多困难和挫折，适时的淬火也是必需的。殊不知，和风细雨抚慰的是只小草，而疾风骤雨锻打的则是大树。

12. 打造"成长之星"

黄冈市蕲春实验中学 吕俊群

上周一我外出讲课了，班会课就让班长小依全权负责。因为已经开过几次，所以大致的套路她也比较熟悉了。

我把一部名为《成长》的微电影拷上了教室的电脑，然后简单让她写下了班会的几个步骤：欣赏微电影，小组讨论观后感；各小组评选一名本周的"成长之星"，并说出评选理由；"成长之星"上台谈感想。有一点要注意，组长要做好记载。

交代完毕，我便拎包走人了！

周二回来，我询问了一下班会情况，没想到还有一个环节没完成——"成长之星"没有上台来谈感想。

最精彩的一幕还没上演呀！好极了，那就今天来完成吧！脑子里突然蹦出一个念头：何不模仿"感动中国十大人物"评选那样，先让一些人作一番隆重的推介仪式，再让被推介人上台发表获奖感言吧！在这样隆重的仪式下，这些"成长之星"该是多么地骄傲与自豪！因为，当我们身处某种仪式当中，得到的心理感受要比通常强烈许多嘛！

行，就这么办！

"同学们，昨天的'成长之星'还没上台发言吧！今天，我将亲自一睹这些明星的风采，好开心哦！"我夸张地扬了扬眉毛，"不过，今天我还想听到这些成长之星被推荐的原因，所以，希望各组的组长准备好一份推荐辞，到时候，我们要像评选'感动中国十大人物'那样，隆重推出这七位'成长之星'哦！"

"哇！"教室里一片惊呼！

"'成长之星'们也请准备好获奖感言哦！"如果只有精彩的推荐辞，而没有精彩的感言，那岂不遗憾？呵呵！

上课时间到了！走进教室，同学们一个个都挺兴奋的，看来，他们也很期待这场"成长之星"颁奖典礼哦！

"准备好了吗，同学们？"

"准备好了！"好响亮的回答。

"那我宣布了——2014年春漕河镇中706班第一期'成长之星'颁奖典礼现在开始！有请一组——"说完这句话，我便走下了讲台，拿起了相机，当起了我的摄像师……

"哗……"热烈的掌声响起来了！

在这热烈的掌声中，一组组长小奇走上了讲台："今天我宣布，我们组的'成长之星'是小迁。他的当选，是经过我们仔细商议的。因为，他通过自己的努力，由不做作业到认识到作业的重要；由不记单词到早自习默默背记；由上课不听讲到笔记写满了一本书；由不背诵小科目到每天坚持背诵等等。他的进步与成长，是我们有目共睹的。可能他还存在一些缺点。可'金无足赤，人无完人'，相信他，可以改正身上的缺点；相信他，正在默默地成长；相信他，正在点点滴滴地进步！所以，他被评为'成长之星'是当之无愧的！"

好有激情的推荐啊，这不由人不鼓掌啊！

"下面，有请小迁同学上台发表获奖感言！"洒脱的小奇说了这句话，就将讲台让给了小迁。

小迁，这个不爱做作业的小男生，慢慢地走上了讲台，习惯性地眨巴了几下他的那双大眼睛，然后慢条斯理地开腔了："我很荣幸自己当上了'成长之星'。对于这个荣誉我感到有些意外。我只是做了一些小事，做了一些我应该做的事，却得到了大家的肯定。我要感谢全组人的支持！我的进步，离不开全组人的帮助。虽然，我还有一些缺点，但我一定会进步的！"

哈哈！看不出小迁这家伙还挺能说的嘛！又一阵热烈的掌声响起来了！

就这样，一组接一组，一个接一个，高潮迭起，群情激昂，直到六组组长王新走上了讲台，将活动推向了感情的顶峰！

"我们组的'成长之星'是小波。虽然他的基础不是很好，但他一直在和我们一起默默地努力着，成长着。同学们经常嘲笑他，但他从不气馁，却将这些嘲笑转化为动力，使自己不断进步，所以，我们推选他为我们组的'成长之星'！"只是很朴实的几句话，却深深地打动了我！

小波这孩子，人挺老实挺厚道的，不知道怎么回事，班上有些调皮鬼拿他的名字开起了玩笑，说什么"捏钵儿"，常在他面前怪叫。我开始没太注意，直到后来有个女生告诉了我，才知道这事儿，在班上批评了那些调皮鬼。想想，这些日子里，小波受了多少委屈呀！可他是怎么对待的呢？听听小波的获奖感言吧！

"今天，我很高兴，我被我们组推为'成长之星'。现在，我是我们的小组长了，我的基础虽然不很好，但是，我相信'铁杵也能磨成针'。我会鼓起劲，带领我们小组认真迎接期末考试的！我要让我们的小组变得更优秀！"

如果不是亲耳听他这么讲，我真的很难相信这是他说出的话。天啦！这个孩子的进步太大了，不仅有外在的表现，更多的是他的内心的强大。期中考试之后才当上小组长的他，不仅给自己鼓起了奋斗的风帆，还立志将全组带向理想的彼岸！

真是太给力了，小波！看着眼前这个黑黑的、憨憨的男孩儿，我胸中一片云翻涛涌。看来，"小组长"这个职务，给他带来了无穷的力量和信心！

仔细观察之后，我发现七个"成长之星"中，居然有五个是中等生。而他们，全都像小波一样，是在期中考试后才开始走马上任的新领导。

我终于明白打造"成长之星"的秘诀了——只要给孩子们一个小小的支点，他们便会拥有撑起整个地球的勇气！

孩子们，成长路上，让我们不断努力，将自己打造成璀璨夺目的星星吧！

下课铃声姗姗响起，走出教室的我，已开始思量：几星独亮，不如众星齐明。那么，怎样让全班一片星光灿烂呢？

13. 英语不学谁之过

黄冈市蕲春县实验中学　吕俊群

今天，我又发脾气了！

晚饭后，学生在教室里读英语课文，领读的是一个成绩中等的学生，居然把好多的单词都读错了。后来，我想看看这篇课文意思学生理解没有，便点了几个成绩中等的学生，一问，不是这儿错了，就是那儿漏了。

把他们的书翻看一下，瞬间惊呆了！认真做笔记的少得可怜。越是基础差的，书上越是一片空白，这太可怕了，怪不得英语成绩越来越差，连英语课堂的四十分钟都没有抓住，还谈什么成绩。

班上的英语老师个子比较小，脾气也比较好，平时很少对学生发脾气，虽然书教得还不错，但老师的威严感还是差了点，所以学生不是很怕她。

肯定是这帮家伙觉得英语老师人比较随和，所以，在上英语课的时候就随随便便的，听讲根本不认真。唉，再这么下去，怎么了得！这也怪我，以前只知道强调学生早自习和晚饭后读英语，没有关注英语课堂的情况。现在再抓，或许已经有些晚了，但是，亡羊补牢，总比不补要好吧？

看来，今天，我得发发威了，不震慑一下这群家伙，他们根本就不拿英语学习当回事。

说干就干！只要看到书上一片空白的，通通将书重重地摔了回去。就这样，在教室绕了一圈，翻一本，摔一本；翻一本，摔一本！

最后，我站在了讲台上，怒气冲冲地说："这就是你们的英语学习！上课连笔记都不做，还学个啥！"

"单词不知道怎么读，课文不知道什么意思，你们每天英语到底学到了什么？"

"为什么小依、小迈每次英语测试都能过 110 分？难道就是因为他们天生聪明？你们想想，到底是什么原因！"

"明天我要再次检查你们上课听讲的情况，看看你们的笔记做了多少，你们的单词读会了多少，你们的课文弄懂了多少。"

说完这几句话后，我冷着一张脸走出了教室。回到办公室，我木木地呆坐了半天，心里全是浆糊。

为什么学生们学习英语的积极性那么低？

诚然，这与学生自身有关。但是，我也不能否认，这与老师的教学艺术有很大关系。平时，我也经常跟英语老师交流，她的责任心还是不错的，一发现班上学生有什么变化，都会及时地跟我沟通。但是，她的教学方法的确太过传统，很少用课件教学，还是传统的教学模式，肯定会影响教学的效果。

我也曾暗示过她，让她常用多媒体进行教学，这样的效果肯定会好许多。也许是由于个人基本功局限，或者是长期教学的习惯局限，她还是根本没用课件上课。这样一来，学生学习英语的兴趣肯定是会受到影响的。

除了英语老师之外，作为班主任，我是不是也要负一些责任呢？

会不会是因为去年我在班上曾经说了一下现在的高考将会改革，英语考试分数有望减少，或考试形式有望改变，这些还未落实的传言，会不会在潜意识中对学生产生一定的消极影响呢？

如果我在介绍这些即将出现的变化时，也将英语学习的重要性再强调一下，是不是更好一些？

另外，今年期中考试之后，我在班上念了一下各科的年级排名，英语成绩稍稍滞后，这种做法是不是非常错误的？因为，它有可能影响学生对老师的评价。其实，英语单科年级第一是在我班，优秀率也不错，只是低分人数较多，被拖了下来。但是，学生们这个时候肯定看不到这些，他们只会看到总的结果。而且，这里面似乎有一个很可笑的逻辑：考得好，是老师教得好；考得差，是老师教得差。似乎班级成绩，全在于任课老师。

如果在那个时候，我更多地强调班上英语的亮点，注意肯定英语老师，那样会不会效果不一样呢？

还有，在本学期起始，我一直忙于在班上开展各种活动，各种改革，虽然我在那个时候就已经感觉到班上中下层学生学习的热情开始下滑了，但是我只是将学生分批地开了个会便了事，根本没有对个别学生进行细致深入的思想工作。

如果我能将那些有下滑倾向的学生及时找来，细细地做做工作，或许情况会不一样吧？

还有，期中考试过后，我已经开始着手抓中下层学生的学习了，但是我只是抓早自习、抓晚饭后，而没有抓英语课，这个最最重要的环节！

如果，我能早一点深入到英语课堂，检查一下英语听讲的情况，也不至于发展到今天的这种地步。

这样一路想下来，我还有什么资格在学生面前发火呢？学生有错，老师可以冲他们发火；那我们老师有错，学生可以冲谁发火呢？

一个优秀的班主任，不仅仅要让学生学好自己带的课，更有责任调动学生学好所有的课程，而这种调动，决不能仅仅只停留在口头上，更应该落实在行动中，要深入到每一堂课上，深入到学生听课的具体行为中，深入到学生作业完成情况上……而最需要深入的，则是学生学习各学科的兴趣与热情。

一旦了解到学生对某些学科的学习兴趣减弱时，我们一定要在第一时间找到原因，并立即采取有效的措施来解决问题。越拖延，问题就会像滚雪球似的，越变越大，大到让人震惊、大到无法收拾。

一个老师，如果只会冲学生发火，而不知冷静地去反思，那就太可悲了。

我已经知道，对于班上的英语学习，该去做些什么了……

第四辑

每朵花都有结果的心

1. "小鬼头们"的"爱情冒险"

潜江市实验小学　李　梅

老话说："七、八、九，嫌死狗。"大概说的就是我现在教的四年级孩子吧。从一、二年级的胆小、怕生，到三、四年级的大胆、早熟又略显稚嫩，孩子们的个性在悄无声息地发展、变化。在这个张扬个性的年代，他们状况百出，而班主任们也必须绷紧身心，随时做好应战准备，这不，"小鬼头们"居然开始"爱情冒险"了。

镜头一　"我要和你一起去浪迹天涯！"

小宁这几天有点怪。平常上学都是踩着铃声进学校的他，最近来得特别早。但是他没进教室，而是在操场上徘徊不定，不时抬头看看校门口进来的同学。有时欣喜若狂地好像盼来了什么人，可转瞬间又一副失望的表情。有时看到老师或同学关注的目光，又赶紧去捡一片树叶伪装成捡垃圾做好事的模样。几天后，谜底揭晓，原来小宁等的是班上的一位女生——小妍。老师偷偷问小妍，小宁每天在操场等她去干什么，小妍兴奋地说："小宁说要和我一起去浪迹天涯！"

镜头二 "你想看我的小屁屁吗？"

放学了，老师正准备放松一下，一位家长打来电话告状。原来是他家女儿回家对家长反映了一个吓人的情况，她的男同桌下课时对她说："你想看我的小屁屁吗？"家长听到这件事吓得不得了，马上给老师打来电话，希望老师好好批评一下那个男生。通话结束时，家长怒气冲冲地留下一句话："现在的孩子太不像话了！"

镜头三 "我要给你生个宝宝！"

前几天单元测验的作文题目是《告诉你一个小秘密》，孩子们在作文中写到的秘密五花八门。有的说了自己尿床的故事，有的讲了爸妈吵架的经过，有的承认了很久以前犯下的错误，还有一个女孩写出了自己的秘密：想为一个男孩子生一个宝宝。

连续发生的事情，让我对班主任工作有了更强烈的紧迫感。歌德说："青年男子谁个不善钟情？妙龄女子哪个不善怀春？"男女之情是人性中的至善至纯，"人是一根能思想的芦苇"。小学生虽然年龄小，却不是草木。难道我身边这些八九岁的孩子们已经有懵懂的"爱情冒险"了？如何处理这样一个敏感话题呢？

倾听——不让果实长成诱惑

如何让孩子们之间的情愫不会变成诱惑，我想早一步的倾听更为重要。卢梭在《爱弥儿》中写到："每一个人的心灵有它自己的形式，必须按它的形式去指导他。"我们就从倾听开始吧。

回到小宁与小妍的故事中，我观察了小宁和小妍在学校的表现，发现这两个小家伙还真是形影不离。上课要交流讨论一定找坐得远的对方，下课除了上厕所不能一起去，其他时间也基本上都在一起。下课时，凑近些，你会听到两个小鬼头正热火朝天地谈论着："昨天的动画片里喜羊羊到狼堡去了，好惊险呀！""我看了《鲁宾逊漂流记》，那里面的故事才叫精彩呢！"看看小妍，虽然是女孩子，却整天和男孩们玩在一块，枪呀，炮呀，说起来头头是道，分明就是个"女汉子"嘛！再问问小宁："听说你想找个伴去浪迹天涯，找到了吗？"小宁一听，马上接道："找到了呀，我准备和小妍一起学习课文里的乌塔去自助旅行呢！最近，我们都商量好几个计划出来了。""有需要帮助的地方可以跟我说，如果计划得棒还可以向同学们介绍一下哟！"老师也来搀和一脚。这里哪有什么"爱情"呀，分明就是一对"臭味相投"的知己嘛。

第一个"爱情冒险"烟消云散，那第二个又是怎么回事呢？

我找来那个男生，问他怎么回事，没想到孩子一脸稚气地看着我说："因为我要当野人，野人都是不穿衣服的呀！"孩子甚至一脸惊讶的表情，好像在责怪我一点常识都没有。《禅理故事》里面有一个经典的公案叫作"他不是我"。讲述的是老和尚用心地在烈日下"晒香菇"，悟着自己的禅法，谁也无法代替。再看看我们的孩子，想法是天真的，却同样无人代替他的体验。我只能换个角度思考，和孩子约定做个现代社会的"野人"，同时不能惊扰到别人。

关于"生宝宝"的秘密又是一个怎样的故事呢？起初，我还真不知如何去了解情况，没想到，小女孩主动找到了我，她要关心单元测试和作文的情况："老师，您觉得我的作文可以打高分吗？""你觉得呢？""应该可以吧，前几天，小强带了两个苹果，他送给我一个，我想谢谢他，您不是教我们要感恩吗？我想把苹果揣在肚子里，再生一个苹果，就可以感谢他了呀！"小女孩眼中闪着智慧的光芒，一定在期待我的赞许。我的心里却只留下一声唏嘘。我摸了摸她的头，对她说："你是个善良的好孩子，可是生宝宝必须是由一对相亲相爱的爸爸妈妈完成的任务，并且要像你的爸爸妈妈一样永远爱自己的宝宝，可不是一件随随便便的事呀！"当然，我还必须请求家长支援，为孩子们补上成长第一课：我是怎么来到人世间的。

"小鬼头们"的"爱情冒险"看起来是虚惊一场，却向我敲响了警钟。如果哪一天早恋的故事发生在身边，我是否会为学生和自己留下遗憾？只希望作为班主任的我学会倾听孩子的心声，去了解童心，尽我所能，不让果实长成诱惑。

2. 给爱一个理由

——由"情书"想到的

潜江市实验小学　李　梅

春风和煦，暖阳普照，让人神清气爽。这样的春日里带着孩子们进行大课间操活动，怎一个惬意了得？也许是春景太诱人，孩子们又有些"蠢蠢欲动"了。

此"情书"非彼"情书"

这不，眨眼功夫，我的小助手静怡就从队伍最前端跑了过来，凑到我的耳朵根小声地说："李老师，小涵哭了！"我一听，赶紧一边找小涵身影，一边问："怎么回事呀？"她犹豫了一下，才慢慢凑过来对我说："有人说小涵给男生写情书，其实是宇杰上数学课传纸条，在上面写小涵喜欢诣航。"

我找到小涵，小姑娘站在操场上失声痛哭，旁边的同学们都停下了活动，围在她身边，默默看着。我帮她擦擦眼泪，告诉她："不要哭了，老师会把事情调查清楚，谁欺负同学，一定会让他认错道歉的。"小涵听了，哭泣声似乎变小了些，可依然没有停下来的迹象，她抹着泪，伤心欲绝地说："宇杰居然写纸条说我喜欢诣航！"她刚说完，围在一旁的同学中间就传出几声哄笑，她听到后哭得更大声了。看着她一脸委屈又难过的表情，周围几个嬉皮笑脸的坏家伙笑得更欢了。好不容易，劝小涵冷静了下来，我又找来罪魁祸首——宇杰。站在我面前的他还算老实，交待了上数学课时做完作业太无聊，就随便写了一张纸条传给周围的人看，几个不怀好意的男生便给说成了"小涵给男生写情书"，闹出了一场风波。

上课传纸条本就不应该，居然还敢写别人的坏话，这个宇杰，实在是不像话！还有那些唯恐天下不乱的家伙，净做些添油加醋、惹是生非的事。可细细想来，为什么这"情书"让静怡变得不敢理直气壮，让小涵委屈得痛哭失声，让坏家伙们无理取闹？

记忆中有一部叫《情书》的日本电影，曾经让人念念不忘。如梦似烟的伤感，散如珍珠的画面，令人泫然欲泣的美，还有在抽丝剥茧中慢慢清晰的少年时代的纯净、唯美、动人的情感，如诗如画的情愫。是啊，人不轻狂妄少年。本该是天真烂漫的年纪，我们的孩子们却背上了层层的思想枷锁，让男女同学相处像重回了旧社会。"情书"在孩子们的眼里和心里已经成为恶魔般可怕的东西。在生活中男女同学各玩各的，"三八线"已成为了不可逾越的沟壑。

给爱一个理由

为什么不尝试着让孩子们放开旧观念，给"爱"一个理由呢？

这学期师生共读的是《窗边的小豆豆》。平常都是孩子们推荐书中的故事，这天我主动推荐了《新娘》，和孩子们一起读，一起赏析。乔木说："小豆豆乐于助人，每天帮阿泰削铅笔。"小焘说："小豆豆不知羞，还喜欢男生，想当阿泰的新娘。"小婷说："虽然小豆豆很幼稚，但是阿泰很有本领，值得喜欢、尊敬呀！"我聆听着孩子们各自的意见，看着几个胆大的男生不怀好意地笑着，几个女生不好意思地低着头，我知道，需要做的还有很多。在语文课和班会课上，我和孩子们分享我读书时的故事，回忆起乐于助人的男同学、"学霸"型的男同学、让我崇拜的男同学，有些孩子听着觉得诧异，但也听得格外开心。孩子们也分享了关于爱的故事，回忆着身边的亲情、师生情、友情。

在接下来的单元作文"说说心里话"当中，不乏感性、动人之作，但是我特意在班上大声念了班长小航写给副班长静怡的信。书信开头这样写道："亲爱的静怡同学，你好！"念到这，我特意停了一会儿，看看孩子们，果然看到有几个在偷笑。我不动声色，继续念道："虽然我现在总是因为一点小事和你吵架，但我依然要感谢你。要不是因为你，我现在可能还是一名学习成绩很差的学生。"在作文中，小航讲述了一年级时在当时的班长静怡的打击下，自己立下志愿要当一名优生、要当上班长的故事。最后，小航向静怡表达了真诚的感谢。听完了作文，刚才还在窃笑的几个孩子都笑不出声了。

关爱值得感动，呵护值得感谢，给你的警醒更值得感激。男女生能成为竞争对手，也能成为挚友。每一个生命都值得敬畏，每一种情感都值得珍惜，鲜花与小草同样根植于大地，同样在点缀着世界。我希望给爱一个理由，给孩子们一个完整、圆满的童年，我也将为之一直努力。

3. 为"手拉手"补补课

大冶市第一中学　邹正明

那是七年前的事了,原本以为它就像一粒小石子,淹没在岁月的长河里,悄无声息,却没想到它还会在生命中泛起涟漪。

这粒小石子第一次泛起涟漪,是在 2010 年 9 月电影《山楂树之恋》热映时。一直对张艺谋青睐有加,忙里偷闲,我和几位影迷同事,跑到黄石磁湖梦影院先睹为快。电影放到这样一个极富情趣、极其唯美的画面:暮色四合时分,月亮探出半个脑袋,男女主角要趟过山间的一条小河,知青老三第一次向高中生静秋伸出手,但她一脸羞涩地浅笑着,后退几步,就是不肯递过手来,老三苦笑一声,捡来一根短木棍,两人的手各握一端,一前一后,踩着石头跨过小河。然后,老三的手沿着木棍,慢慢地、慢慢地向另一端挪去,木棍滑落在地,两只手紧紧地握在一起……这时,我的脑海电光火石般闪出另外一个画面:

2007 年高考前夕,一个阳光明媚的下午,趁着到中医院体检的机会,我带领全班同学,从青龙山公园一路步行回校。蓝天、白云、绿树、小桥,它们倒映在湖水里打趣、嬉闹,浑然不觉还有一群十八九岁的少男少女。因大考将至,大家心照不宣,眉宇间闪烁着一缕缕焦虑,少了他们这个年龄段应有的青春活力。走到风景如画的青铜文化广场，我决定趁机放放风，减减压，便提议同学们手拉手围成一圈做游戏，得到一致欢呼。但是结果始料未及，男生们手拉手，女生们手拉手，他们之间没有交集。没想到朝夕相处了三年的同学会如此羞涩、拘谨。大家面面相觑，不知所措。一时间我也尴尬地僵持在那里，不知如何是好。好在"大姐大"班长小丹急中生智，捡起地上的一个矿泉水瓶，和一位叫付金的男同学"隔瓶拉手"了，大家会心一笑。就在小丹用另一只手撩起额前的一绺长发时，我手中的相机把这幅画面定格了下来。同心圆就这样欢快地转了起来。

电影中男女主人公隔着木棍拉手的细节原著中并没有，这是张艺谋导演根据其团队一个工作人员的经历加工的。这个细节是在特定时代、特定情景、特定人物之间才会产生，因而颇具表现力和感染力。看完电影后，每每在语文课堂上阐述阅读写作中捕捉细节的重要性时，我便会滔滔不绝地讲起电影中的这个片段，也自然会眉飞色舞地描述真实地发生在那届学生身上的故事，甚至会从电脑中翻出学生拉手的那张照片，结果，当然是赢得满堂喝彩和欢呼，这一度让我很陶醉，很满足。

我以为这陶醉与满足会这样一直持续下去，直到去年岁末在武汉参加的湖北省第二届楚天卓越班主任高级研修给了我当头棒喝。这是一种全新的培训模式，在年轻有为、永存教育激情的刘永存导师的带领下，我们四十多位来自荆楚四面八方、平均工龄超过 15 年的男女教师，在"心有千千结"等暖场游戏中体验着相识的快乐，分享着教育的智慧。在刘导营造的温馨、友好、欢乐的氛围中，本是彼此陌生的一双双手，却不知不觉紧紧地握在一起。经过短短五天精彩、刺激、快乐、高效的诸如世界咖啡、阅读交流、班会展示、专家讲座、小组合作与 PK、与《班主任之友》

编辑面对面等等系列活动后，在培训结束前一天晚上刘导主持的"沟通无极限"微型班会上，两两相对的男女教师自然而然地拉起了手，还被刘导"不怀好意"地取笑了一番："我又没有说让你们手拉手。"是的，我们拉起的是彼此历经岁月打磨的手，拉近的却是心与心的距离。原来，时空有界限，心灵无隔膜。

"如何让一个新班级的同学尽快融进新集体，高明的班主任应该创设活动场景，让大家，不管是同性还是异性同学，在无意识的情况下有一定的肢体接触，如手拉手，让异性同学之间既感觉亲密又不会心生邪念。"刘导丝丝入扣的分析把我从陶醉、满足的自我感觉中拽了回来，把我从优秀班主任虚假的光环中拽了回来。我不禁扪心自问：为什么我的那些同一片屋檐下朝夕相处了三年的学生不愿拉手，而我们这些短暂相识的成年教师却自然而然拉起了手？这，恐怕就是我和刘导的差别吧。

假如真有时光隧道，就让我穿越到七年前的青铜文化广场上来吧。要不是干练的班长小丹替我救急解围，我会怎么办呢？于是，经过一番冷静的反思和充电之后，我来给那届学生，不，给自己，补补课。

我先会面带微笑地向大家讲述作家唐弢在《琐忆》中回忆鲁迅先生的一段话，国民党的一个地方官僚禁止男女同学同泳，鲁迅先生幽默地说："尽管禁止同泳，但男女同学还是一同呼吸着天地间的空气。空气从这个男同学的鼻孔呼出来，被那个女同学的鼻孔吸进去，循环往复，淆乱乾坤，实在比同泳皮肉相碰还要坏。要彻底划清界限，不如再下一道命令，不论男女老少，一律戴上防毒面具，既禁空气流通，又防抛头露面……"我知道，一个小故事无法消除彼此的芥蒂、戒备，无法跨越横亘在他们心中的鸿沟，就在他们的哄笑声中，我放下手头的照相机，主动拉起女同学、男同学的手，和他们一起欢快地转起来。在青春的游乐场，我拉起他们的双手，陪他们转着欢笑与温暖相伴的圆圈。此前，我更应该有意识地引导他们大方、舒适地手拉手，让他们一颗颗纯真的心灵从此不再孤单。正如美国哲学家富尔格姆的忠告："不论你们年纪多大，当你们出门，到世界去走走，最好还是手拉手，紧挨在一起。"

后来，这届学生在当年高考中取得了被媒体称为"神话"的成绩，刚过而立之年的我也一度为这成绩——一名省文科状元，三名学生考取北京大学，六位同学考取中国人民大学，三分之二的同学超过武汉大学录取线，全班都过一类线——沾沾自喜，甚至冲昏了头脑。现在想来，时过境迁，所谓"辉煌"的成绩，对学生而言，只不过是一串冷冰冰的数字；对我来说，也不过是几张荣誉证书而已。爱因斯坦说：能忘掉在学校学习的东西，剩下的才是教育。我在想，我的这一帮学生，在忘掉了老师给予他们的知识后，还剩下什么？踏入社会的他们，是否感受到人与人之间的真诚和友善？是否享受到生活的快乐和幸福？是否正遭遇一场纯美的爱恋，抑或已经拥有了幸福的小家庭？当他们逐渐老去的时候，回想起自己的青葱岁月高中时光，是不是只剩下堆积如山、压得喘不过气来的作业以及没玩完没了的考试……然后从一次次的午夜噩梦中惊醒？

是的，假如真有时光隧道，我会努力营造适合学生成长的良好氛围，创设有益于其身心健康发展的各种活动，润物细无声地帮助我的学生，也包括学生家长，打消顾虑，男女同学正常的交往，并不是洪水猛兽。异性同学之间，除了早恋，还有着丝毫不逊色于手足情的同窗情谊。既然奇妙的缘分把来自不同地方、带着不同性格、有着不同血型的我们维系在一起，作为班主任我就有责任将班级打造成快乐学习、健康成长的家园，让大家感受到我们原本就是相亲相爱的兄弟姐妹，就像从天上飘下来的雪花，起初谁也不认识谁，但落地以后便融为一体，结成冰，化成水，再分不开了。在这样的家园共同学习、生活、成长，手拉手拉不出早恋。进一步来说，如果我们从幼儿园开始的教育就是异性同学之间没有隔阂的活动和交往，那么到了小学、中学，手拉手已是家常便饭、习以为常，何至于拉出早恋来？其实，异性交往越是神秘兮兮，就越容易让孩子们想入非非，手拉手之类的适当交往反而就像拥有了一种免疫力。

时光永远回不去了，我只能在这里一味遐想。庆幸的是，我的教育生命还在延伸，我的教育激情没有退去，面对学生们那灼灼的目光、纯纯的笑脸，我要努力让今后每一个庸常的日子，有着手拉手的力度，心连心的温度。

就在即将完成本文时，在网上看到一则消息：继2007年第一套全国中小学校园集体舞因"不接地气儿"遭遇推广难之后，新改版后的第二套校园集体舞为了打消学校、家长对于肢体接触引发早恋的顾虑，取消了男女拉手等肢体动作。

唉，我们社会是不是把手拉手、早恋妖魔化了？要知道，强硬地"堵"不如柔性地"疏"啊。而爱情，又是多么美妙而神圣的字眼！

看来，关于"爱情"，我也得赶紧给现在的学生补补课。

4. 花的绽放需要时间

襄阳市谷城县冷集镇小学 董正香

这学期从高年级调到中年级，迎来了一群天真、可爱的孩子。刚接手这个班不久，有种现象让我意想不到，班上不做家庭作业的孩子竟这么多。于是在第二个星期，我对孩子们采取了评比、表扬等措施。一段时间过去了，大多数孩子不做作业的毛病都改正了。可所有措施对班上的一名"顽童"却收效甚微，每次组长汇报学生作业完成情况时，总会听到这样的声音："老师，小珍说，她的作业做了忘带了！""老师，我们组只有小珍一人没做作业！""老师，小珍又没做作业！"听汇报就能推测这孩子不爱做作业。

这样的"顽童"怎么办？不管，只怕她会一落千丈，越来越糟糕；管，我得想出一些办法来，对症下药。

唉，先来鼓励一番。嘿，优点还真不少。她虽说不爱做作业，可上课爱回答问题，书读得比较好。还有就是每天到校早，一进门，就开始打扫卫生，不管是不是自己的任务，她都积极地干。她帮他人做事，跑得比谁都快。我想，她有这些优点，不爱完成作业的问题一定能解决。

又到周一学校举行升国旗仪式的时间了，这次升国旗的旗手由我班学生担任。我到校时，看见小珍和其他孩子正在打扫清洁区。上星期我就想对小珍说，她是这次升旗手中的一员，但为了给她一个惊喜，上周没有告诉她，今天我早早到校来报告喜讯。我一说，她先是吃惊，没多久脸上又堆满笑容。升旗仪式开始了，小珍显得既兴奋又紧张，学生对这样的一位新旗手感到很惊讶。升旗结束后，我把她叫上讲台问："今天你高兴吗？""高兴！"她欣喜满溢。"知道为什么让你去当旗手吗？""不知道。"顿时，她脸上晴转多云。我没再追问，而是当着全体同学说："今天让小珍去当旗手，是因为她平时爱劳动、勤动脑，她愿意帮助同学分担劳动，愿意当老师的好帮手，推荐她当旗手是对她表现积极的一种奖励。希望大家以后要向她学习，也许下次的旗手就是你。"然后我又对小珍说："希望你再接再厉，若能把劳动的热情投入到写作业上，你一定能成为优秀的学生。"随后，她表态好好做作业。之后的一段日子里，她的表现确实不错，作业书写认真，能按时交本子，我感到很高兴。

可好景不长，没几天她的老毛病又犯了，组长又开始打她的小报告，便出现开头令人头疼的一幕。唉，真是一盏不省油的灯，我得再想办法解决。

一开始不做，我不予理会。然后，继续不做，下课到我办公室去做，我督促。她倒是去，就是磨磨蹭蹭的，大课间三十分钟只能写三四行字，总是写一个字愣一会儿。那几天，我几乎快气晕了。后来，我又实行小组捆绑制，以为她在众目睽睽下会有所收敛。可她是一自由派，开始招法灵验，可后来又我行我素！

看来应该和家长沟通沟通。一天放学后，我骑车来到小珍家。走进小珍家，她奶奶一坐下就开始向我诉苦，我才知道小珍的家庭背景：爸妈外出务工多年，家里农活多，弟弟妹妹年龄小，爷爷奶奶根本顾不上管她。加之爷爷奶奶识字不多，作业也检查、辅导不了，因此这孩子养成了撒谎、投机耍滑的坏习惯。"反正她就是这样啦，每次问起作业她都说做完了，我们拿她也没办法，希望老师好好管教，我替她爸妈谢谢你！"哎！本来希望家长好好配合，结果是竹篮打水一场空，看来还得靠自己斗智啦！

我想到一招"冷处理"。后来组长汇报作业的时候，我干脆不理她。但我暗暗发现她眨着大眼睛在看我的态度。我就是不闻不问。第二天、第三天，我还是不理。慢慢地，我发现她好像"热锅上的蚂蚁"有点坐不住了，开始围着我"献殷勤"——"老师我帮你擦黑板""老师这个字怎么读"……我忍住了，不理！一周里，我和她打着持久战，上课、下课都把她晾在一边。对于一个课堂爱表现的孩子来说，不理比打她还狠。如果她厚着脸皮不吭声，我这招肯定又失败了！可是，我看她坐如针毡，知道有奇迹发生！终于，在组长汇报作业时，我听到了惊喜的声音："老师，小珍今天做作业啦！"我心里一阵窃喜！第二天，交了，我在心里偷着乐；第三天、第四天，又交啦！可是我依然装得毫不在意！每次组长汇报作业的时候，她急得直抓脑勺等我回话，可我就是不理睬。

后来我发现这孩子受不了别人的"冷眼"，你越不理，她越坐立不安。知道了她的秉性，我也就不和她较劲啦！她的作业开始时断时续地做了，我鼓励她。不做，我不硬来，慢慢引导。做得好，我表扬一下。第二学期，她不做作业的次数越来越少，特别是临近期末考试的前几周，中午午休时，她还找我给她布置作业呢。

就在期末考试结束时，她送给我一个信封，打开一看："亲爱的老师，这是我写给您道别的话。这个学期结束了，估计我就不能再和您见面了。下个学期我要转学了，谢谢您一年来对我的关心。在您教我的这段时间里，我有不爱做作业的坏习惯，您没有罚我，也没有批评我，中午更没有留我。我想对您说，谢谢您对我的这份爱，我不会忘记的。最后，我给您送上一幅我写的硬笔作品做个纪念。"

看着小珍的信和作品，我陷入沉思，我想老师在遇到不做作业的孩子时，不要总想着法子惩罚孩子，如果换个角度去另寻方法，就能激发学生学习的积极性，帮助孩子重拾学习的信心。我深知，一年来我没和小珍较真，而是通过我的努力使顽童不再顽皮，以一颗耐心等她悄然地绽放。

5. 孩子，跟老师并排坐

荆门市京山县京山小学　潘　丹

　　今天，在做课间操的时候，我发现小强无精打采的，只是偶尔动动脚，这怎么行呢？不过，我没有发脾气，小强虽然很调皮，但还比较听我的话，为了不影响其他同学，我没有作声，就一直盯着他。这样过了几分钟，他可能有所觉察，但依旧动腿不动手，我叫了他一声，他胳膊抬起来了几次，也就几次。我不想那么粗鲁地批评他，也许他会有其他原因。我没有发脾气，直到他们做完操。

　　中午，轮到我到寝室值班。大部分同学都睡下了，有几个调皮的，总忍不住伸出手臂或者翻来覆去，睡不着。这时，我发现小强跟同床的同学打闹正酣。我记起课间操的事，就把他喊了下来，让他穿好鞋袜，坐在我身边。以前都是让学生站着。之前在研修班，我也感受到这种姿势的不舒服和心理的不平等，这次我决定要改变一下。孩子好像还不适应，不停地用手搓着裤子。我马上意识到以前是我错了。

　　于是，我轻声问他："做操怎么有气无力的？"他的手一直没有停，也许是知道自己的问题，就低着头说："我不想做。"嗯？不想做？我以为会有什么特殊的理由，怎么就这么简单？我愣了一下，但很快就想通了，其实孩子的世界就是这么简单，不想做所以不做，天太冷，谁愿意把手伸出来冻呢？本来准备了一大通说辞，现在都没用了。

于是，我只好转换话题："你平时在家干什么？"他告诉我，他的爸爸不在家，一般一个月回来一次，妈妈也很忙，每天放学把他接回家后，吃完晚饭就去上班了，晚上 2 点才回来。因为周围没有同年级的同学，甚至同校的也很少，所以这段时间都是他一个人在家，有时偶尔会去妈妈上班的地方玩，但到 8 点就会自己回家睡觉。

我一下子对他刮目相看：他还不到十岁，自觉性已算不错的了。小强平时特别调皮，总喜欢动手，其实他就是想跟别人玩来着，并不是要打对方，但现在的孩子都特别会保护自己，结果就老有人跟我告状。每次批评他，他都很安静地听着，但不久总会再犯。在这三年里，我和他家长一直没放弃，我们共同努力，现在这样的事很少发生了，我对他的关注少了很多。真没想到这段时间他是这样过的，而且从没有听说他有什么不适。想想这段时间班上隔三岔五总有几个孩子生病不能来校上课，而他，这么小的孩子，从未听说生病不能到校的，能把自己照顾的这么好，真的是很难得。我情不自禁地说："你真了不起！"他羞涩地笑了笑。

我又问他："有没有害怕的时候？"他腼腆地笑了笑，说："有。"多可爱的孩子！想想一个不到十岁的孩子，一个人在家里洗澡、睡觉。如果害怕，就赶紧洗了睡。我能想到，在等待入睡的时候，周围漆黑一片，一丁点儿动静都会让人害怕。可他，一天、一个星期、一个月、几个月，都是这么过的。我突然对他产生了一份敬意：了不起的孩子！

后来我又问他："妈妈不在的时候会干些什么？"他说主要是

看电视。唉，孩子一个人不会也不能有什么更好的选择，毕竟才十岁。我给他提议："你可以上网和老师、同学聊聊，或者看看书、练练抖空竹，都是可行的。"说这么多，我都是希望他一个人的时候，过得不是那么孤单。现在，真的很自己能帮他的太少。我情不自禁地摸了摸他的头，让他去休息了。孩子很乖，躺下后很安静地睡到了铃声响，虽然他并没有睡着。这是小强第一次这么安静地睡到点，以前不知批评过他多少次，没有一次有这么好的效果。这是意外的收获。

我真想对我的学生说：孩子，跟老师并排坐，跟老师聊聊天，老师愿做你的倾听者。因为我看到了一个幼小躯体里高尚的灵魂。我们只有蹲下身子，才能真正看到孩子眼中丰富多彩的世界，真正感受到孩子的心是世界上最真、最善、最美的。

孩子，跟老师并排坐，好吗？

6.《丑小鸭》诞生记

宜昌市伍家岗区实验小学　乔　玲

在我赴新加坡做华文教师的那段时间，有件事印象特别深刻……

考试结束不久就听说要举行华文活动周，三至六年级是歌唱比赛，一年级是诗歌朗诵比赛，二年级是戏剧表演。乍一听，我吓了一跳。歌唱比赛倒还好说，找一两个会唱华文歌曲的学生指导指导就可以上台。可是戏剧表演可不是靠一两个人就能搞定的，更何况是二年级的学生呢。离比赛的时间只有两周了，怎么办？"这么短的时间哪有时间排练呀？可不可以弃权？"有老师提出了问题。"可以弃权，但是这是华文部门组织的一个集体活动，我希望大家不要弃权。"华文主任耐心地解释。老师们满心不情愿地答应了都参加。对于我这个外来老师，主任似乎很宽容，暗示我如果不行，可以作为特殊情况考虑，不参加也行。弃权吗？这好像不是我的风格。虽然我对学生不熟悉，可能会遇到很多困难，但不意味着我就应该放弃，况且参加这样的活动对学生也是一种很好的锻炼。我拒绝了主任的好意，决定和其他老师一起参赛。俗话说，要么不做，要做就要做到最好。因此我希望通过自己的努力在比赛中取得好成绩。

定下了目标，靠空想是不能实现的。要想在比赛中获胜，得拿出真本事才行。静下心一想，第一步，是要选好内容。对于小学二年级的学生来说，内容太深，他们理解不了，表演起来会有难度。太简单又达不到戏剧该有的效果。起初我想到了《龟兔赛跑》，这个故事简单，学生容易表演，但随之而来的就是学生无法把动物的内心表现出来，那么就达不到预期的效果。怎么办？我又打开网络，希望能从中发现一两个适合的故事。可惜那些故事不是太短就是故事性不强，不好拿来表演。难道还没开始就要放弃吗？我不死心。干脆进入了老百晓的教材网页，一课一课地找，看能不能有所发现。突然《丑小鸭》跳入了我的眼帘，真是"踏破铁鞋无觅处，得来全不费工夫"。《丑小鸭》！多好的故事啊！不管是故事本身还是故事蕴含的意义，对孩子们来说都是最好的。

选定了故事，接下来就要写剧本了。考虑到新加坡孩子语言的能力，我把故事改编得更简单，把整个故事分成了四个场景：从夏季丑小鸭出世，秋天离家出走，冬天孤苦无依，最后到春天变成美丽的天鹅。

大致确定了剧本，跟着就要挑选演员了。因为对这些学生不了解，我干脆进行了一次"海选"。全班学生每人念几句台词，谁的语音准确，吐词清楚就进入第二轮挑选。进入第二轮的学生要边做动作边念台词，我再把动作协调性好、落落大方的挑出来。按照计划，我选出了八个学生。考虑到时间短促，我只有对他们进行速成训练了。首先我把整个故事给他们讲解了一遍，然后开始边念剧本，边分配角色。我每念一句台词就让被选中的学生跟着一起念，一听到声音适合的学生就把角色分给他，然后让他到一旁去练习，把台词记熟。就这样，不到三十分钟，每个人的角色都决定了。丑小鸭由记性最好的韵璇扮演，鸭妈妈由心悦扮演，蕙菡扮演小鸭子和小鸟两个角色，嘉怡扮演小鸭和养鸭的小姑娘，捷颖演小鸭，怡惠扮演农夫，大公鸡和猎狗则由两个男孩子扮演。放学时我把每个角色的台词分别交给他们，让他们回家后好好练习，并且记熟。

第二天，在下课前的十分钟，我让扮演《丑小鸭》的演员到前面来表演。这些昨天才被分配角色的同学可能没想到我这么快就让他们来表演，一个个苦着脸站到我面前。我知道这么做有点残酷，但是时间不等人，我要训练他们的舞台感觉就必须这样。我拿出剧本，开始念旁白，一念完，我马上提示："鸭妈妈、小鸭们准备。"我把心悦、韵璇、蕙菡、嘉怡和捷颖拉到中间的位置，让"小鸭们"像蛋一样趴在地上，然后让心悦蹲在她们后边，我一边指导她做动作——伸伸懒腰，一边念台词。接着小鸭子和丑小鸭出世，我都是边教动作边让他们念台词。很快，这个故事从头到尾"演"了一遍，严格来说是我教了一遍。第二次，我要求他们按刚才教的顺序演一遍，可能是精神高度集中吧，这些孩子竟然像模像样地演完了全剧。此时，我的心里才稍微松了口气。当天晚上这些孩子的功课就是边演边说。

好的戏剧离不开一个好的布景和音乐。我琢磨着短时间靠自己是没办法完成四个季节的布景了，必须动员家长的力量。在班上一号召："家长会画画的请举手。"呼啦啦，小手举起了一大片。看到有这么多绘画人才，我马上把画布景的人物布置下去，要求他们利用三天假期的时间画好，下周一带来我检查。

轻松地过完双休日来到学校，我满怀喜悦地走进教室准备去收画好的布景。没料到原本答应的学生倒有一半打了回票，据说是家长根本不会画。交上来的画中除了彦俊爷爷画的两幅画还能用，其余的全报废了。没办法，我只好求彦俊回去再请他爷爷帮忙画两幅，并且许诺给他记一个特别贡献奖，彦俊乐滋滋地答应了。

有了前车之鉴，背景音乐我再不敢假手于人了。我决定自己来制作。在国内遇到这样的困难，请个懂计算机的老师帮忙就行了，在这里人生地不熟，我也不好意思请别的老师帮忙。根据剧情，我想音乐应该有一定的变化。我先选择了大概四十多首轻音乐曲子，一首首地听，听到适合剧情的音乐就记下曲子的名称。第一遍听完后，我找到了四首比较适合的曲子。第二遍开始，我边听边记录时间，看每首曲子应截取几分钟恰当。曲子选定了，要把它们剪辑在一起，就不是我能力所及的事情了。我开始四处打听学校的老师，问谁会做这样的音乐剪辑。最后，在一位英文老师的指点下，我找到了学校的"电脑奇才"Smesrt。我请求他帮忙我完成最后的音乐合成，他爽快地答应了。会者不难，用他的苹果电脑，他只用了二十几分钟就大功告成了。此时，离比赛只有两天了。

接下来的两天，我只有利用学生上课前的时间，在礼堂前的走廊上抓紧时间排练，边排练边纠正。尤其是丑小鸭的角色，台词多，情感变化大，需要演员随时调整情绪。但是这些孩子常常会忘了这是在表演，边演边笑。此时我只有不断地用我的表演示范来强化学生对角色的体验。渐渐的，孩子们在表演时能进入角色了，衔接得也越来越好了。

终于到了要表演的时刻了。我比孩子们还要紧张，这毕竟是我的《丑小鸭》呀。随着音乐响起，"丑小鸭"出世——遭到大家的欺负——离家出走——"丑小鸭"变成了天鹅。掌声响起来了，孩子们用稚嫩的表演征服了台下的观众。走到台下，一位不认识的男孩走过来，一本正经地对我说："老师，你们的《丑小鸭》演得真好！"我朝他笑笑。不管结果如何，我的孩子们都是最棒的。

到了宣布结果的时候，我的心反而平静了。因为孩子们在舞台上的表现已经超出了我预期的结果。"第二名：《龟兔赛跑》。"不经意间，已经公布到第二名了。"今天的冠军，也就是第一名是——"主持人有意停顿了一下，"《丑小鸭》。""噢噢噢，耶！"伴随着学生的尖叫，掌声再次响起，这是所有观众发自内心的赞美。

我望着那些站在领奖台上的孩子，一阵暖流涌上心头：我的《丑小鸭》变成天鹅了！

7. 爱 + 期待 = 成功

宜昌市伍家岗区实验小学　乔　玲

有人说，爱自己的孩子很容易，因为那是天性。如果你能爱别人的孩子，你很无私；如果你能爱所有的孩子，你很伟大。作为老师，要无私地爱班上的几十个孩子更不容易。且不说孩子们各有各的脾性，单是调皮捣蛋的孩子就够让人头疼的了。更何况要一视同仁地爱他们呢？

无数优秀的教师用自己的先进事迹告诉我们：没有爱就没有教育。从一个怀揣梦想的天真少女到步入中年的母亲，我从年复一年的教育实践中深刻地体会到了其中的含义。

我不是圣人，觉得自己够不上伟大。但是我始终告诫自己：你做不到全心全意地爱他们，但是你可以做到不歧视每一个孩子，你能做到平等地对待每一个孩子，你还可以尽可能地做到爱护每一个孩子，努力帮助每一个孩子。寒来暑往，22 个春秋过去了，我在平凡的教育中努力践行着自己的信条，不知不觉中让我收获了学生沉甸甸的爱。

记得那是好几年前，一个寒冷的冬日傍晚，我在寒风中足足等了十来分钟才来了一辆六路车。拥挤的人群把我挟裹着推到了车门口。我费力地登上车，准备买车票。突然，站在司机边上的一个男生大声喊着："乔老师！"我抬头一看，是已经毕业的一个叫小亮的学生。我一边答应着，一边问："你怎么在这儿？"小亮一脸的笑容："我现在在学车，这是我朋友。"说着用手指了指司机。我把车钱准备丢进投币孔，小亮大声说："老师来了，怎么能收您的钱呢？"司机也说："算了，算了。"我觉得不好意思，还是坚持要投钱，小亮坚决地说："您就给我个面子，我今天也是第一次跟车。"说完还用他的招牌动作，两手合十，连连摇着："好不好？好吧？"我忍不住笑了："都成小伙子了，怎么还跟孩子一样？又没犯错误，干嘛这么求我啊？"小亮也笑了："习惯了。以前，我一犯错误就这么求您。"一路上，他主动告诉我，他准备到成都去上班，还热情地邀请我过年时到他家去玩。分别的时候，他挥着一双大手，大声地说着"再见"。看着车子远去的影子，我不由得想起了小亮读书时候的事。

那时候，他是全校闻名的"刺头"，再加上班上的几大"金刚"，没有老师愿意教他们，同学们都有些自暴自弃。我硬着头皮，接了他们班。短短的一年里，我利用一切时间和他们相处。上完语文课，我就坐在教室后边陪他们上其他的课，以便随时解决突然发生的矛盾。课下，我和他们谈心，一个个上门家访。直到融化孩子们心中的坚冰，让他们从心底里接纳我。同学们有了上进心，开始努力学习了，一个"大杂烩"班有了很强的凝聚力。而像小亮这样的孩子，我花的心思就更多了。别的老师讨厌他，我喜欢他。我发现他的力气大，在班上有号召力，就选他当体育委员。渐渐地，他懂得了自尊，学会了维护班级荣誉。一个"破罐子破摔"的孩子开始像模像样地读书了。终于，班上的每一个孩子都顺利毕业了。毕业典礼那天，我哭了。因为，我看到了自己的付出有了收获，同时看到了爱的萌芽。

　　时隔八九年，一个仅仅教过一年的孩子还如此看重我，尊重我，不正是我对这些特殊孩子付出的爱换来的吗？后来又陆续教了几届学生，无一例外的，学生记得的都是我已经淡忘的小事。平等、宽容、相信自己，这些挂在我嘴边的词给他们留下了深刻的印象。那些小事让他们懂得了在这个世界上，只要你愿意付出，就一定会有收获。

　　当然，一个班几十个学生中，每一个人的资质不同，总有几个学习很费劲。因此，每当老师面对这些孩子的学习时，都会犯一个常见的错误：拼命地督促他，努力使他跟上大家的步伐。最后结果是：老师每天为他的作业和成绩心烦意乱；孩子呢，每天在和老师的拉锯战中东躲西藏，老师和孩子相看两厌。诚然，在中国现有的教育制度下，没有好成绩不行。但是，好成绩并不意味着他将来就会有好的前途。尤其是回顾我们这一代人的成长经历时，更让我心生一个理念：与其强求十个指头一般长，不如让每个指头都长长一些。这意味着，在平时的教育中，要让每一个学生都有自己的目标，让他们每一天都能进步多一点。假以时日，无论是花，还是草，无论是乔木，还是灌木都会长大，他们都会绽放出自己的光彩。

　　只要你愿意相信，多花一点时间，每一朵花都会盛开，每一棵小树都能长大。不管是奇花异草还是参天大树，都有它的空间。因此，在教学中，我努力给每一个孩子成长的期待。无论是眼前的成绩还是指日可待的成功，我相信，只要给这个期待一个足够的时间，就一定能看到收获。

　　无独有偶，最近看到的三个已经毕业的学生更加坚定了我的信念。三个女孩都是同一个班的学生，来自高知家庭的小源现在澳大利亚留学；来自双职工家庭的小韵现在北京一所大学读书；来自普通工人家庭的小娇专科学校毕业了，现在在万达上班。三个背景完全不同的孩子，当年读书的时候成绩差异很大，刚好代表了三个层次。尤其是叫小娇的女孩，格外让人费心，完成作业都困难，更别提考试成绩了。无数次折腾后，她妈妈都已经抹着眼泪说，她不是读书的料，已经没指望了。我却始终坚信，她将来一定有属于自己的一片天空。为此，我一次又一次地陪着她写作业，有一点进步就夸奖她。成绩仍旧落后的她始终昂着头快快乐乐地行走在校园中。八年之后的今天，小娇站在我面前，显得那么大方、美丽，自信中有着无法漠视的骄傲。小娇娴熟地介绍着自己的工作，那一刻，我知道自己做对了。因为，暂时的落后不要紧，只要她对自己有一份期待，只要她相信自己，只要她在努力，终究有一天，她会绽放出属于自己的美丽。

　　如水的心事搁在浅笑里，笑望昨日的流沙，惬意的脸颊朝向未来的天空。春天过后，又是一个全新的开始。我的幸福，伴随着孩子们欢乐的笑语在阳光下的绿荫里。我想用自己的微笑，用一个季节的微笑，期待花开的声音！

8. 在讲桌的那边

襄阳市谷城县冷集镇小学　董正香

　　小浩，一张白皙的脸蛋，一对大大的眼睛，再加上瘦瘦高高的个子，蛮帅的，哪里像一个调皮捣蛋的孩子？可他令教他的老师束手无策，一提到他，老师们就头痛，老师也和家长沟通多次，但没有什么起色，小浩可谓是学校的"小明星"。无奈之下，家长申请转入我班，对于他的所作所为，我也有所耳闻。上幼儿园，遇到不顺心的事，他就卧地打滚，老师赶紧抱在怀里哄，然后依着他、顺着他。上一二年级时，上课爱做小动作，课下爱招惹同学，在老师眼里就是个坐不住的孩子。有时，他因受不了老师和同学的批评，坐在位子上赌气，甚至敢跑出教室。有几次小浩跑出教室，老师劝不回来，只好找他爸爸来"救驾"。总之他是隔三岔五地"折腾"。这样的一名学生要转入我班，我有点骑虎难下，但在家长的真诚恳求下，我只好硬着头皮答应，并把小浩安排在讲桌右边第一排。

　　早读铃声响了，我走进教室看学生的早读情况，只见孩子们正认真的读着书，教室是一片琅琅的读书声。瞧，小浩在干吗？他一点儿也没有初来乍到的拘束和紧张，手里拿着一卷亮胶布在捆绑两块橡皮，桌子上还放着几块备用的橡皮，正不紧不慢地忙着手中的“活儿”。我走进教室，他像没看见一样，不亦乐乎地忙着自己的“杰作”。当我站在他面前时，他视我如空气，继续自娱自乐。我静静地站在他的旁边，“欣赏”他的杰作——一支手枪完成了。接着，他拿出书装模作样地读着，但却是小和尚念经——有口无心。

早读结束后，他一溜烟地跑出教室，当我正在外面搜索他的身影时，发现他走下楼梯后兴冲冲地向商店跑去。他先从密集的人群中挤进去，然后又从商店里挤出来，边走边津津有味地吃着辣条，而且手里还拿着一袋玩具，看来商店是他心爱的场所。

第二节下课，是三十分钟的大课间活动，我让孩子们自由组合玩游戏。孩子们在操场上兴高采烈地玩着打沙包的游戏，他却一个人站在一旁发呆，没多久，他蹲下身子扯地上的枯草根，我想可能因为和同学不熟悉。谁知，他趁同学不注意，把草根塞进同学的脖子里面，撒在同学的头上。当同学生气说了他两句时，他气得坐在地上捶打草坪，接着又卧在草坪上生闷气。

因为小浩中途转入我班，对环境还不熟悉，所以老师们对他“特殊照顾”，一切都是以提醒为主。可是，他根本不买账，肆无忌惮地干着自己想做的事。

英语课上，罗老师正忙着教读单词，他紧闭嘴唇坐那儿发呆。罗老师提醒他认真听讲，结果，他索性双手平放，噘起小嘴坐那儿一动不动。他见老师拿他没辙，又忙拿起笔盒瞎掰起来。老师见他无所谓的样子，让他起来领读单词。一向处于英语低谷的他，哪里能接受这高难度的挑战？他一气之下奔出教室，一屁股坐到走廊上生闷气。

数学课上，丰老师正津津有味地讲计算时，小浩认为是“我的课堂我做主”，依旧掰弄着手中的小玩意儿，根本不把老师放在眼里。老师让他站着听讲，他却显出一副满不在乎的样子，想"你拿我没辙"。他趁老师走到教室后面巡视，又扭身惹同桌，老师知道后让他向同学道歉，他却鼓着腮帮子一言不发，结果站在位置那儿僵持了一节课。

又是一节语文课，我正在上课，他又掰弄起"玩具"——直尺、亮胶、橡皮等。为不影响其他孩子上课，我走到他面前，暗示他认真听讲。没想到刚坐好不几分钟，他竟然把身子扭到后面，拿起"玩具"向同学开战。面对这样的情况，我径直走到他面前说道："小浩，你不听讲不要紧，但不能影响其他的同学。"哪知，他站起来，把玩具往桌子上一摔，大声说道："我要玩，怎么呢？"说罢，他就像一匹脱缰的野马，竭力向外跑去。我赶紧跑上前把门关上，把他拉到座位上。许久，当他气消后，他又开始整自己的"玩具"。

几天来，回想小浩的种种行为，我暗暗"佩服"以前教他的老师们，想想他们是多么的不容易！几天的尝试结束了，顿时，我心里有一种说不出来的滋味，我该怎么办？我们就这样被他"打败"？不！我不能束手就擒，得另寻出路。

后来我仔细观察他发现：小浩极要面子，不管是在同学面前，还是在老师面前，他从不轻易低头认错；他还爱耍小性子，动不动就生气。他上课捣蛋——不是掰"玩具"，就是做小动作，要么就惹别人，那是因为自控力差；下课爱闹事——不是打这个一下，就是摸那个一下，原因是想引起老师和同学的关注。我渐渐明白他也是一个渴望得到爱的孩子，只是用错了方式。

我知道他爱运动，我就利用课余时间经常开展一些游戏。一开始，他比较任性，游戏输了便坐在地上赌气。他生气时，我不搭理他，以免制造矛盾。当他气消时，我再给他谈游戏的规则。随着摩擦在游戏中接二连三的发生，他慢慢知道，游戏不能一个人玩，便主动走近同学，在同学们的包容下，他和同学的关系友善了，他变得乖巧、懂事了。有时看见同学哭了，他还关切地问上一句："你怎么了？"

课堂上，我尽量给他创造机会，只要他举手，我就尽量喊他回答。有时他在发呆时，我也情不自禁地喊他回答，虽然多数是答非所问，但我也会送上鼓励的话语。有时他控制不住自己，不由自主又玩起来，我便做友善提醒：要么摸摸他的小脑袋，要么把他手中的玩具拿下放在一边，或者走到他跟前站几秒钟。在一次次的暗示和提醒中，他的行为有所收敛，有时他悄悄玩着玩具，看见我正盯着他，他不好意思地忙把玩具放下，脸上还露出一丝丝红晕来。

为丰富孩子们的课余生活，我班平时经常开展一些评星比赛活动，如跑步、画画、做操等等。在这些活动中，他都乐意参加。当孩子表现突出时，我就对他们进行奖励——画一颗红星。每次当他翘首评比栏时，看见自己又得一颗红星时，脸上的喜悦无以言表。有时，他还站在评比栏中用手指着数着自己的红星，算一算自己的名次。在期末评比时，小浩也站在了领奖台上，拿着"进步之星"的奖状。

转眼间一学期结束了，就在散学典礼那天，小浩哭了。爸爸问小浩："你哭什么？"他说："我舍不得董老师。"看着哭得那么伤心的小浩，我把他拉在面前，摸着他的头说："暑假只是我们短暂的分别，下学期只要是我教你，我还让你坐在离老师最近的那个位置，来我们拉钩！"瞬间，小浩的手和我的手紧紧地钩在一起。

现在想来，其实小浩蛮可爱的，只是受不了一点点的委屈，因为他毕竟是在蜜罐里长大的。面对倔强的顽童，即使他做了一些令人费解的事，也不能强硬对峙，避免师生两败俱伤，也许潜移默化的方式更能让他接受。作为教育者，只要不放弃自己的责任，把良好的习惯、正确的观点培植到孩子的心里去，让孩子在顺境中挫一挫，在逆境中扬一扬，孩子才不会被那股风刮倒，从而走得更踏实。

9. 回应，并不晚

大冶市第一中学　邹正明

暑假接近尾声的一个下午，我独自一人在办公室准备着即将到来的新学期的工作。

不经意间抬起头，我看到窗口晃动着一个熟悉的身影：小龙，我的一位刚刚毕业的学生。

我赶紧走出来，把他请了进来。

"祝贺你啊，小伙子！"我热情地说。小龙是一个复读生，今年的高考中，他以六百多分的成绩被一所名校录取。

他的脸上满是喜悦的表情，那是经过一番努力后收获幸福的喜悦。

可他的话依然很少，我问他到校有什么事，他涨红了脸，嗫嚅着。多么熟悉的场景啊！小龙性格很内向，常常把许多话憋在心里。尽管他在学习上很有实力，但情绪上的波动也使他成绩起伏不定，第一年高考的失利恐怕也与此有关吧！复读的这一年，我总寻思着"改造"他，当然尽量做到不动声色，比如给他安排一个性格开朗的同桌，在他的作业本上写上鼓励的话语，不时请他上讲台为同学们讲解解题思路……勤奋的他每天晚自习后总是最后一个离开教室，而一看到他关灯、锁门，我也赶紧从教室对面的办公室起身，这样，下班的我总会和他在楼梯口"巧遇"。回寝室的一段路上，我常常向他聊起自己的成长故事，时不时地也请他谈谈，其实他讲的并不多，可在皎洁的月光下，我分明觉察到他青春的眸子里飞扬的神采。在一篇题为"我们的心更近了"的考试作文里，小龙就深情地描摹了我们师生月夜谈心的故事，这样一个拙于口头表达的孩子，也有着一颗多么细腻、真挚的心啊！

正想着，几个同事进来找我有事，小龙跟我打了招呼便离开了。

一个多小时以后，等我走出办公室的时候，已是暮色四合时分。走在回家的路上，远远地，我看见一个熟悉的身影徘徊着，正是小龙。

"怎么还没走啊，小龙？"我一个箭步走上前，急切地问道。

"邹老师，给……给你……"他递给我一瓶"王老吉"。我没有拒绝他的好意，接过饮料，感觉到罐身不那么冰凉，想来他已买来多时了。在路灯下，他直视着我的眼睛，滔滔不绝起来："邹老师，这一年，遇到你真是我的幸运，非常感谢你……"

我的眼眶顿时湿润了，紧紧地、紧紧地握住他的手，感慨丛生。

初为人师的时候，总是迫切希望自己的一心付出能在学生那里立刻得到回应，否则就会心理失衡。在路上碰到的学生看见我，形同陌路甚至立马溜开，我的心好疼；拖着病弱的身体硬撑着上课，却看到一大群耷拉着脑袋的孩子，我的心好疼；大扫除时我亲自蹲在地上用抹布擦地板，而一旁的值日生袖手旁观，嘻嘻哈哈，我的心好疼；晚上 11 点到寝室制止吵闹的学生，却换来一句"神经病"的回应，我的心好疼……一度，我也像其他老师一样感慨：我把心肝掏出来给学生吃，他们却说这心肝是苦的。

有了十多年的班主任工作体验以后，我终于释然。"十年树木，百年树人"，教师的回报要在多年后才能见效，见效在当年的这些孩子们身上。而他们还只是孩子的时候，我们这些成人，不能也不必求全责备，不能嘲笑这些孩子的青涩、莽撞、唐突，要能够鼓励他们，能够包容他们，能够爱他们。成长是一个漫长的过程，对这些花儿来说，我们只需要悉心浇灌，静心等待，他们有朝一日就一定会在阳光下争奇斗艳。就像那个在路上有意绕开我的孩子，可能仅仅是性格腼腆，也可能课堂上的我过于威严。还有，我在"授业、解惑"的时候，并没有寓"传道"于潜移默化中。不同性格的人表达情感的方式也有所不同，学生和老师擦肩而过，或招呼"老师好"，或抿嘴一笑，或溜之大吉，都与品质无关。

魏书生说过，师生的心与心之间的呼应就像人们在群山之中得到回声一样，教师对着学生心灵的高山呼唤："我尊重你，我理解你，我关怀你……"学生便在心灵的深处回应："我尊重你，我理解你，我关怀你……"我相信，在育人过程里没有什么付出是徒劳的，尽管这回应有时我们不一定觉察得到，尽管这回应有时会来得有点晚。

10．他到底是个怎样的孩子

黄冈市蕲春实验中学　吕俊群

今天上晚自习时，我在教室里踱了一圈，感觉教室比以前干净了许多。仔细搜寻了一下，我才发现，是那个老大难的地方——存放扫帚和回收垃圾的地儿——变干净了！

以前，这个地方总让人感觉有些乱乱的。扫帚堆放得乱七八糟的，回收垃圾的袋子也歪歪斜斜地耷拉着，我强调了许多次，可还是收效甚微。可是，今天这一块，怎么变得这么清爽——扫帚堆着整整齐齐，回收垃圾的袋子放在了两张课桌的下面，而袋口却巧妙地张开了，挂在了两张桌子的挂钩上，水壶、水桶等都捡到了桌子的底下，一切都安排得恰到好处。明显是用了一番心思的。

这是怎么回事？一问，原来功臣是他——小涵！

惊喜之余，我不禁回想起有关这个孩子的一切……

开学初，班上有三个孩子在同一天丢了钱或丢了卡，还没等我调查，班上就有学生向我举报了，有人在小涵的口袋里发现了丢失的卡。然后，又有人证实，他的确存在作案时间。于是，我在班上暗示，这个学生就在我班，希望自己到我这儿来承认错误。后来，他来了，可是他只承认他捡到了卡，没承认他偷了东西。我让他回去再想想，然后再来跟我谈谈。遗憾的是，他没再来找我谈这事。我也只好暂时放下这事了。

没过多久，他居然与外班一个学生打架，我便抓住这个机会，新账老账一起算，把他爸爸叫到学校，直接把班上丢钱的事跟他爸爸说了。从他爸爸的表情上，我一点也没看出意外来。看来，这孩子有这毛病不是一次两次了。我没留情面，按规定，让他爸爸带回去反省三天。

结果，一反省完毕，他到校的第一件事，就是把偷的钱送给了我。也许，是他爸爸这样要求他做的。见他这样，我也没再追究，只是把钱还给了失主。然后，我在教室替他遮掩了一下，说钱是外班的同学拿的，那个同学已经知道错了，主动把钱送回来了，请同学们不必再想这件事了。毕竟，我也不想因为这个错误，而让他永远地抬不起头来。

为了感化他，我特意安排他到学生会当干部，让他在管理别人的同时，学会自我管理。

到了学生会，他工作的确非常负责，也敢抓敢管。有一次，我们班几个同学插队，他非常气愤，严厉地指责了他们。对此，我在教室里也充分地肯定了他的做法，并对那几个同学进行了批评教育。这件事，让他变得更加地自信了。我也挺为他高兴的。

可是，好景不长。也许是自我感觉太好了，他又开始放松对自己的要求了！一是，好冲动，容易与人产生矛盾；二是，好玩闹，上课下课总喜欢搞些小恶作剧，影响他人；三是，爱抢食，抢小个子同学或女同学的好吃的东西，或是直接抢过去吃了，或是直接拿去吃了，让一些同学意见很大。

这些，让我感觉到，对这个家伙不能太过友好，必须找个机会拿捏住他，时不时地敲打敲打。

机会终于来了！那一次，他与班上一个同学又发生肢体冲突，好在那个同学一直没还手。于是，我就把叫来，从政教处拿来一份协议，内容是"如果再发生打架事件，自动离开班级"。让他签上字，并带回家让他爸爸也签上字，然后我就把那张纸存放在我这儿了。

自那以后，小涵明显收敛了许多，再也没与其他人发生过肢体冲突了。看来，他已经学会控制自己的行为了！

不过，就在上个星期，我班又有一个学生掉钱了。而且，还是在教室里面掉的。当时，一起交钱的人很多，那个学生也站在旁边等着交钱。可是，轮到她交钱的时候，口袋里的钱已经不翼而飞了。说实话，我第一个怀疑的，就是小涵！因为，他当时也在交钱的人里面。可是，没有证据的事，是不能乱说的。虽然，我采取了万玮老师的办法，让学生拿着一个本子，一个接一个地走出教室，然后进来时把本子放在讲台上。我是希望那个偷钱的同学把钱自己夹在本子里，自己还回来，然而，很遗憾，没有人还！

我很失望，进一步猜测可能就是他。因为上次偷钱后，他的表现也很强硬。可是，我没有证据怎么办？

一计不成，我又生一计，发动学生进行检举。同时，我说，希望那些发现情况的同学，在今天之内，到我办公室跟我反映情况；而那个拿钱的同学，也可以在今天之内，自己到我那儿把钱偷偷还上，如果那样，我将继续给他机会。

然而，很遗憾！没有人来举报，也没有人来认错。案子陷入死胡同了。没办法，只好让那个被偷的同学，自认倒霉了！

只不过，我的心里，对这个小涵的印象，又开始蒙上阴影。

万万没想到的是，今天，他居然主动为班集体做了这件好事！一个热爱班集体的孩子，绝对是一个好孩子！这下，我真的弄不

· 211 ·

明白了——他到底是个怎样的孩子呢？

人之初，性本善。可也有人说，人之初，性本恶。他到底是个善良的孩子，还是个邪恶的孩子呢？或许，他既有阳光的一面，也有阴暗的一面，关键是看我们怎么去调动了吧！

想到这儿，我步态轻盈地走到小涵的身边，摸了摸他的头，然后把他的双肩拥了拥，说："真棒！让老师抱抱！""抱抱"，可是我给班上孩子的最高奖赏！

小涵，希望老师这小小的"善"，能无限扩展你胸中的大"善"！

11. 让温暖的春风扑进来

襄阳市樊城区前进路小学　郑若君

又是离校一周返校时。

春日明媚的晨光洒满校园，我快步走进学校大门，满怀期待走向教学楼。

"啊！郑老师——！"

我定睛一看，不远处负责清洁区卫生的和风组成员星语小同学一边叫着一边笑着跳起来！另几个娃娃也停下手里的劳动，又笑又跳地喊着我。看到他们一脸兴奋的样子，我笑了起来："哇，你们好吗？好久不见了，郑老师很想念你们哦！"说着，我就张开双臂弯下身子——性格最开朗的星语迎着我的怀抱扑过来，大声喊着："我们也很想你啊！"接着，我又拥抱了庆怡、康宁，腼腆的子鸣和文博也有些不好意思地和我拥抱，嘴角已经忍不住地翘起来了。

"孩子们，"我笑着朝他们挥挥手，"加油哦！速度快点！我在教室里等你们哦！"这群小麻雀连忙笑嘻嘻地继续"工作"。

上了楼梯，一位同事看到我，关切地询问了两句。我回答后，就转身走近楼梯拐角旁的教室。教室后门开着，值日班长正组织同学们读书。呵呵，这几个小家伙，我临行前的特意嘱托还是蛮起作用的嘛。我故意把自己的身体藏在门后,只探出半个身子,笑盈盈地看着孩子们。

两三个孩子一抬眼看到了我,立马惊喜地喊起来:"郑老师!""郑老师回来啦!"教室里一下子热闹起来了,孩子们笑着、叫着、跳着、喊着,距离远点儿的就蹦着冲我挥着手臂,还有几个已经跑过来抱着我仰着脸笑,有的孩子反应慢点儿,早已经被旁边的孩子拍了几下手臂。坐在后门口的亚宁同学,坐在那里转过半个身子看我,眉梢眼里全是笑意,嘴巴还偏偏要说:"哼,我刚刚已经知道郑老师回来了,我都听到她和别的老师说话的声音了。我是第一个知道的!"呵呵,这个小家伙的性格呀,总是喜欢自己能表现得有点与众不同。

我还是歪着脑袋,把一个一个娃娃的脸看进心坎儿里去。然后笑着说:"孩子们,你们赶紧准备准备,一会儿上课了就把这一个星期里发生的好事情、好消息都告诉我,好不好?"

"好——!"

上课铃响了。我故意大摇大摆地走上讲台,然后"咳咳"清了清嗓子:"孩子们,这一个星期没有见到你们啊,可把我想坏了。我每天都在想啊,咱们班上的小向日葵们每天是怎么过的呢?现在你们就向我汇报汇报吧!"

快嘴志远马上大声喊:"郑老师,瑞麟和小杰又打架——"

"嘘——!"我马上冲着他竖起了食指,"我想听让大家都很开心的事情,能给咱们带来快乐的事情。请大家不要说不好的事情,记住哦!"

我的话音刚落,其他同学早就忍不住了,纷纷举手——

书航站起来大声说:"这一个星期,一鸣同学有进步,他上课的时候能举手回答问题了,不是想回答问题站起来就说了。下课的时候，他和大家一起玩，没有抢别人的东西，也没有和别人打架。"

我睁大了眼睛看着一鸣，难以置信地问："天啊，一鸣同学的表现真的这么棒？"一些同学马上附和道："是真的。"一鸣坐在那里，歪斜着自己的小脑袋，大大的眼睛眨巴眨巴，故意看着我，眼睛里已经满是期待。

我点点头："哇，这个消息真是太令我惊喜了！真没想到呢！"女生琪然也站起来开始表扬一鸣了："上周我带了蚕宝宝来，一鸣下课看到后想要，就找我买蚕，而不是抢蚕，我觉得他进步了。"我再次睁大眼睛："是吗？我们的一鸣同学已经这么善于和同学相处，言行这么文明有礼啦？"

"嗯，嗯，嗯……"孩子们的小脑袋已经点得像小鸡啄米似的了。呵呵，这些纯真的孩子啊，全然不记得一鸣之前是怎么欺负他们的了，生怕我不相信似的，都可着劲儿地替一鸣做"良民"证明呢。

我微笑着走向已有得意之色的一鸣，一边伸出双臂把他抱紧，一边说："亲爱的一鸣，我听到这样的消息，真得太为你感到高兴了！你在努力让自己做得更好，你的朋友越来越多，真棒！"或许是因为之前他的表现，我有段时间没有和他拥抱了，他投进我的怀抱时，虽然笑着，却有点不自然。我忽然内疚起来，这个孩子，同样需要得到大家的认可啊，他不过就是需要放大、再放大他的优点，得到大家的肯定，为什么我之前因为他的不良表现就那么吝啬对他的鼓励呢？

接下来，又有许多孩子开始夸赞：

文梦：上周五我们大扫除的时候，小杰同学为班级做了贡献，罗老师让他擦窗台，他就把窗台擦得干干净净的。他看到植物之间位置比较挤，还把它们调整了位置。

小峰：我们全班到另一栋楼去上电脑课，昊玥、佳颖还有思琪同学看到教室里比较脏，就主动留下来打扫卫生，等打扫完了才去上课。

啸啸：上周轮到我们组打扫教室卫生，我每天放学就不能带路队了。炫炫就每天热心地帮助我，承担了这份职责。而且，他非常认真，还有威严，上周我们班的路队站得非常整齐。

嘉晔：亚宁这一星期的家庭作业都按时完成了。虽然字写得不太好，但是能按时完成作业也是进步。

文静：这一周，每天下课后我和兰兰、卓妍都会一起提前完成语文家庭作业，到了晚上回家，就有时间看课外书了。

想想：上周我们全班在音乐课上表现得好一些。以前大家上音乐课总会说小话，总是惹郭老师发脾气。而上一次，我们表现得好，郭老师也没有生气，我们音乐课上得很快乐。

一鸣：昨天我们站路队去上电脑课，大家都站得很好，还得到孙老师的表扬呢！

冰泽：我这一周上课听讲比较认真，每天都主动举手发言了，也有进步！

……

我一直微笑着，专注地听着，不时地发出由衷的称赞："哇，你能为集体做力所能及的事情，我们真的很喜欢你！""你太棒了，你的付出我们大家都看到了，我们能和你在一起，真得太好了！""你们太棒了，继续努力，每一位老师都会喜欢给我们上课，都会特别喜欢咱们向日葵班的！"……我送给得到称赞的每位孩子一个大大的拥抱，有的小脸蛋上还被我印上一个甜甜的吻，当然，那时候的教室里会响起一片甜蜜的笑声。

过了好一会儿，教室里渐渐安静了一些。俏皮的春风悄悄地跑进来，撩动了几个小女生额角的发丝。

已经走到教室后面的我继续问："还有谁，想和我说些什么吗？"

一只小手举了起来。哦？是坐在前排位置的女生蕊宁。我笑着看她，点点头，示意她可以说了。

她面对着我站起来，眼睛深深地看着我的眼睛，细细的声音清楚地传了过来："郑老师，这一个星期您不在学校，我好想你呀！您能让我抱抱您吗？"

一刹那，一朵不知名的花儿"噗"地一下开了，把我的心装满了。那朵花儿是那么美丽动人，那么清香扑鼻。蕊宁，一个性格极其内敛的小女生，一个上学期还只是在课堂上偶尔举手回答问题的小女生，一个现在主动和我打招呼还会羞涩一笑跑开的小女生，今天，今天居然当着全班同学的面向我袒露自己的情感，向我"索抱"！

我惊喜着，难以抑制地激动着，连忙走过去弯腰把这个可爱的孩子紧紧地拥在怀里！

"蕊宁，谢谢你，我也很想你，我非常喜欢拥抱你！"说着，我索性站直身子把她抱了起来，她的小腿在半空中晃了两下，全班又爆发出甜蜜的笑声。这是多么幸福的一抱，这是多么动听的笑声！

有时候，不是孩子们没有激情，而是老师没有用激情唤醒激情；有时候，不是孩子们不会爱，而是老师要用自己真心的爱点燃孩子们的爱；有时候，不是班级里正面的能量太少，而是老师没有用爱的眼睛去发现，没有用爱的心灵让它们发酵，让它们膨胀，让它们在春风的温暖中像蜜一样甘甜，令人沉醉！

第五辑

有一种疼痛叫成长

1. 花儿绽放需要土壤的供养

恩施土家族苗族自治州巴东县沿渡河初级中学 张 宏

　　每一朵花蕾总是渴望绽放，可是由于外界的原因，不是每朵花都可以开放，我们为之叹息；也有的花蕾在园丁的精心呵护下终究没有怒放，我们为之深思。

　　8 月 31 日，我静静地坐在办公室等待着新生来报到，趁还没有学生来报到，我拿着分班名册又重新查看了一遍：本班一共 62 人，男生 32 人，第一名是陈佳……名册最后一名是小康，只有姓名及基本信息，没有考试分数。这样的学生多数是小学就已经辍学了的，只是保留学籍，小康也应该是这样的，我这样想着。

　　陆陆续续有学生来报到了，上午一共有 42 人报到，他们清脆地叫着"老师"，我给他们一些鼓励和要求，一切是那么的有序和美好。看着他们一个个活泼的身影，送走九年级学生时的惆怅渐渐被溶蚀了。下午的报名又开始了，一个留着平头、瘦瘦的男同学来报到了。一进办公室的门，他就响亮地叫了声："老师好！""嗯，你好，请坐！"我亲切地对他说。坐下后，他边从袋子里拿作业册，边对我说："老师，我叫小康……"小康？！我差点叫出来，没有成绩的同学居然来了，真是奇怪。"小康同学，欢迎加入我们七四团队，我想知道你怎么没有小学考试成绩呢？"没有回避，我直接地问了他。"我在广州读小学一、二年级后，转回来读了三年级，后来四、五、六年级又转到广州读的。放暑假的时候，老师说要给我把成绩单寄过来的，可是一整个暑假，我都没有收到。"看样子他没有说谎。"没事的，在新的团队里，和大家一起努力，锻造优秀的自己，你会做到的，老师相信你！""老师，我会的。"小康毫不拘束地说道。第一次沟通还算满意，尤其是他的大方和礼貌。下午报名结束了，我们班一个不少地都来报到了。报名结束后，在和几个老师闲聊时，其中一个老师说：小康不得了，由爷爷奶奶带大，父母比较溺爱，在本地读三年级就把整个班级搞得鸡犬不宁。那位老师的话给我心里投下了一个阴影。

开学了，自我介绍、民主选举班委会成员、确定班级奋斗目标、民主制定班级公约……一切都在按既定的程序有序地进行着。在这些活动中，小康很积极，并且还时不时地给班长一些建议。"嗯，还不错，只要适当引导，他应该不会出乱子的。"我心想。

开学两周了，一切都很平静，没有任何同学和科任老师报告小康有不良习气。没有传说中的那么厉害嘛，也许被我们的班规镇住了，我在暗自得意。

时间总在静静地流淌，正当我在暗自得意的时候，第四周的周三早上，寝室室长向我报告了一件事：小康把手机带到了学校，并且星期二晚上玩至十一点五十分才睡觉。这还了得？学校规定学生不能把手机带入学校，以免有的同学沉溺其中而影响学习。我们班上还专门为这件事召开了主题班会，全班同学承诺不将手机带入学校，并一致表决通过，如果谁将手机带入学校，将叫家长到学校解决此事。我没收了小康的手机，并将他的父亲叫到了学校，到办公室后，我向他父亲告知了他近几周在学校的表现，对他的进步进行了肯定，最后我说了他将手机带入学校并在晚上玩手机一事。说完之后，他父亲没有任何惊讶和不满，一切都很平静。面对这样的情形，我感到比较意外，在通常情况下，家长对孩子的这些行为是不能容忍的。我对站在一边的小康说："你说说为什么要把手机带入学校吧。"当小康正准备回答时，他父亲说话了："张老师，手机是我让他带入学校的，他昨天有些不舒服，我让他背着老师和同学给我打电话。"天啦！怎么会遇见这样的家长？此时我真不想多说一句话。"在校期间打电话可以借用我的，小康你也一样的。"我尽可能用平和的语气说。此前我多次在班上强调，和家长通话可以随时借用我的电话，我也从没有拒绝过任何同学。他父亲最后要求拿回手机，并承诺以后绝不会让他把手机带入学校。这件事在不愉快的沟通中总算解决了，但后来至九年级他还是多次带了手机到学校。

渐渐地，小康变得活跃了，上课有老师报告他睡觉，课代表报告他不交作业。难道又会回到他曾经的道路上去吗？这个疑问自从手机事件后一直存在我心中。第五周学校征订的校服到了，学校要求每周一升旗仪式的时候都要穿校服，我们班上也作了相关要求。第六周有 3 个同学没有穿校服，其中就包括小康。学校点名批评了我们班级，当时我很恼火。升旗仪式结束后，我在班上就不按要求穿校服怎么处理征求意见，小康可能是良心发现，第一个举手说：以后不按规定穿校服出现一次写 500 字的检讨。他的提议在全班获得了通过，并将这个写进了班级公约。此后一周的周一全班都穿校服了，我心想小康还真为班级做了一件好事。可第八周升旗仪式的时候有 2 个同学没穿校服，其中一个是因为校服洗了没晾干，另一个还是小康，他说忘记穿了。按规定他们都要写检讨，另一名按时交了检讨书，而小康到时间了还没有上交，于是我让他下课后在教室补写检讨，检讨这才如规上交了。第二天，他的父亲来到学校，找到我后，很生气地说："张老师，你让小康下课写检讨书，下课了不休息怎么行？这样会影响上课的。就为不穿校服这点小事，还值得写那么多的检讨？对于你的教育方式我很有意见。"他明显是来找茬了，有了上次的不愉快经历，我平和地对他说："这样处理是小康提议的，也是他自己认可了的。"我不想和他理论，只是告知相关的情况，和他理论等于自取其辱。最后他怏怏地走了。我真不明白，怎么就会遇见这样的家长。

小康就在时好时坏中度过了七年级上学期。下学期开学后，小康依然同上学期的状况一样，时好时坏。通过关注，我觉得他很有表现欲望，希望自己得到肯定，就是管不住自己。为了让他能和班上其他同学一样勇于追求进步，管住自己，我决定帮他发现自己的优点和进步。我去文具店给他买了一个很漂亮的笔记本，把笔记本交给他时，我对他说："你身上有很多优点，你每天在不断地进步着。就用这个笔记本记下你每天的进步吧，你把你每天自己认为做得很好的事情记下来，晚自习后放在我办公桌上让我一起分享吧。"接过笔记本时，他的眼睛一亮。后来几天的时间里，晚自习后那个笔记本就会及时地出现在我的办公桌上，上面记录着他的进步，虽然有时只有一句话，我每天都会在上面给他一些鼓励或者写上一句名言。那一周，好几个科任老师表扬小康了，这招还真见效了，我心想。第二周，这个笔记本在我办公桌上出现了 3 次，第三周出现了 1 次，第四周，我主动地去询问也没音讯了。科任老师说他上课又睡觉了，还吃东西了，课代表说他又不交作业了。后来我在征得小康同意后，专门指定班上 5 名品学兼优的同学监督他，三周后，那 5 名同学都纷纷辞职了。

我们班上每周都要评选一名班级"最佳同学"和一名"进步之星"，评上的同学，我都会给他们的家长发短信告知并予以鼓励。

七年级下学期要结束时，小康被评上了"进步之星"，我同样给他的父亲发短信告诉这一情况。后来他父亲给我回了条短信："张老师，小康的学习并没有什么进步，建议以后班上少搞这些形式主义。"读着这条信息，我感觉比吃了苍蝇还难受！

后来，小康八年级复制着七年级，九年级重复着八年级的所作所为。现在，初中快结束了，他依然坐在教室后排！

每每想起小康，我的心里就有无限的悲哀和无奈，正如潘美辰的歌曲所唱："我曾用心地爱着你，为何不见你对我用真情！"教育的能量在小康的身上显得是那么的弱小，他也曾向往进步，我也曾倾心付出，细心浇灌，可是他的家长是那么的排斥教育，是那么的自负，我们的努力都付之东流。教师、学生、家长三方的力量如果予以配合，教育的力量是强大的，也是稳固的，可是如果有一方缺失，另外两方付出再多的努力结果也只能是倾覆。

如果将学生比作花朵，老师比作园丁，诚然花朵需要园丁细心浇灌，但花朵更需要一片肥沃的土壤，家长及监护人就好比这一片土壤，如果土壤太平瘠，也会影响花朵绽放。

2. 意想不到的收获

武汉市黄陂区前川第五小学　熊佩玲

去年九月，一名叫小宇的男生转学到我刚接手的四（6）班中。他的父母毫不掩饰地告诉了我他转学的原因：因为他有心理问题，一切都会以自我为中心，和别的孩子经常发生矛盾，还有好几次发生了流血事件，最后甚至对老师大打出手……三年级下学期有半学期就呆在家中没有上学。

知道了小宇的这些情况后，我感到压力很大，想要让这样一个孩子有所改变多难呀！但内心中总会有个声音告诉我：无论有多难，我一定要尽自己最大的努力来帮助孩子！和他"斗智斗勇"快一年了，他总算是有了些小改变，但他还是班级中那个让老师最不省心、让学生最不愿意靠近的孩子。

就在我正在苦苦思索下一步该怎么"改造"小宇时，孩子们期盼已久的校园田径运动会就要召开了。于是我就在班级中选运动员。当我问到男生中谁愿意参加八百米长跑时，没想到小宇自告奋勇地说他要参加，还很自豪地告诉大家他以前是校园田径队的，参加过训练，还得过名次。我心里窃喜：这太好了，终于让我找到了个让他在大家面前找回自信的机会了，说不定通过比赛中的获胜，再加上我进一步的鼓励，这就是一个让他彻底改变的绝好机会呢……真是越想就越让我感到开心无比呀！

运动会总算是如期而至。激动人心的四年级男子八百米终于拉开了序幕。只见跑道上运动员们个个精神抖擞，跃跃欲试。看着小宇自信满满地站在起跑线上，听着别的孩子给他的加油呐喊声，我瞬间觉得他此时此刻多么的"高大帅"啊！让他参加比赛绝对是个英明的决定。

"砰！"一声枪响，运动们像离弦的箭一样冲出去，如同脱缰的小马争先恐后地追逐着。跑第一圈的时候，小宇处于第二名的位置。同学们在操场上拼命地齐声呐喊，给他加油，个个喊得面红耳赤；他也争先恐后地跑着。第二圈的时候，小宇落到了中间的位置了。我们班的小伙伴们着急了，场上的气氛更热烈了。我也替小宇捏了一把汗，但我又想到：他是训练过的老手，应该是在保存自己的实力，到第三圈时往前追几个，到最后一圈时再冲刺吧。可到了第三圈时，他的速度渐渐慢了下来，脸上的表情有些痛苦。我心里更担心了。跑到最后一圈的时候，他的表情更加痛苦了，速度也更慢了。孩子们的呐喊声越来越小，眼看着他极其痛苦地倒数第二个跑到终点。孩子们的呐喊加油声顿时变成了失望叹气声。

呀！这可如何是好啊！为什么要让他去参加比赛啊？没有名次事小，让小宇在自认为的"优势"上遭受这么大的打击事大。如果孩子们再讥笑、嘲讽一下，他……我还在不断懊悔和自责时，两个孩子扶着小宇向我们班走了过来。小宇一看见我，就像孩子见了娘，无事都会哭三场一样，低着头，眼泪止不住地往下流。平日里的"混世魔王""笑看别人哭的硬心肠"如今落到这般田地，还真让我不习惯啊！孩子毕竟就是孩子啊，我清楚地感觉到自己是心痛了。一把将他搂到怀中，他的情绪更激动，哭泣声也更大了。此时，我什么也没有说，就那样将他搂着。孩子们也围在我们的四周，细心的瑶瑶递过来了纸巾，让我给他擦眼泪。过了好一会，他慢慢地平静下来，但还在抽噎着。"小人精"琪琪过来说："哭什么啊？你太牛了，八百米都跑完了。我们很多人都跑不了八百米的，有的连四百米都跑不下来呢！"听她这么一说，旁边很多孩子都过来你一言我一语地说了起来："没事，我们知道你已经尽力了！""你又不是最后一个。""前面几个同学是校队的，总在训练，要跑赢他们是非常难的，我们真的都不怪你！"……不知是不是大家安慰的缘故，小宇渐渐停止了抽噎。就连小宇平日里的"死对头"小正，也跑过来拉着小宇的手邀请他去玩拍卡片。我这时也忘记了孩子们要遵守的运动会的纪律，默许了这场拍卡片游戏。这场游戏似乎让小宇慢慢忘却了伤痛，沉浸到游戏的欢乐中了。这场游戏拍出了孩子们对小宇的接纳，拍出了孩子们那一颗颗友善的心，拍出了四（6）这个大集体的温暖，拍开了小宇的心门，拍走了藏在他内心的妖魔……

　　事后我问小宇："你以前在运动场上是佼佼者，这次为什么会失败呢？"他说："以前我总在训练，现在有一年都没有坚持训练了，所以就退步了。"真让人感到欣慰啊！原来孩子还是在正视自己的失败，更在反思自己！我微笑着竖起大拇指对他说："懂得思考在自己身上找原因了，有很大的进步啊！做任何事情想要成功都贵在坚持。人生恰恰像马拉松赛跑一样，只有坚持到最后的人，才能称为胜利者。"他似乎听懂了我的话，也微笑着点头……我们如同朋友、如同母子一样进行了一次认识以来的最轻松的一次长谈。

　　感谢运动场上那意外的失败，让我们有了意想不到的收获！

3. 红与黑

黄冈市蕲春县实验中学 吕俊群

初春的阳光，匀匀地铺撒在校园里，清亮而温润。操场边，那一排香樟树，在柔和的春风中，细叶婆娑，似在快乐地絮语。树下花坛的小草，也随风摇曳，蓬勃生姿。

午后，校园里静静的，孩子们都在教室里自习。我却懒懒的，提不起什么精神，只是呆坐在窗前，漫无目的地看着窗外，看着那枣红的跑道，看着那油绿的香樟，不由得陷入了沉思……

上午放学，我目不斜视地匆匆向校门走去。不料，却听到一个迟疑的声音："吕老师……"定睛一看，原来是他——小逸的爸爸，一个老实的中年人。

还真巧，我正打算下午联系他，他倒自己找来了！正好利用这个时间，将我对小逸的处理意见跟他说一声，免得他没有思想准备。要知道，这可是小逸呆在我班的最后一天了！

寒暄几句后，我便迅速切入正题："鉴于小逸转学以来的这一个月的表现，我觉得我确实已经对他无能为力了！建议您为他转班或转学。"

不知是被太阳晒红了脸，还是被我的话急红了脸。这个不善言辞的中年人，满脸通红，不停地用手挠着后脑勺，嘴唇颤动着，半晌没说出一句话。

看着他那副为难的样子，我便宽慰了一句："我这个班太紧了，你将他换到一个环境宽松一点的班，也许更适合他的个性。"

"小逸，小逸说了……"他终于嗫嚅着开了口，"他说如果离开这个班，他不想再读书了。"说完后，他重重地叹了一口气。

"啊，那怎么行！"我不由愣了愣，心里暗想，"他还这么小，不读书能干什么！"

"这附近还有其他中学，你可以去试试的。"我又提了个建议。

"他已经转过一次学，再转，哪个学校会要……"

"这……"我沉默了，他的担心也不无道理。

可问题的关键是，小逸这孩子根本就不懂得珍惜！这学期，他爸爸是托了各种关系、签了试读协议才转进我班的。可他到班后，作业是爱做不做，天天都上黑名单；上学是爱来不来，三天打鱼，两天晒网；更有甚者，他居然在外班学生的诱惑下偷偷吸烟！对他，我是好话歹话都说了，软的硬的都用了，然而，一个月下来，还是"外甥提灯笼"——照旧！

现在，试读期限就在眼前了！我还是赶紧把他"请"走吧！否则，长此下去，我真担心他会影响我们这个优秀的班集体！

本来我已拿定了主意，可听他爸爸这么一说，我又有些犹豫了：如果因为我的拒绝，让他真的从此辍学，那我岂不成了千古罪人？也许，我需要重新考虑一下决定了！

不过，就算我要留下他，也得找个好理由啊！因为早在本周一，我就给小逸下了最后通牒，并在班上宣布了这一消息。现在得怎么改口呢？容我想想，容我想想吧！

"不好意思，我还没吃饭，先回家了。再见！"一时之间，我也无法跟小逸爸爸细谈，匆匆告别了事。

午饭后，进教室踱了一圈，见小逸正老老实实地坐在位子上，静静地做着他的作业。我心里不由得有些发酸。这个熊孩子，自从我下了最后通牒，他便一直这模样，一副听天由命、任人宰割的样子！

回到办公室，我心事重重地坐了下来，双眼无意识地望向窗外，斟酌着，推敲着……

怎么办？是留下他，还是让他走？让他走可他能去哪儿呢？他的人生会不会因为这次辍学而完全沦落了呢？留下他，那么吸烟、不做作业、无故旷课等表现，将会对我们这个班集体产生怎样的影响？我们班集体实在是太优秀了，我怎么舍得让集体面临这样的考验？

窗外，春日的阳光，是那么温柔敦厚，它慷慨地献上自己的温暖与爱，给大地，给小草，给绿树，给一切行走在它下面的人们……

我不是常常自诩是一个富有爱心的人吗？为什么我能将爱的阳光撒给那四十七个孩子，却不能撒给小逸呢？

我很清楚，那是因为，四十七个孩子都能让我感受到爱的温暖——这也是我带班以来最大的骄傲和幸福；但是，小逸却始终很冷，很冷……这就样，我的那颗原本温暖的心，慢慢地也冷了。面对他那颗捂不热的心，我已经失去热情、失去耐心了，我对他已经无能无力、无计可施了！与其说我选择了放弃，不如说我选择了投降！

难道就这样放手？想想吧，你可是"卓越班"的班主任！一个小男生，就把你给难住了？真是没出息！干脆，将小逸当作自己的教育实践的一种挑战吧！

拨了拨额前的发丝，我长长地吐了一口气，开始慢慢谋划起来：如果真的留下他，我须得如此，这般……

夕阳已慢慢地躲进了香樟树的碎叶里，而我，也要开始上我的语文晚自习了！

推开门，我神色平静地走上讲台，看着我的学生们，语气平静地说："今晚，咱们来开一个小小班会，主题是'小逸的去与留'。以前，这种事由我说了算，这次，我想听听大家的意见。一句话，小逸的去与留，大家说了算！"

话音还没落，班上就响了此起彼伏的"留下""留下"的声音！呵呵！果然不出我所料，我就知道会这样，这些小可爱们！

我将手一挥，脸色开始暗下来，语气也开始冷起来："留下？留下得有留下的理由！"

全班立刻安静了下来。

"下面，我来说说小逸这一个月来的表现。看一看，这一个月，他到底为我们这个班集体带来了什么？"语气依然斩钉截铁、毫不留情！

然后，我就黑着一张脸，开始历数他的种种劣迹：不完成作业，无故不上课，偷偷吸烟……在这个过程中，我也不忘把自己对他的一番苦心渲染一下……

最后，我冷冷地说："小逸在这一个月，唯一为我们班作出的贡献，就是帮我们挂好了那副窗帘！"全班寂静无声，孩子们全都面色凝重。

稍稍停顿了一下，我接着说："可以说，对我们这个班集体，小逸的贡献是微乎其微。那么，同学们为什么要留下他呢？好吧！既然想留他，那就说说留他的理由！"

差不多了！好戏马上就要开场了！我这个"黑脸"唱完了，该那些"红脸"登场了！我稳稳地坐下，抿了口茶，静等好戏开锣！

"老师，"小峰第一个举手，"小逸刚来的时候，我没怎么跟他接触；后来，慢慢接触之后，我觉得他是一个很意思的人，他经常给我讲一些笑话，让我很开心。"

"是吗？"我不置可否。

"我觉得小逸是一个宽容的人，平时他作业没做，我们催他时语气不太友好，可他从不跟我们急。"小组组长子彬这样说。

"嗯，这一点我也发现了！大家平时总踩他的椅子做'兴趣园'的题，他总是站在一边，不言不语的。"和他坐在一起的小绎连忙补充。

"在布置教室的时候，那些条幅不好贴，老是掉下来，小逸贴了一次又一次。"宣传委员小茜牢牢地记着这事。

"小逸很善良，上次我卡上没钱了，我向他借，他二话没说，就借给我了。"小女生小菁说。还有这事？为人还不错。

"小逸其实在学习上很努力的，上次我给他讲了一道题，他说他只是过程不太清楚，我把过程给他讲了一下，他便很快做出来了！"学习委员小奇说。看来，小逸在学习上还是有潜力的。

"小逸很遵守纪律，在中午坐班的时候，总有同学讲小话，可他从来都是安安静静地做作业。"值日生小桢这样说。这倒是事实。

"小逸虽然在我们这个班一个月了，但我们这个班实在太优秀了，他可能有些自卑，因此，他并没有真正地融入到这个班集体来。"副班长小馨看问题，的确有深度。

"小逸其实很孤单，因为我们没有几个人真正地走近他，去关心他，让他有温暖的感觉……"班长小懿可能说到问题的关键了！

"小逸……"

……

听着一句句真实而充满善意的话语，看着一只只举起的小手，不知何时，我的内心涌起了幸福的巨浪：眼前的这些孩子，是多么真诚、善良、可爱！作为他们的老师，我是多么幸福、快乐、满足！

而小逸，在聆听了同学们的心声后，你的心会不会从此温暖起来？我相信，这缕缕爱的阳光，一定能照进你的心田，驱走阴冷荒芜，带来满目生机……

"叮铃铃……"下课的铃声已经响起，我笑着说："看来大家的理由还蛮多的嘛！行了，现在就看小逸表态了！"

小逸，这个今晚的主角，迟迟疑疑地走到讲台前，站定。

"小逸，你能保证不无故旷课吗？"这样校纪班规的基本要求，必须要坚持。

"我保证！"

"哗哗哗"，教室响起了热烈的掌声。

"小逸，你能保证以后不吸烟吗？"这是中学生的基本行为规范，没有回旋的余地。

"我保证！"他回答道。

又一阵热烈的掌声响起来了！

真不错，这场戏正在朝着预期的方向顺利地发展着。突然，我的脑子掠过一个念头，转眼便脱口而出："你能保证自己不再跟三班的 XX 来往吗？"

"……"没有回答。

这孩子怎么啦？都到这份上了，灵活的孩子一定会先应承下来的！难道想卡在这儿？真是个死心眼！

XX 就是吸烟事件的主谋之一，买烟、吸烟、还送烟给别人吸。对学习毫不上心，纯粹应付，十分热衷网络游戏。这样的孩子，交往久了，会对小逸产生怎样的影响呢？其实，要他们不交往，那是不可能的。但是，他们交往的密度，我还是想借机控制一下。不过，看他现在的反应，这个想法有点不合时宜了！

为了给自己一个下台阶，我把问题略微变换了一下："你能保证自己不与三班那个XX互相串班吗？"

他低着头，紧闭着嘴，一副誓死捍卫主权的模样。

小"红脸们"全都静静地看着他，目光中充满了期待，简直比他都要着急。

看着他那副倔强的样儿，我真是又好气又好笑。说心里话，对于他的这点表现，我倒有几分欣赏。我看出了他的真实。能做到的，就应承；做不到的，不瞎应承。我还看出了他的重情重义。不管朋友怎样，都不轻易背叛。这是做人的底线，他能守住，倒也难得！

不过，欣赏归欣赏，原则是原则。你不开口，我也绝不会松口。

戏，演到这儿，冷场了！

"老师，老师，"小绎这小子，又开始唱"红脸"了，"小逸跟XX是从小一起长大的朋友，他相信XX不会害他的。"小绎倒信息挺灵通，啥都知道。

"老师，我觉得，只要我们尽力地将小逸拉过来，他就不会去找XX玩了！"小均在关键时刻支了一招，给小逸解了围，也给我解了围。

是好戏，自然得慢慢唱。哪能指望将所有问题一次性地都解决呢！他的不做作业，他的不合群……解决这些问题，都需要时间。那就让我们将问题交给时间吧！

我微笑着站了起来，郑重宣布："由于大家挽留小逸的理由非常充分，所以本班头现在宣布——小逸可以留下来！"

"哦！""哦！"欢呼声从四面响起。

"放学！"

小鬼头们簇拥着小逸走向他的座位，和他一起收拾书本作业，然后又一起走出了教室。那个高兴劲呀，仿佛人人都成了大功臣似的！真逗！

我微笑着看着这一幕，也准备离开教室了。

"快点，快点！"突然，一个人影急匆匆地从我身边擦过，好像怀里抱着啥。原来是小彬，只见他边跑边喊着："小逸的作业忘拿了！"

看！小逸这小子，还是老毛病不改！唉……

目前的小逸，仅靠我一个人的力量，是很难转变过来的。不过，令人欣慰的是，我还拥有一个出色的团队，一个温暖的班集体。"能用众力，则无敌于天下；能用众智，则无畏于圣人。"有了他们，我还担心什么呢？

美国的教育家韦伯斯特也这样说过："人们在一起可以做出单独一个人所不能做出的事业。"既然集体的力量那么的强大，那就让我来依靠集体吧！要相信，在我们这个优秀班集体的引领下，小逸一定能真正地成长起来！

哈哈！小"红脸"们，小逸就拜托给你们啦！

"黑脸"班头这厢有礼了！

（本文已发表在《班主任之友》（中学版）2014 年第 7、8 期）

4. 绝不再当逃兵

荆州市沙市区实验小学　田　燕

开学的第一天是个阳光灿烂的日子，我满怀期待又有一丝忐忑，因为这是我接手新班的第一节课。走进三（3）班教室，我有些许意外，讲台上站着一位清秀的男孩，不苟言笑，一本正经地在指挥同学们静息，俨然一位小老师。他立刻吸引了我——他就是三（3）班班长小雨。

在随后的朝夕相处中，我越来越欣赏这个小男生。良好的家庭教育使他小小年纪，说话、做事有条不紊，不光成绩优秀还会拉小提琴。小雨在同学们中威信很高，这使我非常高兴，觉得他是一位很有潜质的孩子，我相信假以时日他将成为一名优秀人才。

可是发生在小雨身上的几件事，却使我对他担忧起来……

运动会到了，小雨再次显露出过人的组织能力，与班干部密切合作，把同学们组织得井井有条，他还自信地承包了1500米比赛。可是1500米的长跑，并不像他想象的那么简单。在长长的跑道上，眼见一个一个同学从他身旁超过，他的步子越来越慢，眼见无法得到名次时，他放弃了，退出了跑道。同学们指责他像逃兵，他却不以为然地说："取不到名次，再跑有什么意思？哼！得了第一名又有什么了不起？四肢发达头脑简单！"听到他的话，我

237

不禁皱起眉头……

在一次联欢会上，小雨上台演奏小提琴，可能是准备仓促，这位小提琴手拉得很不顺利，一下子错了好几个地方，同学们忍不住笑了起来，他站在台上满脸通红，垂头丧气，无论我怎么鼓励，他再也不肯拉下去了……

更糟糕是在学校一年一度的语数竞赛中，小雨意外地没能得奖。成绩公布的那天，这位一贯独领风骚的孩子低下头，呆呆地看着自己的成绩，整整一节课没有吱声，显得恍恍惚惚。接下来的几个星期，他总是闷闷不乐，没有了以往学习的那股热情。

小雨的这些表现引起了我的思考：小雨虽然潜质很好，但对挫折的承受力很差。他太过争强好胜，这无形中增加了他的心理压力，他不允许失败，不知道怎么面对挫折和失败。小的挫折，他逃避气馁，甚至妒忌别人的成绩；大一些的失败，都可能使他丧失斗志，甚至一蹶不振。如果不解决好这个心理问题，对孩子以后的发展和成长，会有很大的阻碍。我该怎么来帮助小雨呢？

从同事那里，我得到一个重要信息，小雨父亲对孩子期望值极高，很重视对孩子全面的培养，但是极其严厉，经常对孩子棍棒相加。所以我决定先为他争取一个利于转化的成长环境。我找到了这位望子成龙的家长，首先称赞了小雨方方面面的出类拔萃和良好的家庭教育密不可分，表达了我对小雨的喜爱和期望。在感受到家长的接纳和信任后，我谈起了自己的成长经历，谈到自己暴躁的父亲和温柔的母亲，父亲的严苛带给我的是叛逆和伤害，而我的母亲温婉、忍让，总是用她的包容不经意地熏陶、引导着我。最后我谈到，像我们这样生性好强的孩子，在遭受挫折和失败后，本身就有不轻的心理压力，家长如果能多些宽容、信任和鼓励，就能驱动我们的内在动力，从而百折不挠地迎接挑战。从小雨家出来，夜幕已经降临，小雨的父母把我送出很远很远。

　　想到读书使人明智的道理，我向小雨推荐了《海迪姐姐》《伟人的足迹》等书籍。爱读书的小雨当然读得很用心，我与他谈情节、讲体会，还让他写心得，并为此召开了"寻找伟人足迹"的班会。因为事先准备充分，会上气氛热烈。同学们讲了许多名人成功的故事。大量的事实让孩子们明白：在人生的道路上，凡成就伟业者，往往是那些遭遇许多失败挫折仍百折不挠、奋发图强的人。小雨在班会上朗读了一段他的读书笔记："海迪姐姐真了不起，拿自己的身体做实验，经历了那么多失败，终于学会了针灸。每一次的失败，就意味着她离成功更近了一步！"从这些稚嫩的话语中，我惊喜地看到用心良苦的教育已经慢慢渗进他的心田。

　　如何让小雨明白"寸有所长，尺有所短"的道理，懂得欣赏他人的成功，学会取长补短呢？我一直在寻找机会。

　　机会终于来了，教室的书柜坏了，我从学校借来锤子、螺钉，小雨摆弄了半天也没有修好。这时我把一位大家认为是"读书不开窍"的小刚同学叫上来，不到一会儿功夫，他就把书柜修好了。面对同学们投向许刚的赞许目光，小雨非常沮丧。放学后我和小雨漫步在学校操场，我告诉小雨："小刚同学从小失去了父亲，家里修修补补的事都是他来做，所以练就了一双巧手。我们每个人由于个性、成长环境不同、潜能的开发也各有差异，每个人都不可能样样出类拔萃，正所谓各有所长，要虚心向别人学习，才能不断进步！"小雨静静地听着，那一天我们谈了很多很多。

　　一年一度的运动会又来到了。令我惊讶的是小雨再次申报了1500米长跑项目，我清楚地记得那天他对我说："田老师，也许我又拿不到名次，但我绝不再当逃兵！"比赛结束，小雨当然比不过那些经过长期训练的运动员，但他坚持跑完了，取得了第六名。当他与我班取得第二名的石敏同学一起自豪地向我走来时，我笑了，我相信以后他不会再当逃兵了！

5. 给犯错的孩子一个转身的机会

武穴市实验中学　周元斌

"爱荷的人不但爱它花的娇美，叶的清香，枝的挺秀，也爱它夏天的喧哗，爱它秋季的寥落，甚至觉得连喂养它的那池污泥也污得有些道理。""花凋了呢？""爱它的翠叶田田。""叶残了呢？""听打在上面的雨声呀！"

每每诵读台湾诗人洛夫的散文《一朵午荷》中有关"是否懂得欣赏荷"的文字时，我便想起学生小凯，他的故事宛如放电影似的一幕幕在我眼前展现——

一天晚上，我刚从学校回家，就接到数学老师的电话，说学生小凯在教室里喝酒，让我去处理一下。

正如太阳有黑子一样，我所教的学生也是良莠不齐的，小凯便是"莠"中的一位。他身高一米八五，个子瘦瘦的；酷爱篮球，最不喜欢读书学习；喜欢结交朋友，谈天说地一连几个钟头不厌倦，可拿起书本就头晕目眩；下课神采奕奕，上课便无精打采。更可气的是，他上课伙同几个同学玩扑克，被老师抓住了，还顶嘴，头一偏，眼一瞪，一副无所畏惧的样子，让老师看了好气又好笑。我多次找他谈心，他听了连连点头，答应一定改邪归正；可一回到教室，依旧我行我素。

我来到教室，只见小凯脸红耳赤地坐在座位上，一副气呼呼的样子，课桌下放着一瓶还未喝完的白酒，旁边的几位同学偷偷朝他挤眉弄眼。我连忙把他带到办公室，询问喝酒的缘由。小凯说："今天下午我心情不好，就到学校旁边的餐馆里要了一瓶酒喝。"我一听来气了，掏出手机就要拨通他家长的电话。小凯一见，连忙按住我的手哀求着说："周老师，我请求你给我一次机会，不要打电话告诉我爸行吗？我爸这几天够烦的，我不想惹他伤心。"看着他泪水涟涟的样子，我的心软了，连忙让他坐下，并倒了一杯水给他喝。

从小凯口中，我知道他喝酒的缘由。原来他姐姐在外省读书，与同班一女生发生口角，姐姐一时气极，就用拳头砸了那女生的头部，被学校记过处分后，立即跑到南方打工。妈妈接到学校的电话后，连忙赶到广州寻找，在广州找了十来天，毫无音讯。爸爸白天开公交车，夜晚在上庙口做烧烤生意，神思恍惚，开车时不幸撞伤了人……听着小凯的哭诉，多种感情涌上我的心头。我抹干小凯的眼泪，握着他的手说："老师答应你，今天不把这件事告诉你爸爸，不过你得答应老师，以后要遵守纪律，上课别胡来，行吗？"小凯点点头。

第二天，我找到校篮球队教练，请他吸收小凯加入学校篮球队，并协助做好小凯的思想工作。我又来到小凯家，和他爸爸一起商谈帮助小凯的办法，至于小凯喝酒一事，我只字未提。

距喝酒事件不到半个月的一天晚上，我去参加一个同学聚会，刚拿起碗筷，突然接到学校保卫处的电话，说小凯与隔壁班的同学打架了。我立即丢下筷子，心急火燎地驱车赶到学校。来到保卫处，只见小凯低着头，泪流满面。我掏出纸巾递给他："擦擦吧，等心情平静下来之后再告诉我事情的经过，好吗？"小凯哭得更厉害了:"周老师,我对不起您,又给班上抹黑了……您再给我一次机会,好吗?我一定会改的,不再惹您生气。"

我安慰小凯好大一会儿,小凯才渐渐平静下来,告诉我事情的经过。原来,班上一名小个子同学与隔壁班的一位大个子同学发生矛盾,遭到大个子同学的辱骂和踢打,小凯正巧路过,就上前劝阻,在劝阻中不知怎地竟与那个大个子同学动手打了起来……我肯定了他见义勇为的精神,同时又批评他鲁莽的行为。小凯心悦诚服地低下头,并向我保证:"周老师,我再也不打架了,请相信我吧!再给我一次机会,行吗?"我笑着点点头。

感恩之花开在宽容枝头。我给小凯两次机会,小凯便用他的努力还给我许多惊喜。在老师们的督促与鼓励下,他上课认真听讲,按时完成作业;课外活动在篮球场上刻苦练习,球技大有长进。在今年举行的全市中学生篮球赛中,他是主力中锋,为我校夺取冠军立下汗马功劳;在武穴中学体育特长生考试中,他光荣入选;在黄冈市体育特长生考试中,他的篮球水平达到国家初高中组标准。

著名教育家斯霞说:"没有爱就没有教育。"全国著名班主任张文质说:"教育就是慢的艺术。"学生的成长也是一个缓慢的过程,老师不仅需要爱心,还需要足够的耐心。当学生犯错时,我们不能太急,要知道成长就是一个不断犯错的过程,孩子们是在改正错误中成长起来的。遇到问题学生,我们应该留一个机会给学生,允许他适当的反复,允许他自己提出改正的办法。这样我们就会感到心灵的轻松。当然,适当的严厉也是能够让学生体会到自己所犯错误的严重性的,老师要恰当地把握好这个度。

6. 把批评隐藏起来

咸宁市通山县实验小学　杨家茂

外面下起了倾盆大雨，天空一片阴霾，好像是预示着这将是黑暗的一天，我的心情也随之沉重。果然，班里发生了一件不愉快的事。

早晨，我刚进教室，班长小颖同学急忙跑过来对我说："老师，出大事了。"看她一脸沉重，我愣了，马上追问道："什么大事？""我们上周的值周记载表弄没了。"小颖战战兢兢地回答。

我一听，像打翻了五味瓶似的，不知所措，刚才政教处黄主任还打电话来催交呢，心想："这些值周记载表记载了全校四十个班级一周的表现，它直接关系到学校文明班级的评选，现在居然丢了，如何向领导交代？"于是我没好气地说："是谁弄丢的？怎么这么不负责任？把你们几个值周干部统统给我找出来。"

不知道是我火气大了，还是孩子们意识到了事情的严重性，六个班干部一时间齐刷刷地来到走廊外，站在我面前，他们的眼睛里闪着一丝惶恐。

"怎么回事？作为班长，小颖你应该负责把记载表收起来，对吧？"我说道。

"我们都给了小颖的。"没等我把话问完，其他几位班干部异口同声地回答。

看他们回答得那么干脆，我想问题一定是出现在小颖身上，于是把目光投向小颖，她似乎看出了我要责怪她了，低着头分辩道："老师，是这样子的，开始他们是交给我了，因为周五放学后我要去检查卫生，带在手上感觉有些不方便，所以又给小静了。"

"我给小轩了。"还没等我追问，小静接着回答。

"你没给我。"小轩争辩道。

"给了，我看见了，确认这个记载表最后是在你手上了。"子欣不知哪来的勇气，证明了最后的结果。

"我也看见了，我也看见了。"其他几位班干部也附和着。

听着他们面红耳赤的争辩，小轩的脸立刻涨得通红。尽管她还在强力地推卸责任，然而在铁的事实面前，再多的理由也似乎显得苍白无力，她有点无地自容了⋯⋯

看着小轩羞愧的表情，回想起她从小就生活在养尊处优的环境里，让我怀疑她的承受能力，她毕竟是个孩子，我们不能用成人的标准来要求她。于是我让小颖和小轩两个留下来，示意其他人去教室读书。

她们走后，我温言细语地对小轩说："事情发生了，我们要勇于担当，不能推卸责任，想办法解决问题才是。好好想想，或许是忘记放哪了。如果找到了，中午送给政教处黄老师；如果找不到了，也要去跟黄老师说清楚。""是呀，小轩，别急，我们再好好想想，看放到哪了，中午再去好好找找，或许能够找到。"小颖安慰道。看得出她们已经认识到了自己的错误，正在分析发生问题的原因，寻求解决的方法。

中午，我一来到学校，老远就听见十几个学生站在教室走廊上喊着："杨老师，门没开。杨老师，快来开门呀！"门怎么还没开呢？钥匙在小轩手里，每天她来得特别早的，今天怎么还没来？是不是因为找不到那登记表而怕了……我正担心着，忽然，一个小女孩来到我身边问道："您是五（3）班的班主任吗？""是的，你是？"我又惊又喜，担心着小轩怕出了什么万一，神经绷得紧紧的，急切地想知道她的来意。"你班一个女同学中午把我的值周登记表拿去了，说一会就给我的，现在还没有来。"听着她的诉说，我似乎明白了什么，紧张的心情一下轻松了许多，眼睛一把盯着小轩同学将要来的方向。

"老师，给你看，我们的值周表找到了。"小轩同学满脸笑容地走到我身边说。

我接过值周登记表，端详着那新鲜的折皱和被涂改的痕迹，想想刚才那个女孩子告诉我的那一幕，我恍然大悟。为了成全她们这份美好的童真，我没有揭穿其中的秘密，只是轻轻地说："这真是你们找到的吗？以后做事要小心呀！快把这记载表送交到政教处黄主任那里。"她们似乎听懂了我的心思，便深深地向我鞠了一躬，然后飞一般地向政教处走去……

把批评隐藏起来，或多点宽容，或给点自由，或装点"糊涂"，或多点表扬，或搞点"包装"……这样的批评，像玫瑰，刺中带香；像良药，苦中带甜，学生自然心悦诚服乐于接受！

7. 让孩子在期待中长大

宜昌市伍家岗区实验小学　乔　玲

　　成长中的孩子最需要人们的关爱，来自家长的信任、来自老师的期待都会让孩子迸发出巨大的创造力，焕发出令人惊奇的力量。前两天在五年一班上的一节综合实践课，让我受到了深深的教育。

　　那天，还没走进五年一班的教室，有关这个班的种种传闻已经陆续飘进了我的耳朵，尤其当我已经上过其他班级的课，并且对他们大加褒奖后，五年一班的班主任苦笑着对我说："等你上过了我们班的课就知道了。"

　　带着沉重的压力走入教室一看，已经到了上课时间，教室里却只坐了不到一半的学生。我扫视了一周，发现几个年级闻名的"调皮鬼"都不在教室里。我不动声色地站在教室前方，等后来的学生陆续进来。又过了两分钟，大名鼎鼎的小芮和几个男孩子大摇大摆地晃到门口，正准备往教室冲，看见了我，连忙顿住了脚，叫了一声"报告！""进来！"我微笑着示意他们走进来。在他们回座位的一刹那，我有了一个决定，从今天开始，在我的课堂上，让小泽他们几个不再成为另类。

　　为了让孩子们适应我的教学方式，我特意等教室里的同学都到齐了，都安静了，我才开始介绍上课要求。"上课的时候要用心听老师说话，听懂老师的话，按老师的指令做事。老师说话的时候，你们不说话。"我简单地提了两个要求后，学生感觉很新鲜："这也算要求？"我仍然微微一笑，并不做回答。我知道就连老师说话时学生不说这个看起来简单的要求，对于他们来说也是很难做到的。果然，我的下个教学内容刚起头"要上好综合实践课，就要弄清综合实践课是一门什么样的学科……"，就看见不少学生开始和同桌交头接耳。虽然声音并不大，却影响了其他同学听课的情绪。我皱皱眉，停止了说话，同时把目光轮流投向那几个讲话的学生。老师的话说了一半却戛然而止，学生马上意识到有些不对劲，赶紧闭上了嘴巴，教室里一时显得格外寂静。我望着刚才讲话的学生，有意识强调了一遍："以后上课就是这样，你们讲话，我就停下让你们讲好。"接下来，又有两次，有两个学生忍不住了，刚一张嘴说话，我就停下来。到后来，不仅是我，连其他同学也把目光投向了讲话的人。这下子，谁也不敢随便张嘴说话了。每个同学明亮的眼睛都望着我，追随着我走动的身影。我感受到孩子们的心被牢牢地系在了一起。

我惊喜着他们的专注，便毫不吝啬地表扬他们："你们班是我上的最后一个班，但也是让我感觉最有灵气的一个班。从你们灵动的双眼，我感受了你们的聪明，感受到了你们的热情，感受到了你们的活力。我相信，凭着这股劲儿，你们的综合实践课不仅能上好，而且将会上得最好！你们会是最棒的！最后我宣布这节课，同学们都可以得到 5 分。""耶！"震耳的欢呼声差点掀翻了整个教室，孩子们脸上绽开的笑颜让室内变得更加温暖。

我默默地离开了教室，让孩子们继续兴奋着。我想：也许在大多数人眼中，对于他们而言，我的要求有点高。但是我相信，只要给他们以期待，他们就会像午夜的玫瑰一样，同样绽放出娇艳的花朵。对于那些常人眼中的"后进生"，不要紧紧盯着他们的缺点，多找找他们的闪光点，多给他们一些时间，多给他们一些期待，他们就会进步，他们也会发光、发热，散发他们自己的魅力。

8. 让批评拐个弯

黄冈市蕲春县实验中学　吕俊群

那天检查作业，数学科代表小琦向我报告："老师，小馨、小真没有完成作业。"

"她们俩没完成？"我很诧异，"为什么？"

"她们都说有一个题不会做。"小琦回答道。

"班上其他同学都没被难住，为什么她俩被难住了？"我在心里很是纳闷，因为她俩的成绩都挺不错的。

到底是真不会做，还是另有隐情？这两个小姑娘我了解，个性都挺要强，自尊心也超强。如果处理方式过于生硬，肯定会伤她们自尊的。所以，我得小心一点。

但是，小心不等于放心。她俩有一个共同点，做事认真起来，就特别漂亮，能让人惊喜万分；可随便起来，就特别糟糕，会让人失望透顶！简而言之，她们有很好的禀赋天资，但都缺乏顽强的意志，只要遇到一点困难，她们就会轻言放弃！要解决这个问题，肯定非一日之功。但是，我必须要让她们看清楚身上的缺点，这样，才能有利于她们的成长！

可是，两个小姑娘都是自尊心特强的主儿，当着全班同学的面指出她们的问题，她们肯定会觉得面子上挂不住。我该怎么做，既不伤害她们的自尊，又让她们意识到自己的问题呢？

王晓春老师说过："学生精神境界的提升与完成教育教学任务，前者是重点。"提升学生的精神境界才是教育的重点，既然如此，我不妨来一招"声东击西"的战术，让批评拐个弯吧！

想到这儿，我走上讲台，开始当着大家的面问那两个小姑娘："小馨、小真，你们确实是碰到了难题吗？"

"嗯，真的不会做。"两个小姑娘都苦着脸、低着头，回答得差不多。

"好的，老师知道了。"我微笑着点了点头，表示我接受了她们的解释，然后我话题一转，"同学们在平时做作业时，是不是经常碰到难题？"

"是的！"全班同学们都一个腔调。呵呵！这也算是给两小姑娘一个下台阶了。

"那么，你们能不能告诉我，你们是怎么对待这些难题的呢？"这，才是我真正的目的。我笑着夸奖大家："连小馨、小真都被难住了，说明这道题肯定有难度。但是，你们居然都拿下来了，这里面一定有秘诀吧？能不能与大家分享一下呢？"

"老师，我说！我说！"许多学生跃跃欲试，想要发表高见了！

呵呵！这次发言的人，我得认真斟酌一下了。如果是个成绩一般的同学，即使方法很好，那两个小姑娘未必能听得进去。她们都骄傲着呢！我得请几个特殊的同学来发表意见。

"小奇，你来谈谈，你是怎样对待难题的？"小奇，是咱班的第一帅哥，内外兼修，不仅成绩超棒，而且善解人意，是我班的人气王。还有最重要的一点，他曾经与小馨是同桌，两个相处得非常愉快。所以，他的话，肯定有感召力。

"我遇到难题时，先是静静地思考。确实想不出来，我就站起来转一转，活动活动，放松一下自己，然后再去想，这样往往就能想出来了！"小奇斯斯文文地给出了自己的答案。

"哦，放松一下再考虑。好办法，谢谢！"我想，小馨应该听得很明白了！

再点一个吧！小迈，他可是咱班的学霸，是班上许多同学的偶像。由于他平时总是酷酷的，不苟言笑，所以班上的女生几乎都成了他的粉丝。他的发言，绝对有说服力。

"碰到难题，总是一遍又一遍地想，不断地想。确实想不出来，就去请教我的好朋友。"小迈很沉稳地给出了他的答案。

"哦！先努力再请教朋友。也是个选择，谢谢！"呵呵！相信两个小姑娘听清楚了！

也许，两个都是男生还缺点共鸣吧！那就再请个女生，就让跟她俩成绩差不多的小华来谈一谈吧！

"我碰到难题，确实想不出来，就上网搜索一下，有时会有答案的。"小华秀秀气气地给出了答案。

"上网搜索答案？这倒也是一种不错的选择。"现实中没人请教，就上"百度"，真是蛮时尚的。不过，我还得补充一句："网上的内容良莠不齐，要注意分辨对错哦！"

"是的，有许多东西是错的！"同学们一起附和着。呵呵！看来这些小家伙们都还保持着清醒的头脑。

"好了！现在我们可以小结一下了！遇到难题，我们可以有多种选择，可以像小奇那样先放松一下再思考，可以像小迈那样请教朋友，还可以上网搜索答案。"我扫视了一下那两个没完成作业的小姑娘，两个女孩都抬起头来，笑微微地看着我。看来，我的"声东击西"战术已经收到了一些成效了！让批评拐个弯，效果还真是挺不错的！相信以后碰到难题，她们知道该怎么办了！

不过，教给她们一些学习方法，只是治标；想要治本，则需要让她们明白一点——

"三位同学虽然采取的方法不相同，但他们却有一个共同点，大家知道了吗？"我故意卖了个关子。

教室里渐渐安静了下来，同学们都静静地看着我，其中也包括小馨、小真，眨巴着她们的如水的大眼睛，专注地看着我。

"他们的共同点就是……"我慢慢转过身，在黑板上写下五个大字——

"不轻言放弃！"

孩子们，成功从来就不是轻轻松松的。想要成功，请别轻言放弃哦！

9. 三审丢钱案

黄冈市蕲春县实验中学　吕俊群

终于要放寒假了！

可是，我的心却无法轻松起来，因为，我一直有个疙瘩结在胸中，没有解开——那次小美在教室里掉了一百元钱，我用了各种办法，都没人承认。很明显，这个小偷一定在班上，可是，到底是谁呢？难道让这个小偷一直隐藏在班级里吗？如果这样，学生们怎么心安？我又怎么心安？不，我一定要查出这个人！

主意打定后，我作出了一个决定：让学生进行不记名检举，并写明检举理由。学生们很配合，迅速写好并交了上来。我逐一地查看了内容，发现大部分同学都写的是"不知道"，仅有五个同学一共检举了三个人。

通过分析，我排除了两人，锁定在一个人——咱班的小胖妞身上。

因为，据反映，小胖妞的家境一般，却十分好吃，尤其在近段时间，总是买这买那的，价格还不便宜。

另外，有人反映，在与她同桌时，有一次课间十分钟丢了二十元钱，当时坐在教室里的只有小胖妞。

其次，我也想起了一件事。丢钱那天上午的第二节课，我曾看到那小胖妞在办公室门口探了探头。当时我正和几个老师忙着准备节目，就没喊她进来。她可能没看到我，就没进办公室。当时，她会不会想找我坦白呢？

凭着这三条线索，我将目标锁定在她身上。但是，这些都只是间接线索，是不能断定小胖妞就是小偷的。怎么办？

我还是亲自找小胖妞来谈谈，试探试探吧！

没过多久，她来了。我叫她搬了张椅子在我桌旁坐下，这种放松的姿态，也许有助于她敞开心扉吧！

看着这个黑黑胖胖的女孩坐在我面前，我细细地打量着她，身子圆圆的她，也长了一张圆圆的脸，胖嘟嘟的，全是肉肉，挤得五官缩在一块，显得小小的。尤其是那双眼睛，小得不能再小了。曾经有学生在我面前说，这女生喜欢用眼睛横别人。现在看着她的那双小眼睛，我想起万玮老师所说的那句"眼小者多奸诈"，不禁内心好笑。

"郑XX，有同学检举了你。"我没有作任何的铺垫，单刀直入。

"我，我没有。"她呆了呆，然后不紧不慢地说。

这是什么反应？一般的孩子，如果被冤枉了，正常的反应是非常激动地大声为自己的辩解呀！

"小美丢钱那天，第二节课，你是不是曾经来过办公室找老师？"我又逼了一句。

"……"她稳稳地坐在椅子上，眨巴着她的小眼睛，双手插在口袋里，似乎在沉思，半天才缓缓吐出几个字："我没有。"

"老师当时看见你了，你就在办公室门口晃了一下。"

"我，我不记得了！"这小胖妞还真挺能扛的。

"哦，是这样啊！那你下去再想想吧！想起来了什么，明天再找我谈谈，好吗？"她连到我办公室的事都不承认了，更别想要她承认拿钱了！

一审告败！

难道，就让她这样抵赖下去？不行，我必须得寻找到突破口！

其实，根据她在这面前的表现，我已经有几分能肯定是她偷的了！但是，这种事，没有证据，是不能乱说的！

晚上，她回家了。我想，是不是可以从她家人的身上打开缺口呢？说不定可以得到一些信息呢！再说，如果真是她拿了钱，没有她家人的帮助，她肯定是无法还钱的。就这么办！

拨通了她妈妈的电话，我把事情简单地介绍了一下，只说有学生检举她女儿偷钱，让我感到很奇怪，请她在家跟女儿谈谈。小胖妞的妈妈在电话里非常客气，说先问问她女儿，一会儿给我回电话。然而，一等再等，我也没等到她的电话，只好休息了。

二审告败！

第二天早上，那个小胖妞最后一个进教室，迟到了一小会儿。坐下来后，她也拿出了试卷复习着。从神情上，看不出她有什么异常。但是，我发现，我在教室转了一圈又一圈，可她面前的试卷永远停留在相同的那一页上！看来，她根本没心复习，她的心是乱的。

好了，我来主动打个电话吧！问问她的妈妈，昨晚到底谈得怎么样。

电话一接通，她的妈妈就滔滔不绝地说了起来，昨晚她怎么审、怎么问，可是，她女儿始终没承认是她拿的钱！

啊！这可怎么办？看来这个案子要成死案了！我正在暗自叹息的时候，她妈妈突然话题一转："我昨晚气不过，把她打了一顿！"

"你干嘛打她呀？可能确实不是她拿的。"我一听这话，感到特别的意外，万一冤枉了人，那可不好。现在的孩子心理都脆弱，万一逼出了什么事，那就是大麻烦了！

"你不知道哇，老师！她，她……"胖女孩的妈妈越说越激动，"她读小学的时候，就曾偷过一次钱，还是偷老师的钱！我那次就把她打了一顿！唉哟，老师，我恨死了这女儿了！真是没养好人啦！"

什么？原来这孩子有前科！我一下子愣住了！

"我常跟她说，人穷志不短。不要那么好吃，不要那么好吃！总喜欢吃这吃那，都那么胖了！"听着郑XX妈妈的絮叨，我心里头渐渐明朗了起来。

看来，这事八成是她干的！再找她出来谈谈！

"郑XX，我刚刚跟妈妈通了电话，妈妈昨晚跟你谈了一下，你在妈妈面前说，你没有偷钱，对吧？"

她轻轻地点了点头。

"那你想想，为什么会有人检举你呢？"

她垂着眼睑，一言不发。这丫头，心理素质还真不错，我必须要打乱她的分寸！

"听说你近来手头蛮宽裕的，经常买这吃买那吃的，这些钱是从哪儿来的？"

没等她反应过来，我又逼问了一句："听说，有一次课间十分钟，邻座同学文具盒里的二十元不见了，可当时教室里只有你一个人，这是怎么回事？"

紧接着，我又追问了下一个问题："听你妈妈说，你小学犯过类似的错误，是不是？"

最后，我问道："昨晚，你妈妈打了你，是吗？"

在我的接二连三的追问之下，我看到，一直垂着眼睛的小胖妞，眼角开始湿润了，开始蓄满了泪水，并开始慢慢往下流了。

流泪，说明她的心已经有所触动了！

可是，会不会是我们冤枉了她，让她觉得特别委屈呢？我拿出纸巾，帮她揩干泪水，并温声地说："怎么哭了？是不是觉得很委屈？"

出乎意料的是，她居然摇了摇头！

不是委屈？那是？

"是不是有些后悔？"

她没回答，只是眼泪流得更多了！

还是退一步吧。如果要她赔钱，肯定少不了挨一顿打。也许是因为这个，她害怕承认错误。我们弄清问题，并不是为了惩罚孩子，而是为了帮助孩子、教育孩子。想到这里，我说："没关系的，即使是你拿的，老师也会替你保密的，也不告诉你妈妈。老师也不要你赔偿了，老师帮你出了这钱，行吗？"

她还是不说话，只是眼泪越流越多。这孩子，到底是怎么回事？

算了吧！既然她不开口，那就换个方式。

"好了，老师也不问你了。你现在只需要抬起头来，看着我的眼睛，说'老师，我没拿小美的钱'，就行了。"

可是，她却一直不抬头！

"这样吧！如果你真的拿了小美的钱，你就点点头；如果你确实没拿她的钱，你就摇摇头。告诉老师，你拿了小美的钱吗？"

这个小胖妞，伴着满脸的泪水，终于艰难地点了点头！

困扰我近半个月的丢钱案，终于水落石出了！

三审告捷！

事后，我轻描淡写地对同学们说，案子破了，只是那钱不是偷的，是小美不小心掉地上了，有个同学捡到了。因为当时，小美报告情况时说的是钱被偷了，大家也跟着说被偷了，所以，捡到钱的人便没有勇气再承认了。现在，她意识到自己错了，决心把钱还回来。

说完这事后，我从钱包里掏出一百元钱，往讲台上一拍："小美，过来拿钱！"等她走过来时，我却正色说道："以后，倘若还有哪些同学不管理好自己的钱物，给别人造成犯错的机会，本班头概不负责！"

偷钱者固然可耻可恨，但那些粗心大意，不善于管理自己财物的人，不也应该负一定的责任吗？

"收拾好自己的东西，放假！"说完这句话，我拍了拍手上的粉笔灰，一身轻松地走出了教室。

10. 除"冰"记

黄冈市蕲春县实验中学　吕俊群

"他在家根本不和我讲话，有时上网到晚上一两点，说他根本不听……"家长会早已结束了，可小骏的妈妈还站在我面前锁着眉，苦着脸，絮絮叨叨地说着孩子的情况。

小骏在家竟然是这样的表现？我的心中暗暗吃惊，但表面上我还是安慰着这位苦恼中的母亲："没事，青春期的男孩有点叛逆很正常……"边说着，边将她送出了教室。

小骏这个孩子怎么啦？他不是一直是班上有名的"绅士"吗？说话温声细语，做事踏实稳重，见人总是笑眯眯的，从没跟人闹过矛盾……这个表面上一派温和的男生，内心怎么这样"冷"？还真的有点怪！我得找他谈谈！

还没等我跟他谈话，周一他又出状况了！有人举报，吃午饭时他和班上几个男生一起插队！我是气不打一处来！中饭后，我将这些男生一股脑地"请"出教室，在操场上把他们逐个地训了一顿！

轮到小骏时，我没给他面子，直接训道："小骏，我一直很欣赏你，以为你是个绅士的男生，纪律观念强，自我管理能力不错。没有想到，你居然也出了这样的状况！"

他一言不发，头勾得低低的。看着他那副低头认罪的样子，我不由得回想起学期初的一件事：他妈妈曾在我面前夸他，她说她感觉小骏今年自信许多了，因为有一次他说了一句很有志气的话"只有想不到的，没有做不到的"，这让她非常的欣慰……可是，为什么现在的他，却变成这个样子了？太让人失望了！

这样想着，我也就这样说了出来："你太让我失望了！晚上玩电脑居然玩到到凌晨一点，还不让妈妈管！我看你已经完全失控了！在家不控制自己，在学校也不控制自己，居然插起队来了……"

训完话后，我就让他们回到了教室。

原以为这事就这样过去了，没想到晚上回家后，小骏妈妈打电话过来了！

她说，小骏晚上回去后，一直冷着一张脸，不管她说什么话，他都不理不睬的。晚饭后，她把洗脸水端到他跟前，他也毫无反应。她现在不知道该怎么办了。她还说，她是偷偷地给我打电话的，还不敢让他知道……

这位可怜的母亲，她对儿子已经束手无策了，现在她唯一能信任的，就是我。我当然要给她信心！我安慰着她，并对她承诺，一直会好好跟小骏谈谈的。这孩子，在他妈妈面前还真够冷的！我得想办法除掉他内心的冰块！

周二上午第二节是语文课，我带着同学们学习《孙权劝学》，师生们归纳出孙权劝说艺术三点——"重要性""可能性""真实性"后，我便说："现在，我们来实践一下，试着来劝劝班上的某个同学吧！"

看着前排一直郁郁寡欢的小骏，我提议："这样吧？今天，我班有个学生特别需要大家的劝慰。"

走下讲台，我来到小骏的身边，摸了摸他的脑袋，说："昨晚，小骏和妈妈闹了点小矛盾，听说他一直不和妈妈讲话，后来，妈妈端来洗脸水，他也不接。妈妈后来急得快要哭起来了，只好跟我打电话，他妈妈猜测，可能是怪她不该在我面前说他上网超过一点钟的事。所以，他妈妈希望我能帮着劝劝他。"

我略略停顿了一下，看着同学们说："现在，我想拜托同学们，帮我劝劝小骏，好吗？"

"好的！"举手的同学还蛮多的。

"小文，你来劝劝他吧！"小文是个实诚的孩子，我相信他。

小文微笑着站了起来，我向他招了招手："来，过来，到小骏的身边来劝劝他吧！"

缩短空间的距离，也能缩短心理的距离。

小文走到小骏的身边，弯下腰，将手放在小骏的肩上，开始小声地劝说起来。而我则在教室里踱了起来，断断续续地，我听到了一些这样的话："我暑假也爱玩电脑，后来我妈妈把电脑锁了两个月，不许我玩了……两个月过去了，我现在没玩电脑了，觉得也没什么的。"

他是现身说法呢，不错！

不一会儿，小文回到座位了。突然，一个孩子小声喊道："老师，小骏哭了！"

啊！怎么会这样？难道是小文的劝说这么有效，让他的心冰融化了？还真是立竿见影呀。不对，不对！一定是我刚才的那番话，让他觉得很没面子吧？也许，我不应该当着大家的面，把属于他和家人的秘密说了出来吧？

怎么办？我得迅速给他找个台阶下："同学们，我想，小骏现在应该是为昨晚的事后悔了！他一定觉得自己对不起妈妈。"说着，我走到小骏的身边，轻轻地拍了拍他的背。

"老师，老师……"一个急切的声音传来。抬头一看，是小军，他把手举得高高的，神情非常迫切。看来，他有话要说。

我点头表示了认可。他三步并做两步地走到小骏跟前，肩挨着肩，头挨着头，开始劝说了起来（好像是用方言）。由于声音较低，我只模模糊糊地听到了这样一些话："我以前也好喜欢玩电脑，我爸爸总是骂我，我那个时候还不听他的，让我爸爸很生气……现在，我没再那么玩了，只是有时候玩一下……我们现在长大了，要懂事了，要知道孝顺父母了！"说着说着，小军忽然哽咽起来了！小军，这个大个子的阳光男孩，这次居然当着全班同学的面，抹起了眼泪！

站在旁边的我，目睹了这一幕，眼眶湿润起来了！小军，这个去年特别冒失冲动的大男孩，也许知道了爸爸头上长瘤要开刀的事，他开始懂事了。

"好了，谢谢小军！"我噙着泪，声音颤抖地对大家说，"今天的劝说就到此为止吧！小骏哭了，小军也哭了，再继续下去，我也要哭了。如果同学们还有什么话想跟小骏说说，就留到课下吧！"

我知道，如果再让第三个、第四个同学过来劝说小骏，他的压力会更大的。这样做，多少有点借集体的舆论来绑架个人了！就停在这儿吧！以玩电脑开始，以孝敬父母结束，恰到好处！

第二天，我给他的妈妈去了电话。她说，那天回家儿子向她道歉了，这几天上网情况好多了！

这孩子，终于没再使用他的"冷功夫"了！我想，他心头的那块冰应该已经融化了吧！

第六辑

老班是每个孩子的贴心棉袄

1. 强势班头亦温柔

黄冈市蕲春县实验中学　吕俊群

我承认，我比较强势。

尤其是面对那些狂妄自大、目无尊长的学生，我表现得格外强势！

曾经，我眼睛眨也不眨地与一个男生对视半分钟以上，逼得那个桀骜不驯的家伙垂下了眼睑；曾经，我将一个学生赶回家反省，因为他不做作业却居然当着全班同学的面用语言挑衅我；曾经，我甩了学生一个巴掌，因为他竟然敢在神圣的课堂上用极其肮脏的语言骂娘……

是的，虽为女人，但我骨子里却透着一股"阳刚"。有人说，"刚"是一种威仪、自信与力量，是一种凛然不可侵犯的气概，是一个人的精神核心。我很认同这个观点。

那天，我将一个学生推出了教室，毫不留情……

开学后快一个多月了，班上的孩子大多数已经慢慢适应了初中的学习生活，当然，还有少数学生还不尽人意。比如作业不按时完成，比如不讲究卫生，比如进餐习惯不好等等。不过，对这些个别性的问题，我虽心里不太舒坦，但也不是特别生气，我知道得慢慢地转化那些小家伙们。

可是，那天下午，一次突发事件，却让我一瞬间勃然大怒！

那天下午第三节课，我班本应该是音乐课，上课过了二十多分钟，我起身下楼，到教室外看看情况。这不看还好，一看火冒三丈！教室里一片沸腾，只看到音乐委员小苒站在讲台上，徒劳无益地敲着讲台，声嘶力竭地喊着："安静！安静！……"虽然她尖尖的声音极富穿透力，可是，面对下面的群情鼎沸，那声音就像一颗小绿豆掉进了沸腾的粥锅里，听不见半点声响！

这哪里是在上音乐课，简直是在乱弹琴！音乐老师呢？

我猛地推开教室门，满脸寒霜。霎时，沸腾的教室安静了下来。我压着火气，声色俱厉地问："音乐老师呢？"

"老师刚才走了！"小丫头苦着脸回答道。

"走了？为什么走了？"莫非是纪律太差，把音乐老师气走了？这还像话？

"是……是……小航把门关上了，老师就走了！"小丫头马上给了我这样一个回答。

是小航！这个小不点，以前只知道他不爱听课，不爱做笔记，不爱做作业，没想到还这样胆大包天——竟然敢把门关上，不让老师进来上课。他把课堂当什么了？当成他为所欲为的游乐场了？真是太可恨了！

想到这儿，我的肺快要气炸了，全班吵闹固然可恼，但这个始作俑者最可恨。这样的学生，怎能容忍他继续坐在教室！

"小航！"我大吼一声，一步就跨到他的跟前，一把就将他揪了出来。

"我……我……"小不点在暴怒的我面前，支支吾吾，语无伦次。

"我什么我，出去！"我三下两下，就将他推出了教室，并命令道，"不把音乐老师请回来，就别回教室！"

那是我开学以来的第一次大发雷霆，我的盛怒，震慑了全班学生。所有的学生都吓呆了。教室里一片死寂，唯一能听到的，是小航的哭声，满含着恐惧和无助的哭声，从教室外边一阵又一阵地传进来，撕扯着室内孩子的心。

好好听听这哭声吧！如果连课堂都不知道尊重，连老师都不知道尊重，丝毫没有纪律观念，怎么配当一个学生。

"还在这儿哭什么？赶紧找老师去。"我再次探身到教室外，冲那个小不点吼了一声。

"没看到老师……"小航哭着说。

"去找！"我扔过去一句话，扭头进了教室。

教室里依然一片死寂，学生们全都傻傻地呆坐着，仿佛泥菩萨一般。要的就是这效果，我要让你们这些刚进初中的小家伙们领教领教，什么是铁的纪律！

"班长呢？站起来！说说到底是怎么一回事？"课堂纪律这么糟糕，看来班干部根本没有发挥应有的作用，擒贼擒王，先抓班长。

秀气的女班长小依应声站了起来，她扶了扶眼镜，开腔了："音乐老师接了个电话，就出去了。然后，大家就吵起来了！"

"音乐老师进了教室？不是说小航把门关上了，老师进不来吗？"我是丈二和尚，半天没反应过来。

"不是这样的，是……"这一下，班里炸开了锅，大家七嘴八舌地解释起来。

"小苒，你说。"我做了个手势，示意大家安静下来，让音乐委员一人说话。

"老师先给我们教了一首歌，后来接了个电话出去了，小航就把门关上了。"小丫头眨着她的大眼睛，一字一句地说完了这段话。

小丫头你刚才说的不是"小航把门关上了，老师就走了"吗？你不仅坑了老师，更坑了小航！

"是音乐老师叫小航把门关上的。"坐在小航旁边的小勇又适时地补充了一句。

"音乐老师叫我们自己再唱唱……"又有谁解释了一句。

看来我是完全错怪那小不点了！怪不得他哭得那么伤心、那么委屈，可怜的小家伙！我真是太冲动了，太主观了！完全没有给他任何辩解的机会！

看来，对件事的处理，我是过于强硬了！现在怎么办？如果我一言不发地一走了之，同学们会怎么看待我这个班主任？一定会认为我是个不明是非、不辨黑白的"暴君"。虽然，"人不可无刚，无刚则不能自立，无法成功"，但是，"人也不可无柔，无柔则不亲和，易陷孤立"。以后再有什么事，即使我能用我的强硬作派将他们压制下来，也难让他们心服口服的。

敢做就要敢当！既然是因为过"刚"而犯了错，那就以"柔"来化解吧！

想到这儿，我果断地走出教室，来到走廊，走到还在抽泣的小航身边，慢慢地伸出一只手，轻轻地将他揽过来。然后，俯下身，替他抹去脸上的泪，轻声地说："老师已经把事情调查清楚了，是音乐老师叫你关的门，老师错怪你了，对不起哦！"

这小家伙听了我的话，哭得更伤心了！哭得两肩一耸一耸地，还不断地用他的小黑手抹眼泪儿，使他那原本白白的小脸变成了小花脸！看着这个不断哭泣的小可怜，我心中的内疚更深了。摸着他的小脑袋，我继续温声细语地哄着他："好了，好了，别哭了，是老师错了，对不起哦！老师跟你道歉，行不行？"

他终于没再哭了，只是抽抽嗒嗒着。恰好，下课铃声响起来了。我赶紧说："下课了，不能再哭了，否则会被人看到的哦！"

小不点也怕被人看见，便低着头走进了教室。

进了教室后，我依然搂着他的肩，面对全班的同学说道："刚才通过了解情况，老师错怪小航了，我已经跟他道过歉了。现在，当着全班同学的面，老师再次郑重向他道歉。"说完，我低下头，微笑着对小航说："小航，老师刚才错怪你了，是我不对，老师向你道歉，你接受吗？"

小不点没点头，也没摇头，只是抿了抿嘴唇。下面的同学，便跟着起哄："接受，接受……"

"行了，快去买吃东西吧。"我一挥手，让学生下课。

呵呵！小不点可是个小馋猫，现在肯定是饿了，为了表示道歉的诚意，我知道自己该怎么办了。

几分钟过后，一杯热腾腾、香喷喷的奶茶，一块甜滋滋、软绵绵的大蛋糕，放在了小航的桌上！

"为了表达我的诚意，我特意为你买的，你可一定要接受哦！"我笑眯眯地说道。

"哇！老师，我也想喝奶茶！"有人在起哄。

"啊！老师，我也要吃蛋糕！"有人在撒娇。

而我，则微笑着走出了教室。

关键时刻，强势班头亦可小小地温柔一回嘛！万玮曾说过："原则要刚，方法要柔。"其实，"柔"所能达到的效果，有时真的是"刚"所不能企及的。它所体现出那份收敛、风度与魅力，更是一种婉转绰约的姿态，一种百转千回的灵动！

西边的天幕上，夕阳如锦如缎，是那样的温暖、柔和。我猜想，此刻，落在我身后的目光，一定也是温暖的、柔和的；而包围着那个小不点的目光，除了怜惜，一定还有浓浓的羡慕……

只是，不知在那个小不点的心幕上，是否还存有一丝阴翳？

晚自习时，瞥见那杯奶茶已喝完，我笑了……

2. 没有多余的孩子

恩施土家族苗族自治州巴东县沿渡河初级中学　张　宏

每一棵树都有向上的权利，它们都可以自由地呼吸新鲜空气，和同伴们享受阳光雨露，没有一棵树是多余的。每一个孩子都有追求精彩的权利，他们都可以尽情地成长，和同学们拼搏奋进，没有一个孩子是多余的。

吃过早餐后刚回到办公室，班上的安全委员就上气不接下气地跑进办公室向我汇报：小材和七年级的牛同学打架了，用扫帚打在牛同学头上，把他的头打了个包。听到报告后，我心里一惊：怎么就和牛同学打架了呢？牛同学在三岁时从家里二楼摔下，当时头骨破裂，辗转好几家大医院做了几次大手术才有好转，用他父母的话说就是，牛同学的命是捡回来的。正因为如此，牛同学得到了父母的特别疼爱，渐渐养成了十分乖戾的性格。

情况紧急，我和牛同学的班主任商量了一下，决定让牛同学班主任通知其家长，并带领牛同学去医院检查治疗。接着我把小材叫到办公室简单地了解了一下情况：在做卫生时，小材在打扫台阶，恰好此时牛同学从此经过，虽然台阶很宽，但他并没有绕道，而是直接从小材的扫帚上踩过去了。两人就此发生了口角冲突，然后相互殴打，在拉扯过程中，小材用扫帚打在牛同学头上，导致其头部受伤。

了解情况之后，我迅速给小材爸爸打电话让其到校处理此事。小材爸爸到学校后不久，牛同学就在班主任和他爸爸的陪伴下去了医院。医生给他做了CT检查，所受的伤没有大碍，就是皮下出血，医生并没有要求他住院，只给他开了些口服药让他回校上课。牛同学返校后，我们也向他了解了当时的经过，和小材所说一样。我向当事双方的家长介绍了事情的经过并谈了处理意见，双方家长都同意处理意见并达成了协议。

当我们都以为这件事情已经圆满处理时，小材爸爸把孩子叫到了面前。小材还没站稳，他爸爸就"啪"的一声，给了他一个十分响亮的耳光，并按着他跪在地上，大声对他训斥："你不该来到这个世界，你就是个多余的……"同时解下了腰间的皮带准备抽打他。事情太突然，我们还没来得及劝解。当我反应过来时，我拉住了小材爸爸，对他说："不可以这样。虽然小材打人是很不对的行为，但牛同学也有不对的地方，任何孩子都不是多余的！"

在我们的劝解下，小材爸爸没有接着打他，气呼呼地坐在那里看着小材。

"怎么能这样说自己的孩子呢？没有哪个孩子是多余的，不管是谁，来到这个世界，都有精彩的权利，太不像话了。"我在心里嘀咕着。听着他父亲的如此言语，我心中既悲哀又愤怒，心里想到了此前小材告诉我关于他家庭的事：在他八个月时，父母就离婚了，他由爷爷和奶奶带到三年级，因村里的小学没有四年级，他才回到父亲家里。父亲在他四岁时再婚了，再婚后家里又多了一个弟弟。小材不只一次地对我说："我在家里就是可有可无的！"

今天听了他父亲的话，我才知道他们父子关系的对立程度，冷漠的父亲，叛逆的儿子，让小材养成了玩世不恭的性情，有报复心理，缺乏包容。对待学习毫无兴趣和信心，他曾经在日记本上写着：我没有明天。当缺乏包容之心的小材和乖戾的牛同学碰在一起的时候，就不可避免地发生了今天的打架事件。但他也有很多优点：仗义，在班上他有一群好哥们，其中包括好几个成绩特别优秀的同学；有集体荣誉感，每次体育艺术节时，他都会竭尽全力；有礼貌，见到老师他总会主动打招呼。

小材的父亲还气呼呼地坐在那里，我稍稍整理了一下自己的情绪，对他说："你和天下所有的家长一样，都希望自己的孩子优秀，小材今天违反了校纪班规，发生了这样的事情，你应该生气。"

"是啊，谁不想自己的儿子能有出息呢，他这样整天惹是生非，能有出息吗？"他父亲接过我的话迅速说道。当他父亲在说这话时，小材的头低下了。

我接着对他父亲说："小材继承了你的很多优秀的品质，他很仗义，在班上有很多朋友，这和你一样。他好胜心强，从另一个层面讲这也是一种进取心。可是，他的这些优秀可能由于你的忙碌而被忽略了。你可以抽出一点时间好好地和他沟通沟通，让他把这些好的方面做得更好，并渐渐改掉错误和缺点。"对于这样的家长，我知道很直接地和他交流肯定不能达到预期的效果，委婉的规劝效果会好些。

这招果然见效，他的父亲听了之后眼里闪出一丝光亮，接过我的话茬说："老师，您说的很对。我以前忽略了小材，对他关心不够，总认为他就只会给我们添麻烦。很多时候就是恨铁不成钢，所以对他说了过火的话。今天听了您的话，我会好好地反思的。他已经……已经缺失了母爱，我对他太亏欠了。"说完之后，他的眼眶居然有些红了。在旁边的小材小声地哭了起来。

在我的斡旋下，他们父子在慢慢的融合。待小材哭了一会儿后，我对他说："小材，你的爸爸十分渴望你变得优秀，你想和他说些什么呢？"

小材擦了擦眼睛，抽噎着说："爸爸，我错了，我不该不听老师的话。以前我只觉得你从不关心我，今天我才明白这都是我的错误想法。从今以后我会听老师的话，不再惹是生非，不会给你添麻烦的。"

小材接着转过身对我说："老师，今天又给您惹麻烦了。谢谢您的宽宏大量，您给我的一切我会很好的珍惜的。老师，您看我以后的表现吧！"在小材说这些的时候，他的父亲坐直了身子，脸上浮现了一丝笑意。

"好了，今天打架的事情，医生已经做了检查，并没有大碍，双方家长经过沟通已妥善地解决。你今天虽然打架了，但你认识到了自己的错误并承诺以后好好的改正错误，我和你的父亲期待着、关注着，我坚信你会兑现自己的承诺。"看到他们父子在我的引导下沟通了，融和了，我心里一阵暗喜。

他的父亲告别后，我心里一阵轻松。后来，小材一天天地变得阳光了，学习努力了，直至毕业，他再也没有打架。初中毕业后，他顺利地考上了一所较好的高中。

后来，小材在和我在网上聊天时提及此事，他说："老师，我也一度认为我就是个多余的人，是您给了我和父亲希望，现在我才明白，我也可以和别人一样活得精彩。"简单的几句让我深深触动：当学生对自己的前途感到迷茫的时候，此时多半也是家长对孩子失望的时候，这个时候，如果老师也失望和冷漠，那么他们的心结会越结越多。此时，我们一定要给予他们希望，帮学生，更帮家长，打开他们的心结。当学生、老师和家长这三者的关系和谐、融洽的时候，学生就会爆发出无穷的力量，那力量足以支配他们拥抱目标。这就是教育中的罗森塔尔效应，每个孩子都可能成为非凡天才，即使犯错的孩子也不例外，让他们看到希望，看到光亮，我们教室里就会有更多的天才涌现。

3. 教育者必须摆正自己的位置

武汉经济技术开发区洪山小学 陈 俊

2007 年 6 月 11 日星期一，因为这是小考前的最后一个星期，这天我到学校比较早。还没进校门，校长就告诉我有家长等我。我预感到有事发生，快步走进教室，居然看到一位家长在呵斥一位女生，那位女生正在哭泣。我感觉事态的严重性，急忙与家长进行了交流。原来在 2007 年 6 月 10 日这天，就是这位家长的儿子小鹏，以前在家里拿一元钱都跟家长说一声的他，居然在家里偷了 700 百元钱，邀约十名同学前往家乐福为他庆祝生日，吃喝玩乐，任意挥霍。当家长发现时，他的第一句话居然是："我被她们逼的！"家长的第一反应就是：那些学生逼着自己的孩子在家里偷钱，请她们吃喝玩乐。对于一个六年级学生的家长来说，怎能不愤怒？我当时听了也非常气愤。经过调查分析，这 700 元的偷取、挥霍背后我也有着不可推卸的责任，如果我不出现那一次教育疏漏，也许会是另一种结果。

事情追忆到三个月前。3 月 29 日的中午，同学们都有些怪怪的，非要我快点到班上去。我一到班上，全班同学都坐在位置上，拍着手唱起了《生日快乐歌》，我当时只有感动，感动得满眶泪水。同学们把我领到讲桌前，讲桌上有更大的惊喜等着我，一个大大的蛋糕展现在我的眼前。我完全沉浸在快乐之中，被快乐冲昏头脑的我，欣然接受了同学们送来的礼物，还投入到同学们那种疯狂的打闹中，丝毫没有觉察背后的隐患（这次生日的策划者就是前文中的几个主要人物）。事后我也有那么一刹那觉得，让一群六年级的学生用这么多钱心里过意不去，于是我承担了洗照片的费用，并争取每个学生都有一张相片留作纪念，还自以为处理得天衣无缝，良心上过得去。可就是因为这一次，同学们感受到过生日的快乐，在班上过生日的热潮愈演愈烈，礼物越送越高档，生日场面越搞越大，吃了还要安排娱乐，费用日益升高。最后就"演"到了前文中的小鹏身上。

小鹏的生日恰巧在小考的前一个礼拜，家长为了不影响考试，拒绝当时给他过生日，答应等小考以后再过阴历生日，可是同学们哪里听得进去？又感觉即将分离，想着趁此机会好好聚一聚，所以一直策划着生日怎么过。送礼必不可少，别人送了礼，不请别人吃饭怎么好意思呢？主人公小鹏以前又曾夸过海口，他过生日爸妈会给他一千元，此时怎好丢脸？这才出现小鹏偷钱的那一幕。为了面子，他完全没有意识到自己的错误行为。那些给小鹏庆祝生日的"好友"们，虽不知钱是偷来的，但她们的热情与吃喝玩乐的风气给要面子的小鹏带来的压力，也是助长事态进一步恶化的原因之一。

在完全了解事实并仔细分析后，我与那群孩子进行了一次长谈：首先给他们分析了生日的意义，告诉孩子们生日最应该和自己过的是父母，因为那天是每个母亲的"受难日"，并通过查找的资料让学生了解了母亲当时承受的痛苦与母亲的伟大。与此同时，我认同同学们为了真诚的友谊，给同学、朋友庆祝生日的做法，并告诉孩子们：如果将生日过成现在这个样子，本来快乐的事情变得不快乐，将过生日变成了吃喝玩乐的理由，导致朋友犯错甚至走上犯罪的道路，这样的生日过得又有什么意义呢？还不如一句真诚的话语，一个甜蜜的微笑……最后我还告诉孩子们：他们很看重同学之间的友谊，好友过生日互赠小礼品，请大家吃顿饭也是一种正常的交往，是可以理解的。但在交往过程中，花销必须有个"度"才行，因为他们还是一群"剥削阶级"，怎有能力如此挥霍？发展下去只会走上歧途。看到孩子们那一张张满是懊悔的脸，我这才放下了那颗一直悬着的心。她们之后的相互道歉，对全班同学的表白让我更感欣慰。

在这件事上，作为教育者的我有不可推卸的责任，当时我没有摆正自己的位置，我虽可当学生们的朋友，更不能忘了我是一位教育工作者，言传身教，为人师表，绝不能随波逐流，更不能推波助澜，万万不能像这件事一样，让学生走进过生日就是吃喝玩乐的误区中。想让孩子们有一个正确的人生观、价值观，像我们这些成年人，特别是成天面对孩子们的教育工作者，就必须为孩子做出表率。

4. 淡化教育的痕迹

襄阳市襄城十堰小学　刘海敏

按理说，作为教育者的我们，要在学生身上打下教育的烙印。但在有些事情的处理上，我们却要淡化教育的痕迹。

那天是我班交校服钱的日子，我怕孩子们把钱弄丢了，一大早就来到教室里收钱。孩子们按座次一个个排着队交钱。我正低头忙着，小东跑到我面前突然哭了起来。原来他放在桌上的100元钱不翼而飞了。我忙拉过他问道："先别哭了，你能告诉老师是怎么回事吗？钱怎么就不见了呢？你真的带钱了吗？"他哭着说："早上，妈妈给了我100元钱，我就拿在手里，刚才进教室后，我把钱放在桌子上，低头放书包，等我把书拿出来一抬头，桌子上的钱就不见了。"接着又伤心地哭起来。听了他的话，我心里一惊。不会吧，一年级的孩子，这么小，没那么大的胆儿去拿别人的钱吧？再说，城里的孩子又不缺钱，我们老师经常进行这方面的教育，班上从来也没发生过丢钱的事呀！小东的钱是不是掉地上了呢？

我领着小东来到他的座位上，桌子上没有，征得他的同意，我把他的书包检查了一遍，也没有，抽屉里也没有。在地上搜寻了一圈也没发现。这时，他周围的同学都在，看老师帮他找钱，也都积极地低着头帮着找，结果也没找着。

我这时有点着急了，问他："小东，你确定你把钱放桌子上了吗？"

小东使劲点点头，说："是的。不信你问小红，她也看到了。"

我把目光转向他的同桌小红，小红连忙证明道："刘老师，我是看到他拿了100元钱放在桌子上。就放在这儿。"说着还用手指了指桌子中央。

我一下子懵了，不会吧，真有这么胆儿大的、品质坏的孩子？不会吧……看我愣在那儿，小红急着分辩："刘老师，我可没拿。我刚才在读书，我不知道他的钱跑哪里去了。"看着她用那双清澈无邪的大眼睛盯着我，我相信钱一定不是她拿的。她可是品学兼优的孩子呀。

那会是谁呢？我很生气，一定要查出是谁拿的。这早上还没下课，孩子们都没出教室，搜一搜应该能搜出来。但这样以来，不就太大动干戈了吗？而且搜的方法欠妥，没有尊重孩子，这是我不愿意做的。

怎样做才能既不伤害孩子的自尊，又能使他勇敢承认错误呢？我看看小东前后桌的同学，他们也正看着我呢。我不动声色地用眼神打量着他们，捕捉着他们脸上的神色，嘴里问道："你们几个离小东最近，有谁看到或捡到他的钱吗？"几个人都摇摇头说没有，神情自然。

出稀奇了，凭经验，我断定拿钱的就是他们其中的一个。我知道要弄清真相，要实施教育，不能靠讲大道理，更不能用"逼供"的方式让学生承认错误。我想了想，决定从学生的心理出发，用换位思考的方式体验一下失主的感受，主动承认错误。于是我放缓语气问："同学们，假如这100元钱是你丢的，你会怎么样？""着急。""伤心。""如果谁拿了或捡到了，不归还给丢钱的人，有没有想过丢钱人的心情？"几个孩子低头想了想。我又接着问：
"如果知道犯了错误，应该怎么办？"有孩子立马说："我会改正
错误，把钱还回去。""对呀。如果你捡到了小东的钱，刚才忘了
还给他，现在可以把钱还给他了，你看他多伤心呀！"几个人异
口同声地说："没有看到。"就在这时，我发现坐在小东前面的小
名神色有些不自在，眼神有些慌乱。看我看向他，他立马把头低
了下去。凭直觉，我感觉是他拿了钱。联想到他以前也拿过几次
同学的学习用品，我更加肯定，钱就是他拿的。为了给他一次改
错的机会，我强压怒火，故作轻松地说："老师已经知道是谁捡到
了小东的钱，你也许不好意思当着大家的面拿出来，不要紧，下
课后悄悄地送到我这里也不迟。我一定替你保密。"

可是下课后还是没有人送来。第二节课是我的语文课，因为
早上我已经说过知道是谁捡到了钱，我就没在课上说这件事情。我
发现小名整节课都心神不定，我喊他回答问题，他竟然不知我问
的是什么。这更坚定了我的判断。我准备单刀直入，找他好好谈
谈。下课后，我装作随意的样子走到小名面前对他说："小名，你
这节课听讲不认真，有些知识点你没掌握，到办公室，老师再给
你讲一讲。"他犹豫了一下，不情愿地站起身跟我来到办公室。我
把门关上，让他坐下来，对他说："你给老师说实话，你真的没捡
到小东的钱吗？"他低着头，不看我，点了点头。看他到这时候
还不承认，我一下子火冒三丈，说话语气不由得加重了："你要是
捡到了，赶快还回去。假如捡到钱不归还失主，占为己有，那就
是偷窃行为，是要被警察叔叔抓起来的。你明白吗？"他低着头，
仍不说话。眼看要上第三节课了，我就让他回教室了。看着他逃
离的背影，我自言自语道："不会错的，一定是他。小孩子，他是
藏不住的，你看他那躲闪的眼神，游离的神情，心事重重的样子，

钱绝对是他拿的。可他一直不承认，怎么办呢？真希望他能够知错就改，把钱还回去。"

中午放学的时候，遇见了来接小名的妈妈，她热情地问我："刘老师，小名把校服钱给你了吗？他今天表现咋样？"我看看小名，意味深长地说："他的校服钱交给我了。可是坐在他后面的小东同学的校服钱，放在桌面上一眨眼的功夫就丢了。孩子伤心得不得了。唉，现在有的家长对孩子的教育真的没法说。小小年纪竟然敢拿别人的100元钱，太吓人了！唉，教育真成问题呀！"说完又看了小名一眼，转身走了。中午，我接到他妈妈的电话，她说："刘老师，我听出来了，你是怀疑我家孩子拿了小东的钱。是的，我儿子以前是拿过别人的东西，我每次发现后都回家狠狠地打了他。他也保证再也不拿别人的东西了。而且，我每天都搜他的书包。中午他回家后，我搜过，没发现钱。我也问了他，他说没有拿。他知道拿别人的东西后果是严重的。上次他拿别人的一块橡皮，我把他的手都扎流血了。他是决不敢再拿别人的东西的。刘老师，你一定冤枉了我家孩子。"

难道真的冤枉小名了吗？不可能！凭我的直觉与观察，绝对错不了。但他妈妈又没搜出钱来，这怎么解释呢？凭我对他妈妈的了解，如果是小名拿了，他妈妈绝不会袒护孩子的。他到底是把钱藏哪儿去了呢？还是我真的冤枉了他？我有些纠结了。我对他妈妈说："我没说一定是小名拿的。我只是寒心，也很担心，现在有的家庭教育确实有问题，小东的100元钱一定是我班的同学拿的，我会查个水落石出的。你不要多心，我们都引以为鉴，要教会孩子先做人再做学问。你说是吧？"他妈妈也说："是呀，做人比较重要。"听得出他妈妈对我的回答不满意，有点不高兴。说实话，自始至终，我都坚信钱是小名拿的，但现在我也有点不确定了。那还会是谁呢？我打算下午到校后再仔细观察观察。下午上课时，总感觉小名在刻意躲着我的目光，其他的几个同学没什么异常，也没有同学主动还钱。难道是我的错觉？钱应该还是小名拿的吧？真让我郁闷！

晚上快十点了，我又接到了小名妈妈的电话，她在电话里一连串地道歉："对不起，刘老师！对不起，我真的不知怎么给您说。钱，是小名拿的。今天晚上，他睡觉后，我洗他的衣服时，在他的衣服口袋里发现了 100 元钱。我刚把他狠狠地揍了一顿。他也承认了，钱是他在小东桌子上拿的。真的对不起刘老师，我没有教育好孩子，向您道歉！我明天把钱拿给您。这件事希望您不要在班上讲，免得小朋友瞧不起他。他以后怎么做人呀……"说着说着，她妈妈在电话里哭了，哭得很伤心。

事情到此结束，我的心情却很沉重。从这件事上我在反思：我的出发点是既要保护孩子的自尊心又找回丢失的钱，但从这件事开始到结束，我好像都是凭经验主观臆断，不自觉地"画地为牢"，按常规思维去处理事情，让小名产生了一种封闭的心理，甚至还产生了"会在全班同学面前丢面子"的危机感，因此他才没有主动交出钱来。我的这种教育丝毫起不到作用，看来是我的教育策略有问题。我想起曾经在一本书上看到有一位老师在遇到同类事情时的解决方法：她给班上的每个学生发了一个红包，告诉孩子们，捡到钱的，就放进红包里，没捡到钱的，就在里面放张纸条，红包上不写名字，组长收上来直接交给老师。最后钱就装在红包里回到了老师手里。这位老师就巧妙地维护了孩子的自尊，找回了丢失的钱，还用这种方式无声地教育了学生，知错及时改正也是一件好事。现在回想起来，其实我也可以在发现钱丢之后，在班上和大家先讨论一下："假如这钱是我丢的，我会怎么样？如果知道犯了错误，应该怎么办？"然后给每个学生发一张小纸条，事先讲清：写的时候不能去看别人的，交上来的纸条老师绝对保密。如果你没拿别人的钱，就在纸上写"我没拿"三个字及自己的名字；如果你认识到自己错了，便写上"我错了"。相信拿钱的小名一定会认识到自己的错误并改正错误的。我在这件事上没从学生的心理出发，没给小名认真反思自己行为的机会。我应该让小名学会换位思考，产生类似的情感体验，为他思想行为的转变创造一种宽松的外部条件，使他自觉自愿地承认错误。整件事中，小名妈妈伤心，小名伤心，我也伤心！这件事给我们心底都留下了伤痕！

尽可能地淡化教育的痕迹，是我从这件事中悟出的教育生涯中的又一真谛。

5. 孩子，我会为你铺台阶

襄阳市樊城区前进路小学　郑若君

一周中的五天，我最讨厌上周二上午的课。也不知道怎么搞的，课表中周二上午连着三节语文课，别说孩子们上得头昏脑涨，连着奋战三节课，也足够让身强体壮的我疲惫不堪。

看，又是黑色星期二。第四节课铃响。我站在讲台前，听着娃娃们有气无力地唱着歌，不由得皱起了眉头。

歌声停了。

我清清嗓子，故作愁眉苦脸地说："孩子们，我好累啊！这节课我们不上语文课好吧？"哎哟喂，这句话一说不打紧，娃娃们立马兴奋得眉飞色舞啦！

"可是——"我故意停了下来。教室里"唰"地静了下来，一双双眼睛都紧张地盯着我。

"可是，我们这节课做什么呢？"我当然知道这句话完全对他们没有难度，嘿嘿，就是想让他们学会安排自己的课堂，学着做自己时间的主人嘛。

"写作业！"

"今天的家庭作业不多，没有必要动用一节课的时间吧，能有更好的建议吗？"

"看《蜘蛛侠》！"（上次给全班的奖励是看《蜘蛛侠》，因为时间关系只看了一半。）

"嗯，是我允诺大家却还没有做完的事情。可以考虑，不过有没有比这更需要做的事情呢？"

一个孩子若有所悟："对了，选拔节目！"这话一出，孩子们纷纷附和："对，对对，下周就要表演了，咱们得赶紧把节目定下来！"

要说这六一儿童节的文艺汇演，可是咱们班一年一度盛大的庆祝活动。尤其是今年，不光孩子们踊跃报名，家长们也在积极准备节目，甚至把我的演出内容也"预定"了。我已经和娃娃们商量了要分批选拔（其实也就是先练练胆子，展示一次，提提建议而已，孩子们的节目不就是重在参与嘛，但还是要说选拔呀，这样孩子们才会努力提高节目档次嘛），把三四十个节目分成唱歌类、器乐演奏和舞蹈类、其他杂项类，分三天初选。这不正好可以把这节课派上大用场吗？

我两手一拍，点头笑着，故意附和道："是呀，这么紧急的事情当然得优先考虑啊！咱们选出来的节目还得做好充分准备，利用后面的几天时间来排练呢！好，这节课，咱们就先选拔唱歌类的节目！"

孩子们一看我采纳了他们的建议，兴奋之余就开始笑嘻嘻地推搡着那些报名了的同学。有的只是笑而不语，有的想站起身来又有点胆怯地看着我，有的已经从兜里掏出 U 盘准备拷贝音乐了……

"海选"正式开始了！

大大咧咧的冰泽同学第一个走上台演唱张杰的《着魔》。大概还是有点紧张，声音不够响亮。他刚唱完，就有小手举起来了。书航说："我建议，冰泽你唱歌的时候大点声，不然后面的同学听不到你唱歌。还有，不要一直站在那里不动，加一些动作就好了！"

我看着有点尴尬的冰泽，点点头表示同意书航的看法，又做了个补充说明："当然也不用扯着嗓子唱，我会准备话筒的。"冰泽微微点点头，回了座位。

第二个上台的男生轩轩唱了一首萧敬腾的《王妃》。音乐一起，台下许多男生就跟着小声唱起来。不过，他配的是原声音乐，我只能努力辨别着属于他的歌声。一会儿，宇哲同学大声提出了建议："请你配伴奏乐吧，我们听不清楚你唱得到底好不好呢！"我一看脸皮薄的轩轩低下了头，连忙说："这个建议很合理，不过我听到轩轩的声音很好听，歌曲的节奏和旋律都唱得很标准，相信你用伴奏乐多练习，大家一定都会很喜欢的呢！"

接二连三地又上来了两个男生。

我的目光在人群里搜寻着，落在了星语身上。我抬抬眉毛，使了个眼色，她扭捏了一下，笑嘻嘻地走上台。

"我表演的是歌曲《虫儿飞》。"她刚开口唱，教室里便响起了女生们天籁般的童音。天啊！无伴奏女生合唱，真好听！我心中暗暗赞叹道。嗯，到时候，我会悄悄带动孩子们都站起来唱，那时，只怕夏天夜晚的萤火虫也会飞到我们的眼前来欣赏吧！

我继续搜寻着。人群中子鸣同学却背向大家坐着，默不作声。咦？他不是有一首歌曲要表演的吗？怎么不上台来呢？

"子鸣！"我唤他上台。

他用眼角看了我一眼，轻轻地摇了摇头，又伏在了课桌上。

奇怪！前两天子鸣妈妈还对我说他在家准备歌曲呢，这是怎么啦？我转眼看看其他跃跃欲试的孩子，抬起手往下按了按，示意他们等一等。子鸣是个比较内向的小男生，若不是上次班上的"歌王大赛"，我还真不知道他的歌声如同天籁呢！几个月前，我建议子鸣妈妈带他学学唱歌，据说老师现在对他的评价很不错的。我想，他应该唱得比大多数人好啊，会不会是还缺少点儿勇气呢？

我想节约点时间，就大步走过去一手拉起他细细的手腕，一手扶着他的后背就往讲台走，还笑嘻嘻地念叨着："怕什么呀，站在讲台上展示自己的同学可多着呢，你也能行的！"

他走在我的前面，刚踏上讲台，忽然，他瘦瘦的身体就轻微抖动起来，紧接着用两只手捂住了自己的脸。

我站在他身侧一看——哦？这个小男生怎么哭起来了？

这可真是没头没脑的一场冷风啊——整个教室里霎时间异常安静，空气有点凝固了。

我纳闷地看着娃娃们，他们也纳闷地看着我。

我扶着子鸣的肩膀，弯下腰问："怎么了？是不想表演唱歌了吗？"

子鸣点点头，又摇摇头。

啊？这是怎么个意思啊？是他自己报的名，这又不肯唱了，到底是什么状况啊？我探寻的目光投向子鸣的邻座，庆怡和博宇回答我的都是摇头。

我想了想，对他说："子鸣，刚才不光是男生，还有女生都上台唱了，你也唱给大家听一听，看看能不能给你一些好的建议，等节目表演的时候，那得多精彩啊！"可是，子鸣不但没有把手放下来，反而弯下了腰，好像还哭得更厉害了。

明明是安慰他的话，反而成了催泪剂，这可怎么办啊？

我使劲儿地把他的两只手掰下来，对孩子们说："别哭了，我们大家都还等着听你唱歌呢，是不是？"

"是啊！""快点唱吧！"孩子们都明白了我的意思，接着我的话说着。

子鸣还是不吭声，再一看：他紧紧地闭着眼睛，眼泪像两条小溪一样直往下淌。我放在他身体上的双手感觉到它因为紧张而僵硬着，现在的他无论是表情还是身体语言都在告诉我：他不想面对这个场景！不知何时，教室外的天空阴沉了下来，教室里也显得有些压抑了。

好吧，既然他不想唱就算了嘛，由他回座位，说不定哭一会儿就好了呢。再说，还有那么多孩子等着选拔呢。可是一转念：他为什么哭？又为什么不唱？如果就这样让他下台，万一他下次没有自信上台唱歌了怎么办？他原本在课堂上就不肯举手发言，这下要是断了他展示的念想，可怎么办？我纠结着，矛盾着。

孩子们开始窃窃私语，我眉头一皱，扫了一眼，他们立刻识趣地安静了。

我轻轻地拉起他的两只手放在我的一只手掌里，又用另一只手轻轻地抚摸着他的后背。他的背，还是僵硬的。

我轻声问："子鸣，你睁开眼睛看看，大家都等着你，都知道你的声音特别美，期待着听你唱歌，你就只唱一句给大家听听好吗？"

子鸣还是闭着眼睛兀自流泪，一句话也不说。得，这个台阶被他"啪嚓"砸地上了。

看着他已经有些红肿的眼睛，我有些揪心了。又问："你唱的歌叫什么名字？这样吧，我找几个会唱的同学陪你一起唱好吗？"一听这话，下面已经有人喊了：他唱的歌是《丑小鸭》！他这次没有摇头。

谁会？

全班居然没有一个人会唱这首歌！我抛出去的台阶又被这帮熊孩子"啪嚓"砸地上了。

我连忙说："你看，刚才几位同学唱的歌，大家都会唱。你选的歌，大家都不会唱只有你会唱，这说明你很了不起啊，有创新呢！你赶紧大胆地唱出来，让我们听听吧！"

可是，子鸣同学还是闭着眼睛流泪。天啊！这个令我抓狂的小家伙啊，你是要闹哪样嘛！

娃娃们无助地看着我，有的孩子已经开始嘟嘟囔囔，大概是埋怨他在浪费大家的时间吧。教室上空漂浮起一团灰色的云。

我干脆捧起他的脸，凑近我的脸，轻声说："子鸣，来，睁开眼睛看看我！我们一起想一想，怎样才能把这首歌唱出来，好吗？"

过了片刻，他带着泪水的眼睫毛动了动，微微睁开了一点点。

我心中一喜，有戏！连忙又铺上一个台阶，说："这样吧，你不想唱，就说一说歌词是什么好吗？让我们听听歌词好不好？"

他忽然又哭了起来，眼睛闭得更紧了，身体又抖了起来！

哦？这件事到底和歌词有什么关系呢？是什么能让他这么难过？

我试探着："你记得第一句歌词是什么吗？"

他很快地摇了摇头。

哦，原来是这样啊！

我眨眨眼，又问："你是不是想不起来歌词了，一句也想不起来？"

他哭着，忽然开口了，像小蚊子哼哼地说："我不记得歌词，还没有练好……"

唉，这个傻孩子！这哭了半天，原来就是因为不记得歌词怕被同学和老师笑话啊！

我连忙说："傻孩子，这有什么啊，你告诉我原因不就好了吗？"顿了顿，我又说："你看刚才芊芊同学唱破音了，不是继续唱了吗？贵达和小杰都忘词了，大家也没有笑话他们呀！放心，郑老师也不会批评你的！"

娃娃们好像也大喘了一口气，纷纷说"是呀""对呀"。那团灰色的云仿佛也轻松了，开始流动起来。

这孩子需要一个真正踩得住，站得稳的台阶。赶紧的吧！

我连忙走到电脑旁，一边快速打开"酷我音乐盒"，手指在键盘上翻飞，键入"丑小鸭"几个字，一边对他说："子鸣，不记得歌词不要紧，我有办法帮你啊，你看，对着大屏幕看着歌词唱就好啦！"

点击！音乐响起！

转身问他："是这首吗？"

他睁开了眼睛，看看大屏幕，摇摇头说不是。

晕！屏幕上有几百个可选项，我选哪一个？

子鸣看着另一首《丑小鸭》说："……嗯，是段丽阳唱的这个版本。"

连忙动手，点击！音乐再度响起！

子鸣扭着头看着大屏幕，神情缓和了许多。我把他的身体转向大屏幕，说："你看着歌词唱，没关系的。"然后回头对娃娃们讲："孩子们，让我们一起来听听这首没听过的歌吧！"孩子们都说"好"。

子鸣看着歌词，跟着旋律唱起来了。因为刚刚哭过的原因，声音还有些发抖。到了第二段，他似乎找回了记忆，就转身看着大家，大声地唱起来了。

音乐停了。

他有些不好意思地看着我，小声说："我唱完了。"

我冲他点头，又看着全班同学说："孩子们，你们想对子鸣说什么？"

这下举手的人可多了：

"子鸣，我觉得你的声音太好听了，唱得很好！加油！"

"子鸣，你勇敢一点，你看你这次展示也很成功啊！"

"子鸣，你选的歌曲，我们都没有听过，你都已经会唱了，真棒！"

子鸣的脸上渐渐露出了一丝笑意。

我趁热打铁："子鸣，你眼光真棒！这首歌曲把我们最熟悉的童话故事唱出来了，我很喜欢它！还有一个星期才正式演出呢，你在家好好练习，到时候，同学们一定会送给你最热烈的掌声的。说不定，它就会成为我们班最流行的新歌曲呢！孩子们，你们说，对不对？"

"对——！"教室里响起孩子们响亮的声音，带着鼓励和喜悦，一下子冲散了那团灰色的云！

看来，要读懂孩子的心，就得多点耐心，要让孩子一步一步上台阶，就得一步一步地，先为孩子铺好站得住、踩得稳的台阶。

6. 天堂里的孩子，你过得还好吗

恩施土家族苗族自治州鹤峰县五里中心学校　蒋宗海

"小达晚上被同寝室的同学在寝室的走廊杀死了！"

"是不是确有此事？"

"千真万确，已经被送回家了。"

"还只上高一，十七八岁，还是一个孩子，就去了，可惜啊！"

"那个家伙出事是迟早的事！"

"还是要加强教育啊，出事就迟了……"

一大早，这个噩耗就传遍了小山村的旮旮旯旯。听到这个消息，我很木讷，脑海一片空白，因为小达曾经是我的学生。

父不想子承父业

我和小达的父亲是初中的同班同学，睡上下铺，印象中那时他就特别的喜欢打架，时常欺侮其他同学，那时，他是我们班的公敌。因为我哥哥和他哥哥在一个班，并且关系特别好，所以他对我比较客气，但打心底里来说，我还是没有勇气和他公平交往，时常是对他敬而远之。后来初中毕业，我们就一直没有再见，直到他送儿子上初中。听说初中毕业以后，他就做了那一带的"山大王"，周围的老百姓都怕他、嫌他，不和他深交，他是一个到别人家里都要提防的角儿。他和老婆离婚后，儿子随他，原来家中的两层小楼一人一层，他住在楼下，因为他不允许妻子从一楼上二楼，他的妻子不得不远走他乡打工去了。

小达的童年是在父母无休止的争吵和父亲的不断滋事中度过的，从小他就养成了娇惯、自私、自以为是、惹是生非、放纵的毛病，大家都戏称他为"有父亲的留守儿童"。上中学时，他父亲把他交到我班上时，对我说："我们俩同学一场，你帮我把儿子管一管。我虽然是一个游手好闲之辈，但我不想他走我的老路，你要多费心。"听了他这一番话，看他看着儿子伤感的眼神，我暗暗下决心，一定要带好小达。

欺软怕硬恶习难改

新环境的三天新鲜感过后，小达又回到了他既定的生活轨道，我再一次对教育的功能产生了质疑。在班上，凡是他能斗得赢的他非打即骂，每天都有同学告他的状，少数他打不赢的他也要去招惹，是一个事事都有他的主。记得那年冬天，有一天天还没亮，一阵急促的敲门声就把我吵醒，开门一看，是他。他用手捂住眼睛，在我门口哀嚎："我的眼睛看不见了，老师你快点去教训王 X 建，他快要把我打死了。"我仔细观察发现，只是眼眶有点红，我问他："是怎么了？有人欺负你了？"于是他一一道来，当然主要是说是王 X 建的错、王 X 建的不对。我一到教室了解发现，原来这些天他一直在班上滋事，不过大家都觉得他是这么个德行，就没有和他计较。今天早上他洗脸过后，随手将水向寝室门外一撒，浇了王 X 建一身，王 X 建就问："是那个将水浇到我身上了？"他不但不道歉，还随口骂道："是老子搞的，那个狗日的走路没长眼睛？"寒冷的冬天，不管是谁碰上这种事，都是气不打一处来。于是王X建也没和他多说，一拳就打在他的眼眶边。待他弄明白是人高马大的王X建时，他就直接跑到我这里告状来了。其实我当时心里暗笑：你这个讨厌鬼，也有今天呐！但不能这么说。甚至我觉得这是一次转化他的好机会呢。虽然没有什么大问题，但为了给他们一个教训，就带他们两个去医院检查。去的路上，我走在前面，他们俩分别在公路的左右，小达一直说个不停，就一个意思：他的爸爸是这一带掌拐的（黑社会老大），这次一定要叫他来给王X建一个教训。哪知王X建根本就不怕，只说："来了又怎么样？谁还怕他吧？"

家校结合无果而终

随着时间的推移，小达的诸多毛病一一显现。他爸爸也经常到学校了解情况，配合学校对他的教育，班级采用很多措施帮助他，表面上看他守纪多了，甚至很多时候还主动和老师交流，事实上他也变得越来越油，成了一个阳奉阴违的两面派。他摸到了老师的底线，那就是绝对不会对他采取暴力教育，于是"你去告诉老师哈，我打你了，老师最多就是批评我，又不会打我"就成了他的口头禅和处事的行动指南。我们班级的老师也一直特别关注他，班上的学生也懂得不和他计较，事事都让着他，班级也算和谐，但有一件事却让我产生了放弃他的念头。

那天，他帮他的一个伙伴打了一场毫无道理的架使其他同学受伤，我通知家长到校处理。他爸爸当时正带着民工在山坡上伐木，匆匆赶到学校时，已是黄昏，处理完相关事宜后，已经下晚自习了。因为开始他拒不认错，他的爸爸甚至对他动了粗，双方都像打斗的公鸡互不示弱。看见这种情况，我又从中周旋，做他们父子的工作，好不容易双方情绪平复，他爸爸说因为怕人盗伐木材，必须连夜装车转运，得连夜赶回去。了解到他爸爸到那时还只是吃过早饭，我建议说："小达，你陪陪爸爸去吃点东西吧！"本来他爸爸是要急着赶回去的，听我这么一说，明白了我的意思，就邀我同去。因为主要是为他们父子创设交流的情景，也是为了让小达体会父亲的不易，我婉言谢绝了。我自认为这次家校结合一定很成功，殊不知事情的发展马上狠狠地扇了我一个耳光。

他们上街吃过晚饭后，他爸爸把他送回学校，这时其他学生早已进入了梦乡，在家长千叮万嘱后，我送他回寝室就寝，去的路上我又故意问他："你爸爸回家了？"

"没有。"

"这么晚了去哪里了？"

"他说要赶往山上去装木材。"

"你有什么看法？"

"爸爸太不容易了。"

昏暗的路灯下，趁我不留意时，他擦了擦眼睛。这次一定效果很好，我自信满满。

"进寝室后不要出声，影响大家休息。"

"嗯。"

十分钟后，我爬上楼去看他睡好没有，发现他床上没有人，最终我在卫生间找到了小达，他一个人在那里很熟练地吸烟。我很气愤，一时竟不知说什么。过了好一会儿，我才有气无力地对他说："你爸爸才刚出校门呢！你快点去睡吧。"

一转背，我拿出手机，翻出他爸爸的电话号码，很纠结，但我始终还是没有按拨号键。我没有再说什么，默默地离开了寝室。

随波逐流终食恶果

从那以后，小达好像变得"老实"些了，老是躲着我。不深入学生之中了解，他也是一名"乖学生"，我也懒得去理他，就这样相安无事，时间就这样慢慢地过去了。九年级时学校重新分班，我没有坚持再带他，他到了另一个班，新班主任原则性很强又很严厉，于是他转到其他学校去了。从此，得到他的情况就越来越少了，只不过在和老师们谈论家庭对小孩的教育，尤其是幼儿教育期的重要性时，才偶尔提到他。再后来，也就是他上高一的时候，听说他还是经常欺负其他同学。一天中午，因为一件小事，他又对一名很老实的同学进行殴打。本来老师都调解好了的，但是那个同学晚寝后将他叫到寝室的走廊上，趁他不备一刀将他捅死了。

时常自责心无坦然

一个鲜活的生命就这样消失了，我作为他曾经的班主任，两年的时间在他18岁的年轮里只是扮演了一个匆匆的过客。总是有人说教育的功能是有限的，老师的工作也是有边界的，甚至有研究说一个人小时候形成的心理影响在一生的教育中都是难以改变的，但我一想起这件事还是心有不甘，时常自责、愧疚，对消失的生命充满敬畏。每当我在教育中碰到最难教的学生，我总是可以听见我自己内心的呼喊：再坚持一下，不要放弃他。对于他们，我们都少一些责任的推脱，多一些关怀的坚持，好吗？

有一首歌叫《天堂里没有车来车往》，天堂里的孩子，你在天堂里的童年过得快乐吗？你现在还好吗？

7. 百灵鸟回来了

荆州市沙市区实验小学　田　燕

阶梯教室里座无虚席，我正在台上参加"课内比教学"的竞赛。"谁愿意为我们读读这段话？"我把热情的目光投向了小晗——这个平时和我心有灵犀的小丫头。我相信她百灵鸟般清亮的嗓音一定会为我的课堂增色，可是今天，她的眼神有些躲闪，最后竟然逃开了。"小白灵"怎么了？

下午的读书课，同学们推荐小晗上台接读故事，这个平日里天不怕地不怕的疯丫头，居然扭扭捏捏半天不上台，"小白灵"到底怎么了？架不住同学们的邀请，小丫头终于开口了，可是清脆明亮的声音、抑扬顿挫的腔调都没有了，她好像很怕张嘴，手还不时放到嘴边，好像要遮住什么东西。她想要掩饰什么呢？对了，牙齿！一定是那两颗损牙！唉，都是牙齿惹的祸！

事情还得从一周前说起，小晗吃完中餐，走在回教室的路上，突然身后蹿上来一个男生把她绊倒在地，两颗门牙都摔损了一小块，不那么整齐了。其实不仔细看，察觉不到什么变化，但是这个爱笑、爱美的小丫头心里却有了阴影。她觉得自己不漂亮了，她害怕别人取笑她的牙齿，所以就有了一些退缩的表现。

小晗是个在赞美声中被精心呵护长大的孩子，生活中没有经历什么风雨，当挫折突如其来，她显得无力、脆弱，面对自己小小的缺陷无法接纳。怎样才能让她明白，这一点点的不完美无损她在他人心中的形象呢？大家夸她漂亮，并不单指她姣好的容貌，更是她的自信和聪慧，这才是她一直备受喜爱的原因。

我想起了美国龅牙明星凯丝·达莉的故事，觉得会对小丫头有帮助。第二天午休时分，我为全班同学讲起了凯丝·达莉这个美国电影界和广播界的一流红星。在她成功之前，曾经因为自己的龅牙，每次演出总是想把上嘴唇拉长盖住突出的牙齿，以便使自己漂亮些。但是结果总是弄巧成拙，频频出洋相，严重影响了大家对她歌唱水平的评价。直到有一天，一位听出了她天分的音乐家直率地指出："你总是在掩藏自己的龅牙，观众是来欣赏你的歌声的，你只需把歌唱好就行了，其他东西根本不用去管。"虽然这句话当时令她十分难堪，但也使她大受震动，她决定忘掉自己的龅牙，放开唱一次。结果当这位"小丑"忘情歌唱时，她的歌声竟然那么热情，那么美妙，征服了在场的所有观众，一夜之间红透美国演艺圈。那几颗一直被她视为见不得人的龅牙，也成了她最具特色的地方，广为歌迷所称道。

教室里很安静，小晗听得很认真，一双大眼睛忽闪忽闪的，聪慧的她一定明白了些什么。但是理智告诉我，光凭一个故事，还不能药到病除。恰好学校正在举行古诗词诵读擂台赛，下周四就轮到我班攻擂了，我认为这是个好契机。周三班会时间，我让同学们推荐参赛选手，凭着以往过硬的实力，小晗果然在推荐名单之中。放学后，我把名单中的八名同学留下了，告诉他们每班只有一个参赛名额，我希望参赛选手能充分展现我班实力，攻擂成功。大家慎重考虑考虑，然后举手告诉老师"我愿意，我能行"。教室里一片沉默，我一次又一次把期待的目光投向小晗，终于她犹犹豫豫地把手举了起来，可是看看四周又准备放下，我没给她退缩的机会就大声宣布："小晗同学非常勇敢，这次就由她代表班级参加比赛，我们都来当她的陪练。"

孩子们非常尽职，一有空就陪着小晗练习。一开始，小丫头面对大家还有些怯生生、不自然，渐渐地，她发现同学们谁都没有关注她的牙齿，也就放松了。恢复了自信和活泼的小晗状态越来越好成功，我们班也成了新的擂主。比赛当天，我拿着摄像机拍下了小晗比赛的全过程。比赛结束后，我特意组织全班同学观看精彩画面，同学们一边观赏，一边忍不住称赞："小晗真漂亮。她，语音、语调，抑扬顿挫；动作、表情，有板有眼。""最终小晗攻擂的声音太好听了，表演得好投入呀！"在同学们的夸赞声中，小丫头笑得像一朵花，牙齿缺损早就不在意了。我有心让小晗评价自己今天的表现，她站起来落落大方地说："我今天很漂亮，我的表演声情并茂，谢谢老师和同学对我的帮助！"听着她明朗的声音，看着她灿若桃花的笑脸，我知道阳光已驱散了她心头的阴霾，"百灵鸟"又回来了。

不少孩子，不管男孩女孩，在成长过程中总会遭遇各种各样的问题，家庭境况的变化，学习中的挫折，身体和心灵的创伤等等。现在的孩子大多都是独生子女，家庭条件好，从小被全家人疼爱、呵护，被周围人喜欢。他们生活在童话般的国度，一旦生活或学习中遭遇变故，他们往往因害怕失去这些曾经习以为常的爱护和赞美，转而将自己封闭起来，不敢面对现实的学习生活，因为他们潜意识认为大家不再像以往那样爱他们。针对这种情况，老师应该把握事情的来龙去脉，主动去关心、开导他们，智慧地通过各种适当的场合，让他们明白"被爱不是因为自己天生有多么可爱，而是在面对困难和挫折时所表现出来的非凡勇气和意志力"。

8."丢失"的裤子

襄阳市谷城县冷集镇小学　董正香

一个星期三的早上，我走进五（1）班教室，去收鼓号队孩子们的衣服时，小亮跑到我面前说："老师，我的裤子不见了。"这突如其来的事件，让我心里陡然生起一股气来：上星期才发的衣服，让你们各自保管好自己的衣服，你怎么现在说不见了呢？

不过，气归气，看着他一脸诚惶诚恐的样子，我也不能现在就对他发泄，因为衣服已经丢了，只好把那股气按在心里，便心平气和地了解裤子丢失的过程。

星期一全镇要举行小学生春季运动会，我校鼓号队学生要参加开幕式，我怕星期一早上他们换衣服来不及，所以上一个周五下午把衣服发给孩子们，并告诉他们穿罢拿回家洗，带来时要小心保管，下周三我到教室去收衣服。谁知，小亮领到衣服到教室后，把衣服放在抽屉中的书包里，然后到黑板前记星期天的作业，当他回到座位收拾东西准备回家时，发现裤子不见了。

唉，为了给自己图点方便，我担心的事情还是发生了。看来想躲就不行，事情已经摆在眼前，必须"出手"。

"你肯定裤子在教室里丢的？"我问。小亮坚定有力地说："裤子是在教室里丢的，我放衣服时，同桌小敏还看见了呢。""你让我怎么说你才好？让你们小心保管，现在丢了，你说该怎么办？"
我喋喋不休地说着。

小亮畏缩起来，一脸的茫然。"这样吧，"我略作思考对小亮
说，"你先到座位上去，再好好想想拿衣服后的过程，我请你们班
主任王老师帮你查，怎么样？"小亮点点头，便悻悻地回到座位
上。当我收完衣服后，又当着全班学生的面说："小亮的裤子丢了，
请捡到裤子的同学交到我那儿，你要这裤子也没用，我希望物归
原主。"

一天过后，裤子杳无音信，我便找到五（1）班的班主任，把
孩子丢裤子的情况做了简单陈述，请班主任帮助调查。谁知，事
情过去三天，裤子还是没有着落，我也不好意思去催促，毕竟是
求人办事。就在星期五的下午放学时，王老师无奈地对我说："我
在班上调查呢，可是学生们都说没看见，这两天我就在为裤子的
事纠结，好端端的裤子怎么会不翼而飞呢？"看着王老师一脸焦
急的样子，我安慰道："没事，不就一条裤子吗？不查了。"当时，
为安抚班主任的情绪，我嘴上这么说，心里却像打翻的五味瓶，真
不是滋味。一条裤子虽然不值钱，可那是学校的财务，不能说丢
就丢。再说，从丢裤子一事中更能反映一个孩子的人品问题，我
不能善罢甘休！

为了不再给班主任添麻烦，我不动声色地调查起来。"五一"
假过后的第一天中午，我来到五（1）班教室，为弄清事情的真
相，我把小亮喊到面前再次盘问，小亮还是一口咬定裤子在教室
丢的。为了证实他说的不是谎话，我又把他的同桌喊出来了解事
情的线索，小女孩说她看到小亮把裤子拿到教室并放在书包里，可
后来她先走了，也不知裤子是谁拿的。根据以前查小偷的经验，都
是先锁定几个对象，然后再顺藤摸瓜，最后真相大白。可是这事

非常棘手，时间已过了一个星期，裤子肯定不在教室里，再加上对孩子们又不熟悉，我可谓黔驴技穷。

此时，我已没招了，但又不甘心，只好在班上作最后"通牒"。我先唱"红脸"，便和颜悦色地说："同学们，鼓号队衣服是参加活动时用的，少一条裤子就意味着一个学生不能参加。再说礼仪服，除了参加活动能穿，平时是穿不成的。大家换个角度再想想，如果是你的衣服丢了，你着急吗？我相信拿裤子的同学不是有心的，如果你不好意思当面归还，可以把裤子放在三（3）班教室前的窗台上，我相信你能做到。"接着，我又唱"黑脸"，抬高语气尖锐地说："万一你要不拿来，我就交给学校来处理，或者请派出所的工作人员来调查，因为学校有摄像头，所以你是逃不掉的。"

一天过去了，两天过去了……就在我忙得已经淡忘丢裤子的事时，第四天的早上，我看见三（3）班讲台上面放着一条叠得整整齐齐的裤子，顿时心里的高兴劲儿无法用言语来表达。

看到失而复得的裤子，我心里暗暗高兴，庆幸自己的执著与坚持。有人会问，不就一条裤子，有必要这样伤精费神吗？一是，作为老师，只要看见孩子身上有污点，你就有责任把它剔除，因为这是你应该做的而且是必须要做的。若我真的放弃，裤子丢了是小事，但滋长了孩子犯错可以瞒天过海的侥幸心理，所以面对孩子的错误我们要永不放弃；二是，教育孩子做错事就要改正，不管是和风细雨，还是凌厉声势，只要能帮助孩子走出困境就行。现在裤子已经找回，谁拿的我也知道，但我并没有找这个孩子再来盘问，因为我要让宽容点亮他心中的灯。

9. 你快乐所以我快乐

荆门市京山县京山小学 潘 丹

"你眉头开了，所以我笑了。你眼睛红了，我的天灰了。"这是王菲的《你快乐所以我快乐》。这歌名看似很绕口，歌词也很简单，却把彼此相互的感情描述得淋漓尽致。我很喜欢这首歌，经常对我的宝贝唱。但今天，我想对我的学生小琦说。

小琦是个很有特点的孩子。首先从外形上就跟别的孩子不一样，他长得特别胖，最有意思的是，十岁的他都有"啤酒肚"了，在人群中特别扎眼。其次是他的字，一个方格是绝对装不下一个字的，如果用空白纸写，估计一张 A4 的纸写不下十个字。

我对小琦可是"又爱又恨"的。他很喜欢回答问题。也许在一二年级这点还不是特别突出，那时的孩子表现欲都很强。但到四年级了，还是非常愿意举手发言，就很难得了。不仅如此，他的答案常常八九不离十，这一点就更难得了。这说明他上课有听讲，有认真思考问题。这在很多成绩好的孩子身上都很难看到。

同时小琦也是班上的"被告"。平时他总会给我惹些事，不是昨天把人撞了，就是今天把谁推了。如果哪天没有听到别的同学告他的状，我会特别不习惯，总觉得少了点什么。

小琦的桌子永远是杂乱无章。一个小学生的书桌除了课本、作业本、文具盒就没什么了，这么简单的几样东西只要整齐摆放就很整洁了，但他就是做不到。我告诉孩子们，把书本摞起来放，不仅整洁，找起来也方便。但到他那儿就是行不通。无论书还是本子，他从没有按规定摆放过，不是斜着就是歪着。每次要找东西，如同大海捞针，一找就是半天。一节课也就四十分钟，他找个本子就能找二十分钟。很多次都是我和他的同桌帮他找，跟他当同桌都觉得累。

小琦上课从不端端正正地坐好，总喜欢把一条腿放在屁股下面。因为胖，整个人就比其他人高出一大截，而且由于"坐得高"了，他整个人基本上是趴在桌子上的，这样他写字时眼睛就离书本特别近，胳膊、手都被压在胸口，他的字就是这样被"挤"出来的。小琦听讲也非常吃力，因为趴着，所以就得使劲昂着脑袋才能看到黑板。很多时候我都替他累，多次叫他把腿放下来，结果是他又多次把腿放在屁股下面。似乎是我使他多做了一次这个动作，给他增添了麻烦。

其实，最让我头疼的还是小琦的作业，那可是有"据"可循的，可不能让别人以为我教的学生连字也写不好。所以，我一直在督促他把字写好。从一年级到四年级，他的字也有一点进步，至少一个方格能装下一个字了。为此，我好好表扬了他，还给他奖了一个本子，并且给他们小组加分了。虽然如此，他的字还是"惨不忍睹"。因为横不平，竖不直。横的收笔总是喜欢往上翘，竖不是往这边歪就是往那边歪，就像他张扬的性格。为此我是好也说歹也说，不知费了多少口舌，收效微乎其微，直到上一次写课堂作业。

那天，我照例把题目抄在黑板上，然后坐在讲桌旁改那些先做完的作业。我一般是让孩子把作业交到讲桌上，我改一本就叫一个人，这样有利于当面指出错误。因为这些孩子是我从一年级带上来的，他们的笔迹我基本上都能认出来。这时，我突然看到一个陌生的笔迹，本子比较整洁，涂改的地方不多，关键是字迹比较工整，横平竖直，看着就舒服。这是谁的作业？我心里犯着嘀咕。于是，我翻看了作业本上的名字：小琦！我真是大吃一惊。怎么是他？我又仔细翻看了他之前的几次作业，虽然字还是有些张牙舞爪，但比以前的规矩多了。我心里一阵窃喜：小家伙还有两下子。

我把小琦喊上来："这次的作业写得好多了。"他一脸羞涩。"没想到，小琦，你的字进步这么大。你看，这么写就漂亮多了。"听了我的夸奖，他似乎很不习惯，一时不知道说什么，就一个劲地咧着嘴笑。"以后就这样写，好不好？"他还是什么都没说，只点了点头，使劲地点了点头，就回座位了。我决定趁胜追击，就对全班学生说："今天小琦的字写得非常工整，进步很大。"有几个来交作业的孩子就凑到他的位置上，让他把作业翻开看。"是写得很好。""真好看。""小琦，写得真好。"……孩子们你一言我一语，说得小琦心花怒放。这次之后，我发现他再也没把腿放在屁股下面。

这节课，小琦非常开心，嘴角一直是往上翘着的，笑得像朵花儿。我也被他的笑容感染了，心情一下子变得轻松了。

"你眉头开了，所以我笑了。你眼睛红了，我的天灰了……你快乐就是我快乐，玫瑰都开了。"我在心里默默地对他唱着。

10. 用书籍点亮孩子的心灯

恩施土家族苗族自治州鹤峰县五里中心学校　蒋宗海

一个操着川音普通话的孩子找到我，说是报名的，我问他："你是哪里的人？"

"我出生在四川，小学四年级后就在这边小学读书。"

"怎么没有人陪你来学校呢？"

"我爸在福建打工，他打电话叫我自己来的。"

"哦，你自己到寝室去开好床铺吧。"（我们学校是农村寄宿制学校，学生在学校住宿。）

"我不在学生宿舍住宿，我爸在集镇上给我租了一间房，我在那里住。"

"你不是和家人住在一起吗？"

"不是，反正我要在租的房间里住。"

"你得告诉我是什么情况，否则我是不会同意你在外面住的。"

"好，一会儿我叫我爸打电话给你说。"他狠狠地强调"给你说"三个字。

"你爸爸的电话号码是多少？"（因为涉及学生安全问题，所以我很是小心。）

与他爸爸通话，他爸爸说他和他妈妈都在福建打工，在家里由孩子的爷爷照看，他说一会儿委托他爷爷到学校履行相关手续，让他在校外住，安全由家长自负。就这样，小伟成了我的学生。

我仔细观察发现，小伟除了不爱说话，时常独来独往，显得有些孤独外，也没有表现出其他的异样。平时对他的管理，多是通过短信和他爸爸联系，班上的老师和同学都时刻关照他，所以小伟学习成绩一直比较好。就这样，平平淡淡的时光就在不知不觉中慢慢地溜走了。

转眼到八年级上学期，科任教师陆续反映小伟上课精力不集中，不是看小说就是打瞌睡，反正没有学习兴趣，作业也不做，学习成绩大幅下滑。我感到有些蹊跷了，连续和他长谈了几次，总是时好时坏，科任教师也反映做他的思想工作没有效果。于是我决定去家访。通过家访，小伟的情况令我大吃一惊：原来小伟出生在四川，上到四年级时他爸爸妈妈离了婚，他爸爸后来和我们这里的一个女子结了婚，婚后又有了新的宝贝，他爸爸领着再婚的妻子和新生的宝宝到福建打工去了，把他就留在我们这里了，我们这里没有他真正有血缘关系的亲人。

寒冬的早晨非常冷，大山深处的小镇因为学生上学，早已从沉睡中醒来。熙熙攘攘的小镇已是早饭时间，小伟还是没有到校上课，我有些担心，徒步赶到他居住的出租屋。我到的时候，小伟还没有起床，听见我的叫声，他急忙把门打开。眼前一幕真的有些凄凉：两床破旧的极薄的棉被堆在一张简易的床上，脏兮兮的；几件衣服随意地挂在窗户边，遮住了大半光亮；地面上散落着几本武侠小说；一盏 15 瓦的电灯悬挂在没有天花板的横梁上；墙角的地面上有一个电饭煲，我打开一看，里面是吃剩的稀饭熬白菜粥；屋里冷清清的，没有任何取暖设施，没有一件家具，只有一把破旧的椅子。

"你双休日一直在这里吗？"

"嗯。"

"你怎么没有回到你爷爷家呢？"

"我又不是他亲孙子，去了没意思。"

"你多久没去了？"

"很久了。"

"你爸爸最近回来没有？"

"没有，他有将近两年没有回来了，不过今年暑假我去他那里了的，他要我回来把初中读完。"

"他平时给你打电话吗？"

"一个星期一次。"

"你的生活费在哪里拿的？"

"他每个月给我四五百元，打在我的卡上，叫我自己安排。"

"规定时间到校，你没到校，你不知道老师很着急吗？"

"本来要给您打电话的，可我手机没电了。"

"双休日这几天你都在做什么呢？"

"我没有干坏事，我在街上租了几本书看看。"

"打发时间吗？"

"算是吧！"

"作为一名教师，首先要守时。我在学校有课要上，有班级要管，你不守时，我哪里有那么多时间找你呢？"

"我不需要您找，我又不会做坏事。"

……

"您别说了，我想得过且过，我自己都不在乎自己有什么前途，您又何必呢？"

我愕然了。

"这是我的工作。"我说。

"那您先回学校，一会儿我就来上学。"

回学校的路上，我一直在想，无论怎样我都不能放弃他，可是面对小伟这样的情况，我真是有些束手无策。由于家庭原因，小伟的心门已经慢慢紧锁了。他爸爸也总是说小伟不会有事的，即或是有什么事也由家长负责，他也不来学校，家校配合教育难度很大。小伟目前为打发无聊的时间还看看小说，如果我向他推荐几本书，他会看吗？我能够通过这个办法开启他心灵的一扇窗吗？试一试吧，也许这也是点亮孩子心灯的通道呢？

于是我找了一些适合小伟年龄段以及心理特点的书给小伟阅读，小伟接过我递给他的书那一瞬间，眼睛里有了一些亮色。

后来，小伟为了显示他的男子汉义气，一直遵守我们约定的作息时间，只是对学习没有多大的兴趣，而且对于自己的前途也没有明确的规划，有时候和他谈及，他也不作回应。在他觉得不愿上课或者烦躁的时候，他就来找我。多数时间，我就将他带到学校图书室，时间长了，他也和我交流所见所闻。

初中毕业时，他要回四川，我将《平凡的世界》送给小伟作为离别的礼物。一个星期后，小伟给我短信留言："愿我这个平凡的人，有一段不平凡的人生。"

11. 我给学生发喜报

宜昌市伍家岗区实验小学　乔　玲

今天是小二学生第三学段的最后一次课了，几天前我承诺了要给他们发奖，今天是一定要兑现的。自从第三学段举行了"看谁得星多"的比赛以来，孩子们的进步是明显的，连刚接班时几个不爱写作业的小家伙儿也能交作业了。看着桌上袋子里的奖品，我有些犹豫：这些糖果、饼干是孩子们爱吃的零食，平时作为每周"得星冠军"的奖品，他们也都很喜欢。但今天毕竟是一个学段的结束，是他们一个学段取得成绩的总结，这些小小的奖品是不是不够分量呢？这么一会儿时间有什么更适合的呢？倏的，一个念头闪过：喜报。喜报是我以前经常用到的奖励措施，虽然只是薄薄的一张纸，可代表的是无上的光荣。说干就干，我很快从电脑中调出存的喜报，用彩色打印机打出了三十几张。无奈纸张太大，要把多余的部分裁掉才好看。我很快跑到楼下办公室借了裁纸机，把喜报裁成大小适中的长方形。回到桌前，我赶紧拿出笔准备在喜报上写字。先拿一张用黑色钢笔写了一份，写完后发现左边的"喜报"二字用黑笔写出来很不好看，字也显得很小。我又换一张试着用红笔写，右边的地方又不够写了。我仔细估量了一下，最后决定左边用红色记号笔写"喜报"，右边用黑色笔写喜报内容。

打好腹稿后，我开始动笔了。原本打算从学习、纪律两大方面来总结，后来我发现这样写喜报太笼统，也反映不出孩子们在学习各方面的进步。于是我改从上课听讲、举手发言、完成作业、书写字迹及进步这几个角度来评价学生。按照学生得星情况和小组学习评价的结果，很快我就把每个方面的佼佼者挑了出来，写好了喜报。当我翻看着这些喜报上的名字时，我发现自己又漏掉了一些重要的因素：学生的互相评价都是在小组内横向比较的，但是对于每个孩子来说，是不是有进步更重要的是进行纵向比较。拿那个调皮的宇扬来说吧，脑瓜很聪明，就是学习不太用心。上课时经常带着玩具来玩，写作业时不是忘记带笔就是忘记带本，有时连课本都忘了带。对这么个孩子，我一开始跟他讲道理，他也是嘴巴答应，转个脸又忘了。后来我发现他对得星也很感兴趣，就鼓励他上课认真听，争取多发言，多得星。有一周，他每节课都积极举手发言，到一周评比时，他成了他们小组的"得星冠军"，获得了奖励。当他拿到奖品时，脸都红了。从那以后，他上课专心多了，还经常挑战难题呢！这次评最佳作业时，他还很委屈地翻着自己的作业说："老师，你看，我的字写得也很好哎！"我看了他的作业，真的是一次比一次写得漂亮。把他和班上那些拔尖的同学比，无疑是有差距的，但是和他自己的过去比，不是很大的飞跃吗？还有信榕、晶敏、兆凯……那一张张熟悉的脸孔陆续出现在我的脑海中。对，还应该有另一种评价标准。我继续埋头写着，直到离上课只有几分钟时，才把喜报写完。来不及清点个数，我收好喜报，提着奖品走到食堂去接学生。

回到课室，学生看到我手上的奖品，都兴奋不已，纷纷挤到我跟前："老师，有没有我的？""老师，有我的吧！"我笑着让他们先上位坐好,然后宣布今天的学习内容——完成一份补充作业。我把作业发下去,规定了时间。大概因为记挂着奖品,还不到时间,同学们就很快完成了作业。

我拿着奖品走到课室中间,开始颁奖。每个组的"得星冠军"乐滋滋地拿到了奖品,各个单项奖也颁完了。我拿起那叠喜报,清清嗓子:"同学们,经过大家一学期的努力,同学们在各个方面都取得了好成绩,不少同学有了明显进步。因此,我决定给这些同学颁发喜报。希望你们继续努力,也希望大家能向他们学习!"话音刚落,孩子们就鼓起了掌。"微婷、杰威、丰顺……"念到名字的学生兴高采烈地上前领取喜报,底下的同学也起劲地鼓掌。"宇扬、晶敏……"掌声更热烈了。看着这些孩子满脸的绯红,我相信,这份喜报发得值得!

下课铃响了,孩子们还在互相传看着喜报,舍不得离开课室。也许这喜报将成为一颗种子,在每个孩子的心中生根、发芽、长大……

12. 拒绝接听的电话

黄冈市蕲春县实验中学 吕俊群

晚上，在电脑前做事，无意间扫见屏幕右下角的时间——"21：22"，突然一个激灵：差点忘了一件事，我要打个重要电话！

前天下午，班上媛媛的妈妈给我打来电话，向我求助，希望我帮她做做工作，让媛媛暑假跟她去她工作的健身房运动减肥，老板很厚道，不收任何费用。她很高兴，谁知回家跟女儿一说，女儿却一口回绝了，气得她呀，不知说什么好，将女儿狠狠地骂了一顿，还觉得不解气，又把女儿揍了一顿！

听完她的倾诉，我无语了！这位母亲，太急躁了，太粗暴了！虽然，我能理解她对女儿的那一片苦心，但是，我决不支持她的这种教育方式。

媛媛这女孩我知道，小姑娘确实胖了点，身高一米五三左右，体重估计接近一百三四十斤，整个一小石墩儿！五官都被挤到一堆了，尤其是那双小眼睛，挤得都快看不见了，也难怪妈妈着急。可是，再着急，也不能这样打骂交加。

我轻声地安慰着媛媛妈妈，叫她不要焦虑，等她晚上九点下班后，让她把电话给媛媛，我帮她做做工作。

说实话，如果不是听她妈妈说，我还真不相信媛媛在家会如此叛逆。她在学校的表现还挺不错的。虽然学习基础比较差，但态度还是比较端正，所以我也不是很在意，倒是时不时地鼓励一下她。看她一手字写得不错，我就让她当我的小秘书，记录我的一些"重要指示"，她倒干得也挺开心的。

为什么一个在学校蛮乖的女孩儿，回家在妈妈面前却会如此反叛呢？健身是一件多好的事呀！不用花一分钱，就能达到减肥的目的，她为什么却不愿意去呢？

我一定要好好跟她聊聊，争取做通她的思想工作，让她去健身房锻炼！

那天晚上九点过后，我拨通了媛媛妈妈的电话。结果却一直无人接听，只好作罢。昨晚，忙这忙那的，把这事全忘记了！今晚，好歹想起了这事，赶紧打过去吧。

"喂，吕老师好！"总算接通了，正好碰上媛媛妈妈下班，刚进门呢！

"你好！媛媛还没睡吧？请你把电话交给她吧！我来跟她聊聊。"我开门见山地说明来意。

"好的好的！"她忙不迭地回答道。随即我听到她在电话那头喊："媛媛，过来接电话！老师叫你接电话！"

我拿着手机静静地等着，可是半响也没听到媛媛的声音，不禁感到挺奇怪的，问了声："媛媛呢？她睡了吗？如果睡了就算了，我明天再打过来吧！"

"她哪里睡了，她站在窗外，不进来！"她妈妈生气地嚷嚷着，然后就开始骂了起来，"这个死女儿，怎么这样不听话呀！唉哟，我真是没用呀！怎么养了这么个女儿！"

"你不要着急，好好跟她说。"虽然听到媛媛不愿接听我的电话，我内心也掠过一丝不快，但是，面对她妈妈的难过，我得让自己心平气和下来，"你不要骂她了，啊？"

"你快过来接电话呀！你这个死女儿！你站在那里干什么！"话筒里又传出媛媛妈妈气急败坏的声音，"老师叫你接电话，你怎么也不接！啊！"

我把手机贴在耳旁，希望能听到媛媛的声音，但是，我依然没有等到！这小胖妞到底怎么回事呀？为什么连我的电话都不愿意接了？这太不正常了！难道是怕我在电话批评她？想到这儿，我便这样说道："你跟她说，我不会批评她的，只是跟她聊聊天、说说话。"

"快过来呀！老师说只是跟你聊聊天，说说话。"又听到她妈妈的喊叫声，随后又是无可奈何的自怨自艾，"叫你过来你就快些过来呀！唉哟哟！我么这命苦，怎么生了这么个女儿！"

听着媛媛妈妈这样的叫骂，我又一次沉默了。这样的母亲，怎么可能教育好孩子呢？开口就骂，动手就打，再可爱的孩子也会叛逆的，不行，我得改变谈话的对象了！

"媛媛妈妈，你不要太激动了。"我安慰了她一声，然后就开始为媛媛说话了，"媛媛平时在学校表现挺好的，今天她不愿意接我的电话，肯定有她的原因。你不要生气了，你也不要再骂媛媛了，可以吗？"

"啊？嗯，嗯……"媛媛妈妈顿了顿，答应了我。

"我猜想，她肯定是思想上有顾虑，我们都不要着急，先给她一点时间，你说呢？心急吃不得热豆腐，是吧？"

"啊，好的，好的！"

"媛媛妈妈，我能理解你的一片苦心，但是我不认同你的教育方法。所以，我要批评批评你哦！"我用半玩笑半认真的口吻说道，"你一开口就是骂，搞不好还动手打，这可不好啊！青春期的孩子，越骂越打越叛逆！"

"老师啊，你不知道她有多么的恨人，一点也不听话呀！"

"女儿是让人疼的。你不是骂就是打，总是否定她，批评她，孩子在你这儿根本得不到认可。时间久了，她会在心里说，反正我在妈妈眼里啥也不是，不如破罐破摔了！一个连自己妈妈都嫌弃的孩子，怎么可能有自信呢？你说，是不是？"

"啊……可是，我骂她是想她好呀！好多人到健身房去减肥，都瘦下来了！她就是懒，怕吃苦……"

"她可能还有一种顾虑，如果她吃了苦，结果却没减下来呢！那不又要挨你骂了？"突然，我明白了一点，媛媛之所以不愿意去她妈妈工作的那个健身房，还有一个原因可能是为了躲避妈妈！减肥固然有很大的诱惑，但妈妈的那种习惯性的指责与批评，更让她害怕！所以，她宁可选择逃避。逃得远远的，避得远远的。

我懂了。既然如此，现在的重点就不是媛媛的减肥问题，而是她们母女的关系问题。必须要让这位妈妈迅速改变对女儿的这种粗俗、低劣的教育方法。

"媛媛妈妈，这样吧，既然媛媛现在那么抗拒减肥，我们就尊重她的意见，先把这事放一放，做点别的事吧！"

"做点什么？"

"我们换个方法试试吧！从现在开始，你要让自己接受媛媛的胖。而且，再也不要在她面前提什么'胖''减肥''瘦'等这些敏感字眼，把您女儿的'胖'忽略掉吧！其实，媛媛虽然胖了点，但跳起舞来也蛮好看蛮可爱的，何必那么在意呢！"

我稍稍停顿了一下，继续说道："给你布置一个作业吧！每天去发现媛媛的一个优点，比如床铺得很好呀，房间打扫得很干净呀，头发梳得很漂亮……哪怕是微不足道的优点，你也大力地表扬她，可以吗？”

"啊？"媛媛妈妈似乎有些不解。

"你的肯定与夸奖，能让孩子找到自信，让她感觉妈妈是爱她的！怎么样，你能做到吗？"

"好……好吧！"她终于迟疑着答应了。

"让咱们一起来试试吧！"我微笑着挂上了电话。忽略一个人的缺点，强化一个人的优点，这可是德克鲁的秘诀。我已经在小盼的身上试过了，效果超好。相信，媛媛也不会让我们失望的！

一个被拒绝接听的电话，让我又当了一回"家庭教育的指导者"，这种感觉也挺棒的！

13. 不要等到放弃，才看到努力

天门市石河中学　李艳妮

每每接手一个新班，班主任们共同的经验是注意做好几个关键人物的工作，这样才能万事太平。所谓的关键人物就是优等生和特别调皮捣蛋的家伙，我自然也不例外。对于中等生，品行中等的，他们不惹事，不闹事就行了；成绩中等的，按部就班地学习生活，成绩也不会差到哪里去。这一部分是班上是最让人放心、也最让人省心的孩子了。

可是那一次的经历，却让我知道自己的经验、自己的习惯、自己的疏忽会给孩子们带来心灵的伤害；让我知道中等生——这些沉默的大多数，他们不希望沉默，他们也希望被关注。

临近期末考试了，晚自习时，我让孩子们在复习刚刚讲过的试卷，自己在准备第二天的复习内容。一抬头突然发现，一个同学很专注地低着头，我紧紧地盯着她。她旁边的同学发现了我的异样，似乎明白了什么，表情极为紧张，想提醒她，但又怕被我发现，只好作罢。我径直来到她身边，她拿着一个手机正玩得开心，没有注意到我。我把手伸过去，她一抬头，看清是我，慌乱之中把手机放到我手上。

我仔细观察了一下，这个女孩子真是可谓心灵手巧啊！她用彩纸糊了一个刚好容下手机的套子，还带上翻盖，真是精美极了。我还注意到，手机上显示没有 SIM 卡，也就是说，她不能打电话、发短信，那她到底在干什么呢？

虽然带着一肚子疑问，但由于怕影响其他同学，我悄悄地把手机放在讲桌内，什么也没说。

晚自习下了，我磨磨蹭蹭地收拾资料，等她来找我。

果然，小妮来到我身边："老师，把手机还给我。"

"那你告诉我，你的手机是干什么用的？"

"在家里定闹钟用的。"

"你不知道不可以把手机带到学校里来吗？学校里还需要闹钟啊？它提醒你上课，下课？"

"玩。"她的语气很轻佻。

我一阵愕然，居然敢这么和老师说话！本来最近几天，天天听到老师们在反映她的状态不好，我没找她，她倒先惹上我了。我压制住自己内心的怒火："那你回去玩吧，学校不是玩乐场所。"

"回去就回去！反正你们都不喜欢我，就是因为我成绩不好。"好大的火气。

"谁不喜欢你了？上次考试你的成绩进步挺大的啊！上次演讲比赛，你讲的不如程航好，我还不是和他做工作，最后让你去参加了。为什么？就是为了鼓励你！你不知道？"

"那你为什么把我放到最后面坐？"

"后面？座位有好坏吗？在我班上的座位，只要听得见，看得到，我从来就没有觉得有什么区别。你看，小宇，班上的团支书，几次考试都是班上第二名，坐在最后一排；小慧是班上的生活委员，成绩基本上在前三名；他们不是坐在角落里？"

"我从小就不讨人喜欢，小学是这样，现在也是，一直都是。

无论我多么努力，都不会被受重视。老师不喜欢，同学不喜欢。为什么？"她的泪像决堤的洪水，泛滥。我才明白孩子受了太多的委屈，我不知道如何安慰她。"座位不能代表什么。只要你努力，老师们就会看得到。"

期中考试，她进步了二十三名，我发了进步奖了。"我知道你前期很努力，可是，你最近的表现不尽人意，老师们常常在说你的事。"

"我表现差？我为什么表现差？我努力有用吗？你们有谁看到了吗？你们有谁会喜欢我吗？会重视我吗？"

是的，没有外人的证明，一个人往往看不出自己的价值。更何况，她只是一个孩子，而我是她的老师！她多么期待，我能送她一个赞赏的微笑；她多么渴望，我能给她一个鼓励的眼神；她多么在意，我对她的看法，对她的评价。可是没有，我甚至连多看她一眼都没有做到。其实，老师们反映情况有一阵子了，因为忙，我没有及时和她沟通。原来，孩子所有的异样只为吸引老师的注意，孩子所有的反常只为走进老师的视线。

"老师最近很忙，没有照顾到你的情绪，对不起！你仔细想想，你觉得在这个班级，老师对你怎么样？……"我的声音小得自己都听不到，我觉得自己真的从来都没有像今天这么没有底气过。尽管，我知道她父亲生病，帮她申请了助学金；尽管我知道她生性胆小，让她参加了演讲比赛；可是，这件事确确实实是我疏忽了。尽管在我的心目中，她已经有了很大的进步，她已经是一个很优秀的孩子了。

"你们谁都瞧不起我，无论我多么努力！……"她还在抽噎着，"我还能怎么样？……"我的心一阵阵往下沉，原来，中等生这个看似沉默的群体并不沉默。

　　这时，她家长来了，在旁边听了个大概："傻子，老师对你不错了。"她的家长一脸歉意。看到她的情绪仍然很激动，我也像碰到了救星，对她家人说："你先带她回去吧。明天我再和她谈谈。"此时此刻，曾经巧舌如簧的我，才知道所有的解释是那么苍白，所有的语言是那么无力。

　　看着她消失在黑暗中的背影，我陷入了沉思。这正如种植蘑菇一样，一时的疏忽，或许蘑菇还可以接受，但长久没有人关注，光靠养料和水分，它只能自生自灭。孩子毕竟是孩子，她只是希望自己的努力，有人知道；自己的付出，得到肯定。她的愿望是多么简单，多么卑微，可是我却忽视了她！我反复地问自己，我到底在做什么？难道就因为成绩不优秀，所有的努力都可以被忽视吗？只因为没有跻身于优等生的行列，就理应得不到老师的关注吗？我不是常常说尊重个体，尊重孩子的性格差异吗？我尊重了什么？等到孩子丧失信心了，已经放弃了，我还能做什么？马上就是期末考试了，即使想要补救，时间也来不及了。再说，即使我想要补救，孩子愿意给我机会吗？我一次又一次地问自己。

　　孩子哭泣的脸庞在我眼前闪现，抽泣的声音在我耳旁回响，是那么忧伤，又是那么响亮。它像一条无形的鞭子，一次一次地抽打着我，提醒我一定要尊重每一个孩子，尊重他们的个性差异，关注他们微不足道的变化，了解他们心灵的需求；关注他们一点一滴的进步，及时给他们以肯定。千万不要等到孩子放弃，才看到他的努力；不要让自己一时的疏忽，留下永远的遗憾。

　　　　（本文已发表在《班主任之友》（中学版）2014年第11期）

14. 不要等到冷漠，才看到心痛

天门市石河中学　李艳妮

我永远也忘不了 2012 年 11 月 26 日那个上午，在我所带的七（5）班教室的最前排那张哭泣的脸庞，更忘不了那个孩子冰冷的眼神。每每想到这些，我都会不寒而栗。

记得那个火辣辣的八月，我接到了一通电话，有个同事说他妹妹的孩子小明要转到我班上就读。我纳闷了，亲妹妹的孩子怎么会放在我班上呢？孩子舅伯和舅妈不是和我带同一年级同一层次的班级吗？孩子投奔他们来了，他们自己亲自照顾不好吗？

带着满肚子的疑惑，我来到了学校，见到了孩子的父母和舅伯舅妈，还有教务处的领导。原来因为这个小明特别爱上网，他的父母长期在外，辗转转学几次，从石河到天门，从天门到宁波。在那里读了三年小学，把周围的几个学校都读遍了，父母的手机也被老师打爆了。成绩倒数第一不说，他的父母几乎每天都要去网吧找人，累得心力交瘁。后来不知从哪里听说我特会治"网瘾"，就把他从宁波给拽回来了。在所有的班主任都是谈"网"色变时，我也不例外。听着这些，我真的很能理解这对夫妻的辛酸，何况别人是冲着我来的，我岂能不接收？于是，小明正式成为了我班一员。

学校老师都知道我班的规定，我的学生不准上网，即使在家里（包括放假）也不行。一旦被老师发现，或者被学生检举，一经查实，就按班规处置（一次谈话，两次写检查，三次就请家长陪读，直到这个孩子连续一个月，或至少三周不再犯错为止）。因为上网不能完成家庭作业的，第一次就由父母全程监护。农村的孩子留守儿童居多，由于缺乏正确的引导，他们迷恋网络游戏的现象特别严重。一旦走进网吧，基本上就是走入了一条不归路。我知道学生都爱面子，都不愿意请家长，所以，我利用这一点制定了班规。但我的理由非常充分：纪律是对事不对人，而且早就制定好的，我们也没有想请谁的家长的打算，我也希望这班规就是一纸空文。但是如果你上网，那就说明你想让同学们见识一下你家长的风采，或者万一，你的爷爷奶奶年纪大了，在来的途中摔伤了，那是你自己造成的。所以请你不要怪任何人。久而久之，学生就怕了；久而久之，我自然就名声在外了。

接到这个任务，我摸清了这些情况，就准备找机会给他来个"下马威"。可能是换了环境，这个家伙无论是学习还是生活方面，都表现不错。可没想到在第一次月假之后，由于上网，他的家庭作业居然没有完成。按照班规，他犯的错误是要请家长陪读（在校全程监护的），陪同上课，陪同吃饭，陪同就寝。原因很简单：孩子缺乏自控能力，连起码的任务——作业也不能完成，不然只有退学。尽管父母改变他的决心很大，但面对我的条件，面露难色。他也犹豫不定。我的态度很坚决，绝不退让，而且我告诉他：接受条件，看起来是耻辱，其实是勇气，是挑战，是自信。

面对母亲的泪流满面，面对老师的苦苦相逼，他无奈地签订了合同。我知道，我做的有点过，但为了斩草除根，我不得不这么做。学校政教处每次清查网吧时，绝对不会有我们班的学生。每每这时我总暗自庆幸，暗自为自己的高招得意，因为只有这样才能对得住"优秀班主任"的称号。

课堂上，看到小明的母亲哭泣的脸庞，看到他冰冷的眼神，我的心理掠过一丝不安。下课后，我找到他，问了一句话："我怎么觉得你看老师时，眼神冷冷的。你恨老师吗？""要是我再冲动一点，你或者你儿子（我儿子也在这个班上）可能就死掉一个了。"他语调特别平静，我震惊了。正当我困惑时，他解释道："我当时特别恨你！现在我想通了，你是为我好。"说完，他拿出了藏在袖子里的一把水果刀，明晃晃的光刺得我的眼睛，不！刺得我的心好痛！

如果我早一点知道孩子是因为没有陪伴的孤独，才学会上网，我一定会给他关爱；如果我早一点知道孩子因为没有被赏识的落寞，才会迷恋游戏，我一定会给他希望；如果我早一点知道关于孩子这一切的一切，我一定不会这么极端，这么粗暴。

现在，虽然我的"强盗逻辑"被大家接受了，虽然我的行为得到了家长的支持；虽然从那以后只看得到他上课端端正正地听讲、下课后即使上厕所也匆匆地赶到座位的身影，还有期末考之后他取得了班级第十一名的好成绩，虽然镇级市级"优秀班主任"的光环包围着我，虽然这个孩子毕业后还常常给我打电话、问好，但只要我想起孩子冰冷的眼神、恐怖的想法，只要想到孩子坐在座位上冷漠的表情、呆滞的目光，我就感到毛骨悚然。

作为一个老师，我做了什么？

是爱，是教育，还是扼杀？我自己也无法解释清楚。但每每想到那个孩子，我就会心痛。我想为了我的虚荣，我的威严，还有我所谓的"爱"，我的"下马威"不仅仅"威掉了"孩子的网瘾，更多的是孩子对生活的热情，还有孩子成长过程中的快乐！

所以，我奉劝天下所有的老师们，无论你的目标多么明确，无论你的理由多么充分，请不要打着"为孩子好，爱孩子"的旗号去伤害孩子，伤害他们脆弱的心灵。

如果我们爱孩子，如果我们想帮助孩子，一定会找到很多的办法。我们要找到现象背后的问题，不能简单粗暴地去截流，而要耐心地找到源头，找到真正解决问题的方法，然后去引导他们走出那片心灵的沼泽地。不然就很有可能，我们的一个无意的举动会成为这个孩子一生的伤痛。

让我们像呵护水晶一样呵护孩子的心灵。

（本文已发表在《班主任之友》（中学版）2014年第7、8期）

后　记

经过将近一年的精心编著,《做个会讲故事的班主任》一书终于出版了。此书由钟杰老师担纲主编,集湖北省第二届楚天中小学卓越班主任高级研修班学员的优秀研修文稿于一体,旨在指导广大一线班主任关注学生需要,"做个会讲故事的班主任"。

这是"湖北省楚天中小学卓越班主任培养计划"学员专业发展丛书的第二本教育专著。自卓越班主任项目启动以来,湖北省教育厅相关领导对卓越班学员出书一事,给予了极大的肯定与支持。湖北省楚天中小学卓越班主任高级研修班组委会每年都会鼓励和指导优秀学员,将优秀研修成果按专题集结成书。

除了省厅领导和项目组委会的鼎力支持,这本书的主编钟杰老师也为此殚精竭虑:约稿、选稿,编辑、校对……在这展现给读者的每一个铅字里,流淌着钟杰老师倾注的心血。而学员们得知自己的研修成果有望出版,也是劲头十足,积极配合钟杰老师修改稿件,有的老师甚至改了三稿以上。

2014 年,钟杰老师被聘请为湖北省第二届楚天中小学卓越班主任高级研修班的培训导师,带领小组学员进行为期半年的混合式研修。作为班主任培训领域享有盛誉的一线班主任,钟杰老师给研修班的学员们带来了精彩的讲座,多次组织学员们进行了卓有成效、富于成果的研讨,为学员们指引了一条修成名师的康庄大道。一年的研修期满后，在项目组委会的委托与策划下，钟杰老师挑起了将学员们的优秀成果加工整理成书的重担。

出书永远没有"以为"的那么容易，已经出过多本专著的钟杰老师深知此道不易。仅谈组稿一项，学员写作风格不一，主题各有侧重，让这些稿子按照书籍出版的标准"排排站"，都是要花很大精力去完成的事情，然后修改重点、包装润色、布局设计……钟杰老师不厌其烦，关注每一个细节，细心牵好每一个"线头"。终于，在学员们的翘首以盼中，用时间和精力打造的这本《做个会讲故事的班主任》即将要出版了。可以说，正是有了对学员高度负责的钟杰老师，这本书才能以如此令人印象深刻的内容，走到读者面前。

钟杰老师付出了心血，却从不专美，她始终强调，这本书是卓二班全体成员的集体智慧，是学员们辛勤研修一年的累累硕果。既然是果实，就要采摘，就要展示出去，让同行班主任来一一品评，为他们带去一些教育上的思考，使其重视并加入到在岗研修的队伍中来。到最后的最后，一切，为了教育；一切，为了学生。

无论是出书，还是各种形式的研修，归根结底，都是教育智慧的碰撞，都是为了提升班主任自身素质，从而为学生打造更好的教育环境。卓二班的全体学员，每个人都是当地学校的骨干班主任：他们每天有学科授课任务，更有数不清的考核、指标、评优，除此之外，他们还是家庭生活中的父母、儿女、兄弟姐妹……其实，每一个班主任，每天都是背着一座山在行走，时间之于他们，是多么深刻的奢望。纵使如此，还是有像钟杰老师那样，每一天都对自己提出新要求，并热衷做他人研修路上指路人的班主任；也有如卓二班的学员一样，不吝啬自己挤出来的那一点时间，积极参与研修，只为问一问同行："我这样安排座位科学吗？我是否不应该这样批评学生？关于学生安全我还能做什么？"的班主任。

"修身齐家治国平天下"，治天下命题之大，似乎遥不可及，但"修身"，永远是人们制定目标时，第一件要做的事情。打铁还需自身硬，面对浩瀚的班主任领域知识，不修己身，不俯身学习，不研习交流，不大胆实践，如何科学育人、育到实处？因此，钟杰老师和卓二班学员的"修身"情怀，就是对教书育人这个宏大命题的最好诠释。

《做个会讲故事的班主任》集结了卓二班学员们的教学故事和教育思考，终于要面对读者，但出版，永远是一门遗憾的艺术，后期，一些不足可能会一一呈现。或许当卓二班的学员们拿到书，细细品读时，都会拍案遗憾：这里，我不该这么表达啊！甚至，随着时间的点滴流逝和教育科学的精进细化，本书的教育价值或许也将逐减褪色，但这本书却充分体现了湖北省第二届楚天中小学卓越班主任高级研修班的学员们勇争上游、在研修路上不断自我攀升、追求卓越的精神。这一份扬帆逐浪的豪情，多少年后，翻开这书卷，依然会滚滚扑面而来，永不褪其颜色。"卓然而立，越而胜己"，在追求卓越的道路上，我们一起前行！

湖北省楚天中小学卓越班主任高级研修班组委会

2015 年 8 月 15 日